Roland Dincher

Michael Scharpf

Einführung in das betriebliche
Rechnungswesen für die Verwaltung

Schriftenreihe
der Forschungsstelle für Betriebsführung und Personalmanagement e.V.
Band 12

Einführung in das betriebliche Rechnungswesen für die Verwaltung

von

Prof. Dr. Roland Dincher
Prof. Dr. Michael Scharpf

Bibliografische Information Der Deutschen Bibliothek

Die Deutsche Bibliothek verzeichnet diese Publikation in der Deutschen Nationalbibliografie; detaillierte bibliografische Daten sind im Internet über http://dnb.ddb.de abrufbar.

ISSN 1618-3541

ISBN 978-3-936098-12-9

1. Auflage 2016

Alle Rechte vorbehalten

© 2016 Forschungsstelle für Betriebsführung und Personalmanagement e.V., Neuhofen/Pf.

Dieses Werk ist urheberrechtlich geschützt. Jegliche Verwertung außerhalb der engen Grenzen des Urheberrechtsgesetzes ist ohne Zustimmung der Forschungsstelle unzulässig. Dies gilt insbesondere für Vervielfältigungen, Übersetzungen und die Einspeicherung oder Verarbeitung in elektronischen Systemen.

Satz und Druck: Chroma-Druck, Römerberg

Vorwort

Die vorliegende Einführung in das betriebliche Rechnungswesen für die Verwaltung ist als Lehr- und Übungsbuch konzipiert, das einen Überblick über die wichtigsten Teilbereiche des Rechnungswesens gibt: die kaufmännische Buchführung, den Jahresabschluss und die Kostenrechnung, sowie einen kurzen Exkurs über die Kameralistik. Die Themen und Beispiele werden jeweils auf die Erfordernisse der öffentlichen Verwaltung hin fokussiert. Das Lehrbuch beschreibt also nicht die gegenwärtige Praxis des Rechnungswesens in den Verwaltungen, die vielfach noch zu wünschen übrig lässt, sondern es gibt eine Darstellung des kaufmännischen Rechnungswesens mit den Schwerpunkten und Spezifikationen, die für seine Anwendung in öffentlichen Verwaltungen relevant sind.

Die Darstellung will einen Einstieg in die Materie ermöglichen und dem Leser Orientierung in diesem komplexen und für die Verwaltung oft neuen Themengebiet geben. Das betriebliche Rechnungswesen soll als ein System verstanden werden, dessen einzelne Elemente miteinander verzahnt sind und erst im Zusammenwirken ihre Leistungsfähigkeit entfalten, in der Verwaltung genauso wie in den Unternehmungen. Es wird daher auf die Herausarbeitung von Zusammenhängen und auch auf eine verständliche Darstellung Wert gelegt.

Als Lehr- und Übungsbuch bedient sich der Band zahlreicher graphischer Darstellungen, die den Stoff strukturieren und zusammenfassen. Die Visualisierung soll die Bearbeitung des Stoffes erleichtern, insbesondere aber das Lernen unterstützen.

Besonderes Augenmerk wurde dem Praxisbezug des Buches zuteil. Die Ausführungen im Text werden vielfach durch praktische Beispiele erläutert, die das Verständnis fördern und den Transfer in die Verwaltungspraxis erleichtern sollen.

Am Ende eines jeden Kapitels wird der Stoff anhand von Wiederholungsfragen repetiert. Die Wiederholung des Stoffes gibt eine Rückmeldung über den erreichten Lernerfolg im Sinne von Lernkontrolle, so dass gezieltes Nachbessern möglich ist. Andererseits beinhaltet die Wiederholung selbst bereits eine Festigung des Wissens.

Ganz besonderer Wert wurde darauf gelegt, den Nutzern dieses Bandes umfangreiche Übungsmöglichkeiten zu bieten. Kapitel 7 umfasst zahlreiche kleine und große Übungsaufgaben, zu denen jeweils ausführliche Lösungshinweise und -vorschläge gegeben werden. Die Bearbeitung der Übungsaufgaben bewirkt nicht nur eine Festigung und Vertiefung des Wissens, sie wird oft auch als eine willkommene Auflockerung und Abwechslung beim Lernen empfunden.

Das Buch richtet sich in erster Linie an Studierende an Hochschulen, Akademien und Fachschulen mit dem Fokus öffentliche Verwaltung und an Auszubildende der Verwaltungen, deren Lehrpläne und Prüfungsordnungen das betriebliche Rechnungswesen in einer verwaltungsspezifischen Form beinhalten. Es eignet sich darüber hinaus vor allem auch für Praktiker aus allen Bereichen der öffentlichen Verwaltung, die sich in das betriebliche Rechnungswesen einarbeiten oder sich auf diesem Gebiet weiterbilden möchten.

Neuhofen, im September 2016

Roland Dincher

Michael Scharpf

Inhalt

	Seite

1 Grundlagen — 1
- 1.1 Einführung — 1
- 1.2 Aufgaben und Teilbereiche des Rechnungswesens — 3
  - 1.2.1 In der Unternehmung — 3
  - 1.2.2 In der Verwaltung — 5
- 1.3 Grundbegriffe — 6
  - 1.3.1 Einzahlungen und Einnahmen; Auszahlungen und Ausgaben — 6
  - 1.3.2 Einnahmen und Erträge; Ausgaben und Aufwand — 10
  - 1.3.3 Ertrag und Leistung; Aufwand und Kosten — 13
  - 1.3.4 Erfolg — 16
- 1.4 Wiederholungsfragen — 18

2 Kaufmännische Buchführung (Doppik) — 19
- 2.1 Arten der Buchführung — 19
- 2.2 Grundsätze ordnungsmäßiger Buchführung (GoB) — 20
- 2.3 Kontenrahmen und Kontenplan — 22
- 2.4 Konten — 28
- 2.5 Organisation der Buchhaltung — 32
- 2.6 Buchung von Geschäftsvorfällen — 33
- 2.7 Eröffnungsbilanz und Abschlussbuchungen — 37
- 2.8 Wiederholungsfragen — 47

3 Inventur — 49
- 3.1 Einführung — 49
- 3.2 Methoden der Inventur — 49
- 3.3 Grundsätze ordnungsmäßiger Inventur — 52
- 3.4 Wiederholungsfragen — 54

4 Jahresabschluss nach dem HGB — 55
- 4.1 Bestandteile, Aufgaben und Adressaten des Jahresabschlusses — 55
- 4.2 Bilanzierungsgrundsätze — 59
- 4.3 Gliederung der Bilanz — 62

4.4	**Bilanzbewertungen**		66
4.4.1	Bewertungsprinzipien		66
4.4.2	Wertbegriffe		71
4.4.3	Bewertung der Aktiva		75
	4.4.3.1	Anlagevermögen	75
	4.4.3.2	Umlaufvermögen	81
4.4.4	Bewertung der Passiva		86
4.5	**Gewinn- und Verlustrechnung**		**89**
4.6	**Anhang und Lagebericht**		**96**
4.7	**Bilanzanalyse**		**97**
4.7.1	Aufbereitung der Bilanz		99
4.7.2	Aufbereitung der Gewinn- und Verlustrechnung		100
4.7.3	Berechnung von Kennzahlen		101
	4.7.3.1	Kennzahlen zur Ertragslage	103
	4.7.3.2	Kennzahlen zur Vermögens- und Kapitalstruktur	106
4.7.4	Beurteilung des Betriebes		108
4.8	**Wiederholungsfragen**		**111**

5	**Exkurs: Kameralistik**		**115**
6	**Kosten- und Leistungsrechnung**		**119**
6.1	**Zwecke und Teilbereiche der Kostenrechnung**		**119**
6.2	**Kostenrechnungssysteme**		**121**
6.3	**Kostenartenrechnung**		**124**
6.3.1	Verbrauchsbedingte Kostengliederung		125
	6.3.1.1	Materialkosten	126
	6.3.1.2	Personalkosten	128
	6.3.1.3	Dienstleistungskosten	130
	6.3.1.4	Öffentliche Abgaben	130
	6.3.1.5	Kalkulatorische Kosten	131
6.3.2	Funktionale Kostengliederung		135
6.3.3	Verrechnungsorientierte Kostengliederung		135
6.3.4	Beschäftigungsabhängige Kostengliederung		136
6.4	**Kostenstellenrechnung**		**141**
6.4.1	Zwecke und Funktionsweise der Kostenstellenrechnung		141
6.4.2	Kostenstellen und Kostenstellentypen		142
6.4.3	Aufbau und Funktionsweise des Betriebsabrechnungsbogens		144

6.5	**Kostenträgerrechnung**	**151**
6.5.1	Zwecke und Arten der Kostenträgerrechnung	151
6.5.2	Kalkulationsverfahren	153
6.5.3	Kostenträgerzeitrechnung	157
6.6	**Teilkostenrechnung**	**159**
6.6.1	Zwecke und Funktionsweise der Teilkostenrechnung	159
6.6.2	Verfahren der Teilkostenrechnung	160
6.6.3	Managemententscheidungen mit Hilfe der Teilkostenrechnung	164
6.7	**Plankostenrechnung**	**169**
6.7.1	Ziele der Plankostenrechnung	169
6.7.2	Starre Plankostenrechnung	170
6.7.3	Flexible Plankostenrechnung	170
6.8	**Kostenmanagement**	**172**
6.9	**Wiederholungsfragen**	**177**
7	**Übungsaufgaben und Aufgabenlösungen**	**183**
7.1	Übungsaufgaben	183
7.2	Aufgabenlösungen	203

Verzeichnis der Abbildungen   **227**

Literaturverzeichnis   **231**

Stichwortverzeichnis   **237**

1 Grundlagen
1.1 Einführung

Betriebe sind gekennzeichnet durch die Transformation von Produktionsfaktoren in Güter und Dienstleistungen, die als Ergebnis der betrieblichen Leistungserstellung (Produkte) auf den Absatzmärkten angeboten bzw. ihren Nutzern zur Verfügung gestellt werden. Die Betriebsführung steuert dabei die ablaufenden Prozesse, indem sie verbindliche Entscheidungen über anzustrebende Ziele fällt und Voraussetzungen und Rahmenbedingungen zur Erreichung dieser Ziele festlegt. Ihre primären Handlungsfelder erstrecken sich daher auf die Organisation, die Führung und das Controlling. Dieses Grundschema findet – mit einigen jeweils spezifischen Ausprägungen – sowohl auf die Unternehmung als auch auf die Verwaltung Anwendung.[1]

Abb. 1: Das Rechnungswesen im betrieblichen Funktionsgefüge[2]

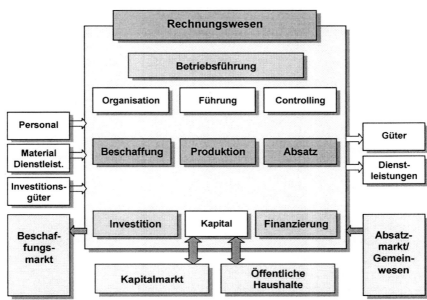

---

[1] Zur begrifflichen Unterscheidung von Verwaltungsbetrieb und Unternehmung s. Dincher/Müller-Godeffroy/Scharpf/Schuppan 2010, S. 14 ff.
[2] Bearbeitet nach ebd, S. 7; vgl. auch Eisele/Knobloch 2011, S. 8.

Verlässt man die Ebene der Betriebsführung, so sind im Betrieb eine Reihe von operativen Aufgaben bzw. Funktionen wahrzunehmen. Aus der Charakterisierung des Betriebes als produzierende Einzelwirtschaft ergibt sich die Produktion von Gütern oder Dienstleistungen als eine ihrer Kernaufgaben. Bei den Verwaltungsbetrieben handelt es sich hier vorwiegend um Dienstleistungen. Die Erstellung einer Leistung erfordert ihrerseits die Beschaffung der benötigten Produktionsfaktoren – Arbeitskraft, Betriebsmittel und Werkstoffe – von den Beschaffungsmärkten. Und schließlich wird die Leistung für fremden Bedarf erstellt, so dass weiterhin der Absatz der Leistung am Absatzmarkt bzw. an das Gemeinwesen eine betriebliche Kernfunktion darstellt. Dieser Güter- und Leistungsstrom (Realgüterstrom) von dem Beschaffungsmarkt über den Betrieb zum Absatzmarkt bildet die materielle Seite des betrieblichen Prozesses.[1]

Ihm steht in der Unternehmung ein in umgekehrter Richtung fließender Geldstrom (Nominalgüterstrom) entgegen. In der Unternehmung – also im privatwirtschaftlichen Betrieb – fließen die Erlöse aus dem Absatz der Leistungen in den Betrieb zurück und werden erneut zur Beschaffung der Produktionsfaktoren verwendet. Neben dieser Finanzierung durch die Leistungsabgabe bezieht der privatwirtschaftliche, am Markt tätige Betrieb des Weiteren Eigen- und Fremdkapital vom Kapitalmarkt und gibt umgekehrt Ausschüttungen, Zins- und Tilgungszahlungen dorthin ab.

Die öffentliche Verwaltung hingegen ist durch eine andere Form der Finanzierung gekennzeichnet. Zwar geben auch Verwaltungen ihre Leistung nach außen an das Gemeinwesen (Staat, Bürger, Leistungsempfänger, Nutzer etc.) ab, dies erfolgt jedoch zumeist unentgeltlich bzw. zu häufig nicht kostendeckenden Entgelten. Diese Besonderheit bedingt die Notwendigkeit einer anderweitigen Finanzierung, zumeist entweder aus Steuermitteln oder über die Erhebung von Beiträgen.

Die langfristige Sicherung der Leistungs- und Wettbewerbsfähigkeit, der Ersatz für ausgediente Anlagen und auch die Erweiterung der Kapazitäten erfordern ständige Investitionen in die Betriebsmittelausstattung des Betriebes. Ziel der Investitionstätigkeit ist eine bestmögliche wirtschaftliche Nutzung des eingesetzten Kapitals, entweder im Interesse der Gewinnerzielung (Unternehmung) oder im Interesse des Gemeinwohls (Verwaltung).

---

[1] Vgl. Dincher/Müller-Godeffroy/Scharpf/Schuppan 2010, S. 7 f.

So lassen sich kurz das Aufgabenspektrum und der funktionale Zusammenhang von öffentlichen und privaten Betrieben umreißen.

In allen betrieblichen Teilbereichen sind ständig Entscheidungen zu treffen, die unter wirtschaftlichen Gesichtspunkten zu beurteilen sind. Diese Entscheidungen bedürfen einer Informationsgrundlage, die hinsichtlich ihrer wirtschaftlichen Aspekte im Wesentlichen durch das Rechnungswesen bereitgestellt wird. Die Aufgabe des Rechnungswesens besteht darin, sämtliche wirtschaftlich relevanten Tatbestände und Vorgänge im Betrieb zu erfassen. Es unterzieht diese einer monetären Bewertung, verdichtet die gewonnenen Daten und bereitet sie auf. Das Rechnungswesen ist daher eine unverzichtbare Informationsquelle und damit eine Grundvoraussetzung erfolgreicher betrieblicher Tätigkeit. Dies gilt in privaten wie in öffentlichen Betrieben gleichermaßen, auch wenn die historische Entwicklung in beiden Feldern jeweils unterschiedliche und verschieden weit entwickelte Systeme hervorgebracht hat.

1.2 Aufgaben und Teilbereiche des Rechnungswesens

1.2.1 In der Unternehmung

Ausgangspunkt und Grundlage der Steuerung und Analyse eines Betriebes sind die Daten und Informationen, die durch das betriebliche Rechnungswesen bereitgestellt werden. Das betriebliche Rechnungswesen kann dabei als " [...] Inbegriff eines Informationssystems betrachtet werden, dessen Gegenstand die Erfassung, Speicherung und Verarbeitung von betriebswirtschaftlich relevanten quantitativen Informationen über angefallene oder geplante Geschäftsvorgänge und -ergebnisse ist."[1]

Zu den Aufgaben des betrieblichen Rechnungswesens gehören vor allem:

- Dokumentations- und Kontrollaufgaben
- Dispositionsaufgaben
- Rechenschaftslegungs- und Informationsaufgaben.

Traditionell wird das Aufgabengebiet des kaufmännischen Rechnungswesens unterteilt in die Teilbereiche:

---

[1] Schierenbeck/Wöhle 2012, S. 597.

- Buchhaltung (Kapitel 2)
- Inventur (Kapitel 3)
- Jahresabschluss (Kapitel 4)
- Kalkulation und Kostenrechnung (Kapitel 6)
- Planungsrechnungen (Kapitel 6)
- Betriebsstatistik.

Abb. 2: Teilaspekte des betrieblichen Rechnungswesens[1]

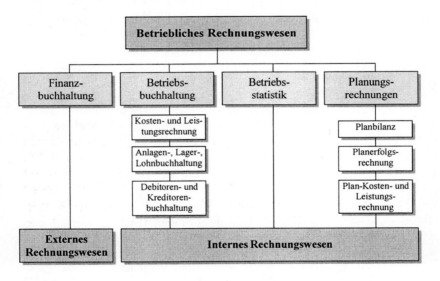

Diese Teilbereiche bauen
- zum einen auf der Finanzbuchhaltung (**externes Rechnungswesen**), die der Erfassung der Geschäftsvorfälle mit Externen und der Information externer Adressaten dient, und

---

[1] In Anlehnung an Eilenberger 1995, S. 6; vgl. auch Jung 2010, S. 1018.

- zum anderen auf der Betriebsbuchhaltung (**internes Rechnungswesen**), die den internen Entscheidungsträgern eine Informations- und Entscheidungsgrundlage bietet, auf.

Ist erstere in hohem Maße durch gesetzliche Vorschriften, die dem Schutz von Außenstehenden dienen, reglementiert, ist letztere eine weitgehend freiwillige betriebliche Maßnahme.

Für die Zwecke der externen Analyse eines Betriebes ist also die Finanzbuchhaltung und der hierauf basierende Jahresabschluss (Bilanz, Gewinn- und Verlustrechnung) von entscheidendem Erkenntniswert. Es sind überdies für den außenstehenden Betrachter nicht selten die einzigen Informationsquellen, die zur Verfügung stehen. Entsprechend hat sich eine Technik der Analyse entwickelt, die sog. Bilanzanalyse, die eine systematische Aufbereitung der veröffentlichten Daten ermöglicht (vgl. Kapitel 4.7).

1.2.2 In der Verwaltung

Auch öffentliche Verwaltungen benötigen ein betriebliches Rechnungswesen.

Das externe Rechnungswesen dient der Haushaltsplanung und -bewirtschaftung sowie der Rechnungslegung. Trotz der zunehmenden Diskussion im New Public Management über die Einführung von Produkthaushalten erfolgt in öffentlichen Verwaltungen die Zuweisung von Personal-, Sach- und Investitionsmitteln in der Regel nicht nach Leistungskriterien, sondern anhand von Planansätzen, die zumeist auf einer vergangenheitsorientierten Fortschreibung basieren. Zugleich sind öffentliche Verwaltungen im Vergleich zu den erwerbswirtschaftlichen Betrieben bei der Mittelzuweisung nicht auf die Erwirtschaftung von Gewinnen angewiesen.

Das im öffentliche Sektor lange Zeit vorherrschende externe Rechnungswesen bestand aus der Kameralistik (vgl. Kapitel 5), die überwiegend die Einnahmen und Ausgaben eines öffentlichen Betriebes berücksichtigt. Darüber hinaus bilanzieren öffentliche Betriebe zunehmend gemäß den Vorgaben des Handelsgesetzbuches (HGB). In diesem Zusammenhang werden die Regelungen der kaufmännischen Buchführung (vgl. Kapitel 2) angewendet. Aus diesem Grund soll im Folgenden beim externen Rechnungswesen nicht die Kameralistik, sondern vor allem die „Doppik" im Vordergrund stehen.

Öffentliche Betriebe benötigen des Weiteren ein internes Rechnungswesen. Ein effizientes Verwaltungshandeln erfordert, dass im öffentlichen Sektor nicht nur der Geldverbrauch, sondern auch der Ressourcenverbrauch mit Hilfe einer Kosten- und Leistungsrechnung (KLR) dokumentiert, geplant, kontrolliert und gesteuert wird. Die Forderung nach Wirtschaftlichkeit und Sparsamkeit ergibt sich aus der Ressourcenver-knappung im öffentlichen Sektor und wird durch Rechtsnormen und haushaltsrechtliche Vorschriften gesteuert.

1.3 Grundbegriffe

Das betriebliche Rechnungswesen verfügt über eine Terminologie, die teilweise Begriffe beinhaltet, die auch in der Alltagssprache gebräuchlich sind. Im Gegensatz zum alltagssprachlichen Gebrauch finanz- und betriebswirtschaftlicher Begriffe, der häufig unscharf, mehrdeutig und damit missverständlich ist, verwendet die betriebswirtschaftliche Terminologie klar definierte und gegeneinander abgegrenzte Begriffe.

Grundbegriffe im Rahmen des betrieblichen Rechnungswesens sind:

⇒ **Einzahlungen, Einnahmen, Ertrag** und **Leistung** einerseits sowie

⇒ **Auszahlungen, Ausgaben, Aufwand** und **Kosten** andererseits.

Diese Begriffe bezeichnen die grundlegenden Finanz- und Leistungsprozesse, die im betrieblichen Rechnungswesen ihren Niederschlag finden.

1.3.1 Einzahlungen und Einnahmen; Auszahlungen und Ausgaben

Als **Einzahlungen** bzw. **Auszahlungen** werden alle betrieblichen Vorgänge behandelt, die zu einer Veränderung (Erhöhung, Verringerung) der betrieblichen **Zahlungsmittel**, der liquiden Mittel (Kassenbestand, jederzeit verfügbare Sichtguthaben), führen. Die Zahlungsmittel stellen eine Bestandsgröße dar, die durch die beiden Strömungsgrößen Einzahlungen und Auszahlungen verändert wird.

Einnahmen und **Ausgaben** hingegen umfassen alle Vorgänge, die zu einer Veränderung des betrieblichen **Geldvermögens** führen. Das Geldvermögen umfasst die liquiden Mittel, den Zahlungsmittelbestand sowie alle weiteren (Geld-)Forderungen an die Schuldner des Betriebes, vermindert um die Verbindlichkeiten gegenüber den Gläubigern.

Zwischen den Einzahlungen/Auszahlungen und den Einnahmen/Ausgaben besteht also insoweit eine Übereinstimmung, als sich beide auf Veränderungen des Zahlungsmittelbestandes des Betriebes beziehen, ein Unterschied existiert jedoch insofern, als die Einnahmen/Ausgaben weiter gefasst sind und darüber hinaus alle auf das Geldvermögen bezogenen Vorgänge erfassen.

Im Einzelnen sind für den Zusammenhang der beiden Begriffspaare folgende Konstellationen möglich:

Abb. 3: Einzahlungen und Einnahmen[1]

Einzahlungen (= Erhöhung des Zahlungsmittelbestandes)		
Einzahlungen, keine Einnahmen (1)	Einzahlungen = Einnahmen (3)	
	Einnahmen = Einzahlungen (3)	Einnahmen, keine Einzahlungen (5)
	Einnahmen (= Erhöhung des Geldvermögens)	

Abb. 4: Auszahlungen und Ausgaben

Auszahlungen (= Verminderung des Zahlungsmittelbestandes)		
Auszahlungen, keine Ausgaben (2)	Auszahlungen = Ausgaben (4)	
	Ausgaben = Auszahlungen (4)	Ausgaben, keine Auszahlungen (6)
	Ausgaben (= Verminderung des Geldvermögens)	

---

[1] Abb. 3/4 bearbeitet nach Wöhe/Kussmaul 2010, S. 15 f.; s. auch Wöhe 1986, S. 873 ff., Jung 2010, S. 1024 f.

(1) Einzahlungen, keine Einnahmen
Zu Einzahlungen, die keine Einnahmen sind, kommt es, wenn der Erhöhung des Zahlungsmittelbestandes eine gleich hohe Verringerung der Forderungen bzw. Erhöhung der Verbindlichkeiten gegenüber steht.

Beispiel: Aufnahme eines Bankkredites
Der Zahlungsmittelbestand erhöht sich in der Größenordnung des aufgenommenen Kredites (Einzahlung), durch die gleichzeitige Entstehung einer Verbindlichkeit in gleicher Höhe bleibt jedoch der Geldvermögensbestand per Saldo unverändert. Die Einzahlung bewirkt keine Einnahme.

(2) Auszahlung, keine Ausgabe
Eine nicht ausgabenwirksame Auszahlung liegt vor, wenn der Verringerung des Zahlungsmittelbestandes eine Erhöhung der Forderungen bzw. eine Verringerung der Verbindlichkeiten gegenübersteht, so dass trotz der erfolgten Auszahlung das Geldvermögen gleich bleibt.

Beispiel: Tilgung eines Bankkredites
Die Ablösung eines Kredites aus Kassenbeständen oder aus Bankguthaben verringert den Zahlungsmittelbestand, da jedoch gleichzeitig die Verbindlichkeiten des Betriebes in gleicher Höhe abnehmen, verändert sich das Geldvermögen nicht. Die Auszahlung ist nicht ausgabenwirksam.

(3) Einzahlung = Einnahme
Eine Einzahlung wird dann zur Einnahme, wenn mit ihr eine Erhöhung des gesamten Geldvermögens verbunden ist. Dies setzt voraus, dass die Einzahlung nicht durch eine Erhöhung der Verbindlichkeiten oder durch eine Abnahme der Forderungen kompensiert wird.

Beispiel: Barverkauf von Waren
Werden Waren oder sonstige Leistungen gegen bar verkauft, so erhöht sich der Kassenbestand (liquide Mittel) in Höhe des Verkaufspreises, ohne dass sonstige Forderungen oder Verbindlichkeiten hiervon berührt sind. Da der gesamte Geldvermögensbestand in Höhe der Einzahlung zunimmt, ist die Einzahlung in voller Höhe eine Einnahme.

(4) Auszahlung = Ausgabe
Ebenso gilt für Auszahlungen, dass sie nur dann zur Ausgabe werden, wenn mit der Verminderung des Zahlungsmittelbestandes auch eine Verringerung des gesamten Geldvermögens einhergeht. Dies ist dann der Fall, wenn die

Auszahlung nicht durch eine entgegengesetzte Veränderung der Forderungen oder Verbindlichkeiten kompensiert wird.

Beispiel: Bareinkauf von Waren
Der bar verrechnete Wareneinkauf verringert den Kassenbestand (Zahlungsmittelbestand), ohne dass hieraus Verbindlichkeiten oder Forderungen neu geschaffen oder verändert werden. Die Verringerung des Kassenbestandes wird in vollem Umfang zu einer Verringerung des Geldvermögens. Die Auszahlung ist also gleichzeitig eine Ausgabe.

(5) Einnahme, keine Einzahlung
Einnahmenwirksame Vorgänge, denen keine Einzahlungen entsprechen, erhöhen das gesamte Geldvermögen ohne den Zahlungsmittelbestand zu verändern. Es handelt sich hier also um Vorgänge, welche die Forderungen oder Verbindlichkeiten des Betriebes betreffen.

Beispiel: Warenverkauf auf Ziel
Durch den Warenverkauf auf Ziel entsteht eine Forderung des Betriebes gegen den Abnehmer, die nicht sogleich beglichen wird. Aufgrund der Forderung erhöht sich das Geldvermögen. Da die Zahlung erst zu einem späteren Zeitpunkt erfolgt, bleibt der Zahlungsmittelbestand von diesem Geschäftsvorfall zunächst unberührt. Der Einnahme entspricht keine Einzahlung.

(6) Ausgabe, keine Auszahlung
Hier gilt entsprechend, dass die Verringerung des Geldvermögens nicht durch eine Veränderung des Zahlungsmittelbestandes, sondern durch Veränderung von Forderungen oder Verbindlichkeiten zustande kommt. Eine Ausgabe, die nicht gleichzeitig eine Auszahlung ist, erhöht also die Verbindlichkeiten oder verringert die Forderungen, ohne durch eine entgegengesetzte Veränderung des Zahlungsmittelbestandes kompensiert zu werden.

Beispiel: Wareneinkauf auf Ziel
Werden Waren beschafft und nicht sogleich bezahlt, so entsteht eine Verbindlichkeit gegenüber dem Lieferanten. Das gesamte Geldvermögen verringert sich in Höhe dieser Verbindlichkeit, ohne dass jedoch zeitgleich eine entsprechende Auszahlung erfolgt. Der Ausgabe entspricht (zunächst) keine Auszahlung.

1.3.2 Einnahmen und Erträge; Ausgaben und Aufwand

Einnahmen und Ausgaben sind Geschäftsvorfälle, die das Geldvermögen des Betriebes verändern. Von Ertrag und Aufwand spricht man dann, wenn durch die Vorgänge das **Gesamtvermögen** (Nettovermögen, Reinvermögen) des Betriebes beeinflusst wird. Die Bestandsgröße Gesamtvermögen setzt sich zusammen aus dem Geldvermögen und dem Sachvermögen. Ertrag und Aufwand beziehen also gegenüber den bisher behandelten Begriffen auch die Veränderungen des Sachvermögens in die Betrachtung mit ein. Es handelt sich bei ihnen wiederum um Strömungsgrößen. Der Zusammenhang zwischen Einnahmen/Ausgaben und Ertrag/Aufwand kann wiederum in je drei Fallgruppen differenziert werden:

(1) Einnahmen, keine Erträge
Einnahmen, die keine Erträge sind, erhöhen das Geldvermögen bei gleichzeitiger Verringerung des Sachvermögens. Der Erhöhung des Geldvermögens entspricht keine Erhöhung des Gesamtvermögens, da sie durch eine Verringerung des Sachvermögens kompensiert wird.

Abb. 5: Einnahmen und Erträge[1]

Einnahmen (= Erhöhung des Geldvermögens)		
Einnahmen, keine Erträge (1)	Einnahmen = Erträge (3)	
	Erträge = Einnahmen (3)	Erträge, keine Einnahmen (5)
	Erträge (= Erhöhung des Nettovermögens)	

---

[1] Vgl. zu Folgendem Wöhe/Döring 2013, S. 643 ff.; Jung 2010, S. 1024 f.

Beispiel: Verkauf von Sachvermögenswerten zum Buchwert
Werden Teile des Sachvermögens (Grundstücke, Gebäude, Anlagen, Waren etc.) veräußert, so erhöht sich das Geldvermögen des Betriebes entweder durch Zufluss von liquiden Mitteln oder durch eine Forderungserhöhung. Da diesem Zufluss jedoch ein gleich hoher Abfluss an Sachvermögen gegenübersteht, bleibt das Reinvermögen gleich. Die Einnahme ist ertragsunwirksam.

Abb. 6: Ausgaben und Aufwand

Ausgaben (= Verminderung des Geldvermögens)		
Ausgaben, kein Aufwand (2)	Ausgaben = Aufwand (4)	
	Aufwand = Ausgaben (4)	Aufwand, keine Ausgaben (6)
	Aufwendungen (= Verminderung des Nettovermögens)	

(2) Ausgaben, kein Aufwand
Umgekehrt gilt für Ausgaben, die keinen Aufwand darstellen, dass sie zwar das Geld-, nicht jedoch das Gesamtvermögen verringern. Dies ist dann der Fall, wenn durch die Ausgabe ein gleich hoher Zugang an Sachvermögen bewirkt wird.

Beispiel: Anschaffung von Sachvermögenswerten
Werden Sachvermögenswerte durch den Betrieb angeschafft (z. B. Maschinen), so erhöht sich das gesamte Sachvermögen um den Wert des Neuzuganges. Gleichzeitig verringert sich das Geldvermögen um eben diesen Betrag entweder durch einen Zahlungsmittelabfluss oder eine entsprechende Erhöhung der Verbindlichkeiten. Die Anschaffung hat also im Endergebnis nicht das Reinvermögen verändert, sondern lediglich zu einer Vermögensumschichtung (Geldvermögen zu Sachvermögen) geführt.

(3) Einnahmen = Erträge
Einnahmen sind immer dann auch Erträge, wenn dem Zufluss an Geldvermögen nicht gleichzeitig ein gleich hoher Abfluss im Sachvermögen gegenübersteht.

Beispiel: Entstehung einer Zinsforderung zu einer Geldanlage
Die Zinsforderung erhöht das Geldvermögen des Betriebes, ohne dass hiervon das Sachvermögen berührt wird. Im Umfang des Geldvermögenszuwachses steigt also auch das Reinvermögen. Die Einnahme ist ein Ertrag.

(4) Ausgabe = Aufwand
Ausgaben sind immer dann Aufwand, wenn sie zu einer Verringerung des Reinvermögens führen, also nicht durch einen gleich hohen Zuwachs des Sachvermögens kompensiert werden.

Beispiel: Entstehung einer Steuerschuld
Durch die Entstehung einer Steuerschuld (z. B. KFZ-Steuer, Grundsteuer) erwächst dem Betrieb eine Verbindlichkeit, die sein Geldvermögen in Höhe der Steuerforderung verringert. Da dieser Verringerung keine Zunahme des Sachvermögens gegenübersteht, verringert sich folglich das Reinvermögen. Die Ausgabe ist also gleichzeitig Aufwand.

(5) Ertrag, keine Einnahme
Ein Ertrag ist dann keine Einnahme, wenn die Erhöhung des Reinvermögens ausschließlich durch einen Zuwachs des Sachvermögens verursacht wird.

Beispiel: Wertberichtigungen im Sachvermögen
Müssen die buchmäßigen Wertansätze für Teile des Sachvermögens erhöht werden (z. B. Anpassung an Preissteigerungen bis zur Grenze der ursprünglichen Anschaffungskosten), so erhöht sich, da eine Ausgabe nicht erfolgt ist, im gleichen Umfang das Reinvermögen. Der Betrieb erzielt einen Ertrag, jedoch keine Einnahme.

(6) Aufwand, keine Ausgabe
Nicht ausgabenwirksamer Aufwand liegt vor, wenn eine Reinvermögensverringerung ohne Veränderung des Geldvermögens ausschließlich durch eine Abnahme des Sachvermögens verursacht wird.

Beispiel: Verringerung des buchmäßigen Wertansatzes für Sachvermögen
Werden die Wertansätze für Bestandteile des Sachvermögens verringert (z. B. Abschreibungen für Maschinen und Anlagen, Verlustschwund, Überalterung

von Produktionsmaterial etc.), so verringert sich in gleichem Umfang das Nettovermögen des Betriebes, da der Abnahme des Sachvermögens keine Zunahme des Geldvermögens gegenübersteht. Es entsteht Aufwand, der nicht zu einer Ausgabe führt.

1.3.3 Ertrag und Leistung; Aufwand und Kosten

Die bisher behandelten Begriffe beziehen sich auf Tatbestände der Finanzbuchhaltung. Leistung und Kosten hingegen entstammen der Betriebsabrechnung.

Abb. 7: Aufwand und Kosten

Aufwand						
Neutraler Aufwand (1)			Zweckaufwand (2)			
11	12	13				
			Grundkosten (2)	Kalkulatorische Kosten (3)		
				31	32	33
			Kosten			

Soweit eine Übereinstimmung zwischen Kosten und Aufwand vorliegt, spricht man von Grundkosten bzw. Zweckaufwand (2). Es gibt jedoch auch Aufwand, der keine Kosten darstellt (neutraler Aufwand), ebenso gibt es Kosten, die nicht gleichzeitig Aufwand sind (kalkulatorische Kosten).

(1) Neutraler Aufwand
Ein neutraler Aufwand liegt vor, wenn ein Werteverzehr eingetreten ist (Verringerung des Reinvermögens), ohne dass hierdurch eine betriebliche Leistung entstanden ist.

Zum neutralen Aufwand gehören:

11 - **betriebsfremder Aufwand**:
   Der Aufwand hat keine Beziehung zur betrieblichen Leistungserstellung (z. B. Spende an die Welthungerhilfe).

12 - **außerordentlicher Aufwand**:
Der Aufwand ist so außergewöhnlich, dass er nicht in die Selbstkosten hineingerechnet werden soll (z. B. Verluste durch Feuerschäden).

13 - **periodenfremder Aufwand**:
Der Aufwand ist periodenfremd, sofern er wirtschaftlich nicht zu einer bestimmten Abrechnungsperiode gehört (z. B. Steuernachzahlungen). Diese Aufwendungen entstehen zwar durch betriebliche Vorgänge, ihre Verursachung muss jedoch einer anderen Abrechnungsperiode zugerechnet werden.

(2) Zweckaufwand = Grundkosten

Zweckaufwand ist derjenige Aufwand, der zur Erstellung der Betriebsleistung in dieser Periode und bei normalem Ressourceneinsatz erforderlich ist. Der Zweckaufwand entspricht den Grundkosten der Leistungserstellung. Es handelt sich hier also um denjenigen Werteverzehr aus dem Nettovermögen (Verbrauch von Produktionsfaktoren, Abschreibungen etc.), der mittelbar oder unmittelbar in die Betriebsleistung eingeht.

(3) Kalkulatorische Kosten

Kalkulatorische Kosten sind Kosten, denen kein Aufwand entspricht, die also nicht zu einer Verringerung des Nettovermögens des Betriebes führen. Dies sind im Wesentlichen kalkulatorische Kosten für:

31 - **Zusatzkosten**:
Den Kosten stehen überhaupt keine Aufwandspositionen gegenüber (z. B. kalkulatorische Eigenkapitalzinsen, kalkulatorische Miete, kalkulatorischer Unternehmerlohn).

32 - **Risiken und Wagnisse**:
Aperiodisch auftretender Aufwand wird in der Kalkulation z. B. im Wege der Durchschnittsbildung gleichmäßig über mehrere Perioden verteilt (z. B. Knallkörperfabrikation mit sporadischen Explosionsschäden).

33 - **Kalkulatorische (Mehr-)Abschreibungen**:
Die kalkulatorischen Abschreibungen sind höher als die bilanziellen.

Kalkulatorische Wagnisse und kalkulatorische Abschreibungen werden auch als **Anderskosten** bezeichnet.[1]

---

[1] Vgl. Wöhe/Döring 2010, S. 702.

Die **Erträge** können analog der Gliederung des Aufwandes nach ihrer Betriebsbedingtheit untergliedert werden in den **ordentlichen Ertrag**, der nachhaltig mit dem Kerngeschäft des Betriebes erwirtschaftet wird und den **neutralen Ertrag**.

Abb. 8: Ordentlicher und neutraler Ertrag[1]

Ertrag			
neutraler Ertrag			ordentlicher Ertrag
betriebsfremd	außergewöhnlich	periodenfremd (bewertungsbedingt)	nachhaltig; Kerngeschäft
(1)	(2)	(3)	(4)

(1) Neutraler Ertrag
Ein neutraler Ertrag liegt vor, wenn der eingetretene Vermögenszuwachs entweder nicht nachhaltig ist oder nicht dem gewöhnlichen Kerngeschäft des Betriebes entspringt.

Zum neutralen Ertrag rechnen:

1 - **betriebsfremder Ertrag:**
   Die Erträge resultieren nicht aus dem üblichen Geschäft des Betriebes sondern aus betriebsfremden Aktivitäten (z. B. Spekulationsgewinne).

2 - **außerordentlicher Ertrag:**
   Die Erträge stammen aus einmaligen, nicht wiederkehrenden Ereignissen (z. B. Schuldenerlass).

3 - **periodenfremder Ertrag:**
   Erträge, deren Verursachung in einer anderen Abrechnungsperiode liegt (z. B. Steuerrückerstattung) und daher periodenfremd sind.

2) Ordentlicher Ertrag
   Zum ordentlichen Ertrag gehören:

   - Umsatzerlöse
   - Bestandsmehrung an Fertigfabrikaten.

---

[1] Vgl. Wöhe/Döring 2010, S. 699 f.

Ähnlich wie zwischen Aufwand und Kosten zu unterscheiden ist, so existiert auch zwischen **Ertrag** und **Leistung** neben einer gemeinsamen Schnittmenge ein divergierender Bereich. Während jeder Vermögenszuwachs in einer Periode als Ertrag bezeichnet wird, spricht man von Leistung nur dann, wenn die Wertmehrung aus dem eigentlichen Betriebszweck resultiert. Die Leistung ist daher im Wesentlichen mit dem ordentlichen Ertrag identisch.

1.3.4 Erfolg

Zu den wesentlichen Aufgaben des Rechnungswesens gehört die Feststellung des betrieblichen Erfolges zum Ende eines Rechnungsjahres.

Abb. 9: Gesamtergebnis und Betriebsergebnis[1]

Durch Saldierung von Erträgen und Aufwendungen erhält man das Gesamtergebnis, die Reinvermögensänderung. Ist letztere positiv, spricht man von Gewinn, ist sie negativ, ist ein Verlust eingetreten. Nach Abzug von neutralem Ergebnis und Zusatzkosten ergibt sich das Betriebsergebnis als Ergebnis der gewöhnlichen Geschäftstätigkeit.

Die nachfolgende Abbildung gibt einen zusammenfassenden Überblick über die Grundbegriffe der Finanz- und Betriebsbuchhaltung.

---

[1] Bearbeitet nach Wöhe/Döring 2010,, S. 702.

Abb. 10: Grundbegriffe der Finanz- und Betriebsbuchhaltung im Überblick

Finanzbuchhaltung
Bilanz plus Gewinn- und Verlustrechnung;
Erfassung der wertmäßigen Außenbeziehungen des Betriebes

	Strömungsgrößen	
Bestandsgrößen	Positive Bestandsveränderung	Negative Bestandsveränderung
Zahlungsmittelbestand = Kasse + jederzeit verfügbare Bankguthaben	Einzahlung	Auszahlung
Geldvermögen = Zahlungsmittelbestand + übrige Forderungen ./. Verbindlichkeiten	Einnahme	Ausgabe
Reinvermögen = Geldvermögen + Sachvermögen	Ertrag	Aufwand
	Leistung	Kosten

Betriebsbuchhaltung
Kosten- und Leistungsrechnung;
Erfassung des betriebsbedingten Wertezugangs bzw. Werteverzehrs

1.4 Wiederholungsfragen

Lösungshinweise
siehe Seite

1.	Beschreiben Sie die Stellung und die Bedeutung des Rechnungswesens im betrieblichen Funktionszusammenhang.	1
2.	Was versteht man unter Rechnungswesen?	3
3.	Welche Aufgaben kommen dem betrieblichen Rechnungswesen zu?	3
4.	Welche Teilbereiche gehören zum Rechnungswesen?	4
5.	Unterscheiden Sie die Finanzbuchhaltung von der Betriebsbuchhaltung.	4
6.	Wann spricht man von Einzahlungen bzw. Auszahlungen?	6
7.	Wodurch sind Einnahmen bzw. Ausgaben gekennzeichnet?	6
8.	Geben Sie je ein Beispiel für: • Einzahlungen, die keine Einnahmen sind • Einnahmen, die keine Einzahlungen sind • Ausgaben, die kein Aufwand sind • Aufwand, der keine Ausgabe ist • neutralen Aufwand • kalkulatorische Kosten.	8 9 12 13 14 14
9.	Wodurch ist der neutrale Aufwand gekennzeichnet? Geben Sie drei wesensverschiedene Fälle eines neutralen Aufwandes an.	14
10.	Geben Sie je ein Beispiel für: • betriebsfremden Ertrag • außerordentlichen Ertrag und • periodenfremden Ertrag.	15
11.	Welche Größen müssen vom Gesamtergebnis abgezogen werden, um zum Betriebsergebnis zu kommen?	16

2 Kaufmännische Buchführung (Doppik)

2.1 Arten der Buchführung

In der Buchführung werden sämtliche „[...] wirtschaftlich bedeutsame Vorgänge (Geschäftsvorfälle) systematisch und lückenlos nach bestimmten Regeln und Ordnungskriterien wertmäßig aufgezeichnet."[1] Zusammen mit dem Inventar bildet sie die Grundlage für die Erstellung des Jahresabschlusses (Bilanz, Gewinn- und Verlustrechnung/GuV).

Die kaufmännischen Buchhaltung ist hierbei grundsätzlich von der kameralistischen Buchhaltung (vgl. Kap. 5) der öffentlichen Verwaltungen zu unterscheiden.

Die **einfache kaufmännische Buchhaltung** besteht im Wesentlichen aus einer chronologischen Aufschreibung der Geschäftsvorfälle auf Bestandskonten, mit deren Hilfe sich durch Vermögensvergleich zum Periodenende der Betriebserfolg ermitteln lässt. Die Entstehung des Erfolgs, die Entwicklung des Aufwandes und Ertrages sowie ihre Struktur werden von der einfachen Buchführung jedoch nicht erfasst. Ebenso fehlt die immanente Kontrolle der Buchungen, da jeder Vorfall nur einfach gebucht wird. Eine systematische Aufspaltung in bestands- und erfolgswirksame Geschäftsvorfälle findet nicht statt. Die einfache kaufmännische Buchführung ist deswegen nur für Kleinstbetriebe geeignet, deren Geschäftstätigkeit auch ohne umfangreiches Rechnungswesen überschaubar bleibt. Als Kontroll- und Steuerungsinstrument größerer Betriebe ist sie ungeeignet.

Die **doppelte kaufmännische Buchhaltung** (Doppik) – die im Folgenden dargestellt wird – ist der einfachen kaufmännischen Buchhaltung überlegen und dominiert in der Praxis. Die doppelte Buchführung basiert auf dem Prinzip von Buchung und Gegenbuchung, d. h. jeder Geschäftsvorfall wird doppelt erfasst. Dadurch ist zum einen eine immanente Kontrolle der Buchhaltung gewährleistet, zum anderen kennt sie neben den Bestandskonten eigenständige Erfolgs- und Finanzkonten und ermöglicht somit eine differenzierte Erfassung und Analyse sämtlicher Finanz- und Leistungsprozesse innerhalb der Unternehmung. Die doppelte kaufmännische Buchführung ist deshalb ein unentbehrliches **Instrument der Betriebsführung**.

---

[1] Eisele/Knobloch 2011, S. 74.

In ihrer heutigen Form ist die Doppik das Ergebnis eines Entwicklungsprozesses, der bis ins Mittelalter zurückreicht. Sie hat ihren Ursprung in den Geschäftspraktiken von Kaufleuten aus den Handelszentren des mittelalterlichen Italien. Sie lässt sich vor allem in Venedig, aber auch in Genua und Florenz bis in das 15. Jahrhundert zurück verfolgen. Von hier aus fand das Prinzip der doppelten Buchführung rasche Verbreitung in ganz Europa. In Deutschland führte bereits im frühen 16. Jahrhundert Jacob Fugger (1459 - 1525) seine Bücher nach venezianischem Vorbild.[1] Noch heute verweisen viele Begriffe aus der Terminologie der Buchführung (z. B. Bilanz, Agio) auf ihren geschichtlichen Ursprung in Italien.

2.2 Grundsätze ordnungsmäßiger Buchführung (GoB)

Zur Buchführung ist jeder Kaufmann verpflichtet. Er hat "Bücher" zu führen und in diesen seine Handelsgeschäfte und die Lage seines Vermögens nach den Grundsätzen ordnungsmäßiger Buchführung (GoB) ersichtlich zu machen. Die Buchführung muss so beschaffen sein, dass sie einem sachverständigen Dritten innerhalb angemessener Zeit einen Überblick über die Geschäftsvorfälle und über die Lage des Betriebes vermitteln kann. Die Geschäftsvorfälle müssen sich in ihrer Entstehung und Abwicklung verfolgen lassen (§ 238 Abs. 1 HGB).

Die Grundsätze einer ordnungsgemäßen Buchführung, auf deren Einhaltung nach dem HGB Kaufleute und Betriebe aller Rechtsformen (§ 243 Abs. 1 HGB; § 264 Abs. 2 HGB) verpflichtet sind, werden jedoch vom Gesetzgeber nicht abschließend formuliert. Vielmehr ergeben sich aus einer Vielzahl von handels- und steuerrechtlichen Einzelregelungen, der Rechtsprechung der Gerichte, der praktischen Übung ordentlicher Kaufleute, Erlassen und Weisungen von Behörden und nicht zuletzt aus der wissenschaftlichen Diskussion zahlreiche Einzelaspekte, die im einschlägigen Schrifttum zusammengefasst als GoB dargestellt werden. Es handelt sich bei diesen Grundsätzen also nicht um ein abschließend formuliertes Regelwerk, sondern um eine ständig sich weiterentwickelnde Sammlung einzelner Prinzipien und Grundsätze.[2] Die GoB können in drei Teilbereiche untergliedert werden.

---

[1] Vgl. Coenenberg/Haller/Schultze 2014, S. 9 ff; Eisele 2002, S. 500-503.

[2] Vgl. Eisele 2011, S. 26 f.; Coenenberg/Haller/Schultze 2014, S. 37 f; Baetge/Kirsch/Thiele 2012, S. 105.

Abb. 11: Grundsätze ordnungsmäßiger Buchführung (GoB) [1]

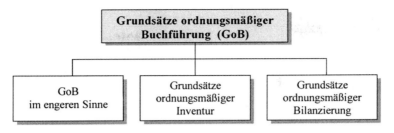

Die **Ordnungsmäßigkeit der Buchführung im engeren Sinne**[2] kann unter einem materiellen und unter einem formellen Aspekt[3] betrachtet werden.

Materiell ist die Buchführung ordnungsmäßig, wenn alle Aufzeichnungen inhaltlich richtig und wahrheitsgemäß sind. Dies bedeutet im einzelnen:

- alle Geschäftsvorfälle sind aufzuzeichnen;
- die Aufzeichnung muss der Wahrheit entsprechen;
- es dürfen keine Geschäftsvorfälle aufgezeichnet werden, die tatsächlich nicht stattgefunden haben;
- die Verbuchung muss auf dem richtigen Konto erfolgen.

Die **formelle** Ordnungsmäßigkeit beinhaltet folgende Prinzipien und Forderungen:

- zeitgerechte und geordnete Aufzeichnung nach dem Grundsatz der Einzelerfassung und Nachprüfbarkeit;
- Führung der Bücher im Geltungsbereich des Grundgesetzes;
- Aufzeichnung in einer lebenden Sprache;
- keine nachträgliche Veränderung von Aufzeichnungen, die den ursprünglichen Inhalt unkenntlich machen;
- keine Buchung ohne Beleg (Belegprinzip);

---

[1] Vgl. Ditges/Arendt 2007, S. 45.
[2] Die Grundsätze ordnungsmäßiger Inventur bzw. Bilanzierung werden in Kap. 3 bzw. Kap. 4 behandelt.
[3] Vgl. Wöhe/Kußmaul 2012, S. 36.

- Aufbewahrungspflicht (§ 257 HGB):

    - **10 Jahre** sind aufzubewahren: Handelsbücher, Inventare, Jahresabschlüsse (Bilanzen, GuV) sowie alle hierzu gehörigen und für ihr Verständnis erforderlichen Unterlagen und Buchungsbelege;
    - **6 Jahre** sind aufzubewahren: Ein- und ausgehende Geschäftskorrespondenz.[1]

Ein bestimmtes Buchführungssystem beinhalten die Grundsätze einer ordnungsmäßigen Buchführung nicht, jedoch wird den Kapitalgesellschaften und Genossenschaften das System der doppelten Buchführung vorgeschrieben. Auch wenn ein bestimmtes Buchführungssystem nicht vorgeschrieben ist, so ist es dennoch ein Gebot der Ordnungsmäßigkeit der Buchführung, dass sie systematisch erfolgt, also nach bestimmten, immer gleichbleibenden Prinzipien vorgenommen wird.

2.3 Kontenrahmen und Kontenplan

Die Forderung nach einer systematischen Buchführung beinhaltet insbesondere die Notwendigkeit, die Buchhaltung zu gliedern. Zunächst werden Konten eingeführt, auf denen gleichartige Geschäftsvorfälle erfasst werden (s. Kap. 2.4). Dann werden ein Kontenrahmen und hierauf aufbauend ein detaillierter Kontenplan festgelegt, die gleichartige Konten in Klassen und Gruppen zusammenfassen. Eine verbindliche Festlegung auf einen bestimmten Kontenrahmen existiert nicht (mehr), so dass in der Praxis verschiedene Kontenrahmen zur Anwendung gelangen. Sie orientieren sich jedoch zumeist an zwei konkurrierenden Rahmenplänen, dem **Gemeinschaftskontenrahmen (GKR)** oder dem neueren **Industriekontenrahmen (IKR)**, die beide vom Bundesverband der Industrie (BDI) erarbeitet wurden. Speziell für die Belange der öffentlichen Verwaltung wurde in den letzten Jahren ein bundeseinheitlicher **Verwaltungskontenrahmen (VKR)** entwickelt. Die drei genannten Kontenrahmen sind nach einem dekadischen System gegliedert. Für die Buchungen der Geschäftsvorfälle werden zunächst 10 Kontenklassen gebildet, die durch

---

[1] Ausführliche Darstellungen der GoB vgl. u.a.: Wöhe/Kußmaul 2012, S. 35ff; Baetge/Kirsch/Thiele 2012, S. 105ff.; Coenenberg/Haller/Schulze 2014, S.37 ff.; Eisele/Knobloch 2011, S. 26 ff.

weitere Untergliederungen über Kontengruppen und Kontenarten in Einzelkonten zerlegt werden. Die Systematik des Industrie-kontenrahmens (IKR) auf der Ebene der Kontenklassen wurde auch für den Verwaltungskontenrahmen (VKR) übernommen.

Abb. 12: Systematik des Industriekontenrahmens nach Kontenklassen

Klasse 0	Aktivkonten		
Klasse 1	Aktivkonten	Bestands-	
Klasse 2	Aktivkonten	konten	
Klasse 3	Passivkonten		
Klasse 4	Passivkonten		**Finanz-**
Klasse 5	Ertragskonten	Erfolgs-	**buchhaltung**
Klasse 6	Aufwandskonten	konten	
Klasse 7	Aufwandskonten		
Klasse 8	Abschlussrechnung		
Klasse 9	Kosten- und Leistungsrechnung		**Betriebs- buchhaltung**

Die Kontenklassen 0 bis 4 umfassen die Bestandskonten, die in Aktiv- und Passivkonten unterteilt werden. Die Kontenklassen 5 bis 7 erfassen Ertrag und Aufwand und dienen der Erfolgsfeststellung. Die Kontenklasse 8 dient der Abschlussrechnung und die Klasse 9 ist der Betriebsbuchhaltung, also der Kosten- und Leistungsrechnung vorbehalten.

Im Kontenrahmen werden die Kontenklassen bis auf dreistellige Kontenarten ausdifferenziert.

Abb. 13: Gliederung des Industriekontenrahmens (IKR)[1]

Konten des Bilanzbereichs (Beständerechnung)				
Aktivkonten			Passivkonten	
Klasse 0 Immaterielle Vermögensgegenstände und Sachanlagen	**Klasse 1** Finanzanlagen	**Klasse 2** Umlaufvermögen und aktive Rechnungsabgrenzung	**Klasse 3** Eigenkapital und Rückstellungen	**Klasse 4** Verbindlichkeiten und passive Rechnungsabgrenzung
00 Ausstehende Einlagen auf das Kapital 01 Aufwendungen für die Ingangsetzung und Erweiterung des Geschäftsbetriebes 02 Konzessionen, gewerbliche Schutzrechte und ähnliche Rechte und Werte sowie Lizenzen an solchen Rechten und Werten 03 Geschäfts- oder Firmenwert 04 Geleistete Anzahlungen auf immaterielle Vermögensgegenstände 05 Grundstücke, grundstücksgleiche Rechte und Bauten einschließlich der Bauten auf fremden Grundstücken 06 Frei 07 Technische Anlagen und Maschinen 08 Andere Anlagen, Betriebs- und Geschäftsausstattung 09 Geleistete Anzahlungen und Anlagen im Bau	10 Frei 11 Anteile an verbundenen Unternehmen 12 Ausleihungen an verbundene Unternehmen 13 Beteiligungen 14 Ausleihungen an Unternehmen, mit denen ein Beteiligungsverhältnis besteht 15 Wertpapiere des Anlagevermögens 16 Sonstige Ausleihungen (sonstige Finanzanlagen)	20 Roh-, Hilfs- und Betriebsstoffe 21 Unfertige Erzeugnisse, unfertige Leistungen 22 Fertige Erzeugnisse und Waren 23 Geleistete Anzahlungen auf Vorräte 24 Forderungen aus Lieferungen und Leistungen 25 Forderungen gegen verbundene Unternehmen und gegen Unternehmen, mit denen ein Beteiligungsverhältnis besteht 26 Sonstige Vermögensgegenstände 27 Wertpapiere 28 Flüssige Mittel 29 Aktive Rechnungsabgrenzung	30 Kapitalkonto/ Gezeichnetes Kapital 31 Kapitalrücklage 32 Gewinnrücklage 33 Ergebnisverwendung 34 Jahresüberschuss/ Jahresfehlbetrag 35 Sonderposten mit Rücklagenanteil 36 Wertberichtigungen 37 Rückstellungen für Pensionen und ähnliche Verpflichtungen 38 Steuerrückstellungen 39 Sonstige Rückstellungen	40 Frei 41 Anleihen 42 Verbindlichkeiten gegenüber Kreditinstituten 43 Erhaltene Anzahlungen auf Bestellungen 44 Verbindlichkeiten aus Lieferungen und Leistungen 45 Wechselverbindlichkeiten 46 Verbindlichkeiten gegenüber verbundenen Unternehmen 47 Verbindlichkeiten gegenüber Unternehmen, mit denen ein Beteiligungsverhältnis besteht 48 Sonstige Verbindlichkeiten 49 Passive Rechnungsabgrenzung

---

[1] Auf zweistellige Kontengruppen gekürzt; vgl. z. B. Schröter u.a. 2008, S. 359-361; vollständige Fassung s. Eisele 2002, Beiheft, S. 22 ff.

(Fortsetzung IKR)

Konten des Ergebnisbereichs (Erfolgsrechnung)		Konten für Eröffnung und Abschluss (Abschlussrechnung)	Konten der Kosten- und Leistungsrechnung
Erträge	**Aufwendungen**		
Klasse 5 **Erträge**	**Klasse 6** **Betriebliche Aufwendungen**	**Klasse 7** **Weitere Aufwendungen**	**Klasse 8** **Ergebnisrechnungen**	**Klasse 9** **Kosten- und Leistungsrechnung (KLR)**

Klasse 5 Erträge	Klasse 6 Betriebliche Aufwendungen	Klasse 7 Weitere Aufwendungen	Klasse 8 Ergebnisrechnungen	Klasse 9 Kosten- und Leistungsrechnung (KLR)
50/51 Umsatzerlöse 52 Bestandsveränderungen an fertigen und unfertigen Erzeugnissen 53 Andere aktivierte Eigenleistungen 54 Sonstige betriebliche Erträge 55 Erträge aus Beteiligungen 56 Erträge aus anderen Wertpapieren und Ausleihungen des Finanzanlagevermögens 57 Sonstige Zinsen und änliche Erträge 58 Außerordentliche Erträge 59 Erträge aus Verlustübernahme	60 Aufwendungen für Roh-, Hilfs- und Betriebsstoffe 61 Aufwendungen für bezogne Leistungen 62 Löhne 63 Gehälter 64 Soziale Abgaben und Aufwendungen für Altersversorgung und Unterstützung 65 Abschreibungen 66 Sonstige Personalaufwendungen 67 Aufwendungen für die Inanspruchnahme von Rechten und Diensten 68 Aufwendungen für Kommunikation 69 Aufwendungen für Beiträge und Sonstiges sowie Wertkorrekturen und periodenfremde Aufwendungen	70 Betriebliche Steuern 71-73 Frei 74 Abschreibungen auf Finanzanlagen und auf Wertpapiere des Umlaufvermögens und Verluste aus entsprechenden Abgängen 75 Zinsen und ähnliche Aufwendungen 76 Außerordentliche Aufwendungen 77 Steuern vom Einkommen und Ertrag 78-79 Frei	80 Eröffnung und Abschluss *Konten der Kostenbereiche für die GuV im Umsatzkostenverfahren* 81 Herstellungskosten 82 Vertriebskosten 83 Allgemeine Verwaltungskosten 84 Sonstige betriebliche Aufwendungen *Konten der kurzfristigen Erfolgsrechnung für innerjährige Rechungsperioden* 85 Korrekturen zu den Aufwendungen der Kontenklasse 5 86 Korrekturen zu den Aufwendungen der Kontenklasse 6 87 Korrekturen zu den Aufwendungen der Kontenklasse 7 88 Kurzfristige Erfolgsrechnung (KER) 89 Innerjährige Rechnungsabgrenzung	90 Unternehmensbezogene Abgrenzung 91 Kostenrechnerische Korrekturen 92 Kostenarten und Leistungsarten 93 Kostenstellen 94 Kostenträger 95 Fertige Erzeugnisse 96 Interne Lieferungen und Leistungen sowie deren Kosten 97 Umsatzkosten 98 Umsatzleistungen 99 Ergebnisausweise

Abb. 14: Gliederung des bundeseinheitlichen Verwaltungs kontenrahmens (VKR)[1]

Vermögensrechnung				
Aktivkonten			Passivkonten	
Klasse 0 Immaterielle Vermögensgegenstände und Sachanlagen	Klasse 1 Finanzanlagen	Klasse 2 Umlaufvermögen und aktive Rechnungsabgrenzung	Klasse 3 Eigenkapital, Sonderposten und Rückstellungen	Klasse 4 Verbindlichkeiten und passive Rechnungs- abgrenzung
00 Geleistete Investitions- zuweisungen und -zuschüsse 01 Reseerviert 02 Entgeltlich erworbene Konzessionen, gewerb- liche Schutzrechte und ähnliche Rechte und Werte sowie Lizenzen an solchen Rechten und Werten 03 Geschäfts- oder Firmenwert 04 Geleistete Anzahlungen auf immaterielle Vermögensgegenstände 05 Grundstücke, grundstücksgleiche Rechte und Bauten einschließlich der Bauten auf fremden Grundstücken 06 Infrastrukturvermögen, Natürgüter und Kulturgüter 07 Technische Anlagen und Maschinen 08 Andere Anlagen, Betriebs- und Geschäftsausstattung 09 Geleistete Anzahlungen und Anlagen im Bau	10 Reserviert 11 Anteile an verbundenen Unternehmen und Einrichtungen 12 Ausleihungen an verbun- dene Unternehmen und Einrichtungen 13 Beteiligungen 14 Ausleihungen an Unter- nehmen und Einricht- ungen, mit denen ein Beteiligungsverhältnis besteht 15 Wertpapiere des Anlagevermögens 16 Sondervermögen ohne eigenverantwortliche Betriebsleitung 17 Sonstige Ausleihungen 18 Reserviert 19 Reserviert	20 Vorräte 21 Forderungen aus Steuern 22 Forderungen aus Zuweisungen und Zuschüssen 23 Forderungen aus Liefer- ungen und Leistungen 24 Forderungen gegen verbundene Unternehm- en und Einrichtungen sowie gegen Unter- nehmen und Ein- richtungen mit denen ein Beteiligungsverhältnis besteht 25 Forderungen aus der Steuerverteilung und Finanzausgleichsbe- ziehungen 26 Sonstige Vermögensgegenstände 27 Wertpapiere des Umlaufvermögens 28 Kassenbestand, Bundes- bankguthaben, Guthaben bei Kreditinstituten, Schecks 29 Aktive Rechnungs- abgrenzung	30 Nettoposition (Kapitalkonto) 31 Kapitalrücklage 32 Gewinnrücklagen (Verwaltungsrücklagen) 33 Ergebnisverwendung 34 Jahresüberschuss/ -fehlbetrag 35 Resereviert 36 Sonderposten für In- vestitionen 37 Rückstellungen für Pensionen und ähnliche Verpflichtungen 38 Steuerrückstellungen 39 Sonstige Rückstellungen	40 Anleihen und Obligationen 41 Verbindlichkeiten gegenüber Kreditinstituten 42 Verbindlichkeiten aus Steuern 43 Verbindlichkeiten aus Zuweisungen und Zuschüssen 44 Erhaltene Anzahlungen auf Bestellungen 45 Verbindlickediten aus Lieferungen und Leistungen 46 Verbindlichkeiten gegen- über verbundenen Un- ternehmen und Ein- richtingen sowie Unter- nehmen und Ein- richtungen, mit denen ein Beteiligungs- verhältnis besteht 47 Verbindlichkeiten aus der Steuerverteilung und Finanzausgleichs- beziehungen 48 Sonstige Verbindlichkediten 49 Passive Rechnungsabgrenzung

---

[1] Zusammengestellt und bearbeitet nach: Bundesministerium der Finanzen 2013a, S. 3-7.

(Fortsetzung VKR)

Ergebnisrechnung				Abschluss, kamerale Abgrenzung und Überleitung	Kosten- und Leistungsrechnung
Erträge		Aufwendungen			
Klasse 5 Erträge	Klasse 6 Aufwendungen		Klasse 7 Weitere Aufwendungen	Klasse 8 Technische Konten	Klasse 9 Kalkulatorische Kosten und Erlöse, Verrechnungskonten
50 Steuern und steuerähnliche Erträge und Erträge aus Finanzausgleichsbeziehungen 51 Erträge aus Zuweisungen und Zuschüssen 52 Erträge aus Verwaltungstätigkeit, Umsatzerlöse 53 Bestandsveränderungen, aktivierte Eigenleistungen 54 Sonstige Erträge 55 Erträge aus Beteiligungen 56 Erträge aus anderen Wertpapieren und Ausleihungen des Finanzanlagevermögens 57 Sonstige Zinsen und änliche Erträge 58 Außerordentliche Erträge, Erträge aus Verlustübernahme 59 Reserviert	60 Aufwendungen für Material, Energie und bezogene Waren 61 Aufwendungen für bezogne Leistungen 62 Entgelte 63 Bezüge 64 Soziale Abgaben und Aufwendungen für Altersversorgung und Unterstützung 65 Reserviert 66 Abschreibungen 67 Reserviert 68 Reserviert 69 Reserviert		70 Aufwendungen aus Finanzausgleichsbeziehungen 71 Aufwendungen für Zuweisungen und Zuschüsse 72 Sonstige Personalaufwendungen 73 Aufwendungen für die Inanspruchnahme von Rechten und Diensten 74 Verluste aus Wertminderungen und dem Abgang von Vermögensgegenständen 75 Übrige Aufwendungen 76 Abschreibungen auf Finanzanlagen und Wertpapiere des Umlaufvermögens; Aufwendungen aus Verlustübernahme 77 Zinsen und ähnliche Aufwendungen 78 Außerordentliche Aufwendungen, Aufwendungen aus Gewinnabführung 79 Steuern	80 Frei 81 Frei 82 Frei 83 Frei 84 Frei 85 Frei 86 Frei 87 Frei 88 Frei 89 Frei	90 Kalkulatorische Kosten und Erlöse 91 Umlagen, interne Verrechnungen, Zuschläge 92 Umlagen, interne Verrechnungen, Zuschläge 93 Umlagen, interne Verrechnungen, Zuschläge 94 Umlagen, interne Verrechnungen, Zuschläge 95 Umlagen, interne Verrechnungen, Zuschläge 96 Umlagen, interne Verrechnungen, Zuschläge 97 Frei 98 Frei 99 Frei

Aus dem Kontenrahmen werden durch weitere Unterteilung die Konten des Kontenplans gebildet, die im Allgemeinen mit vierstelligen Ordnungsziffern bezeichnet werden. Der **Kontenplan** ist die Gesamtübersicht über die Konten, gegliedert nach Kontenklassen, Kontengruppen und Kontenarten. Er gehört, wie die Geschäftsbücher selbst, zu den aufbewahrungspflichtigen Unterlagen der Buchhaltung.

Abb. 15: Beispiel für die Bildung des Kontenplans (nach VKR)[1]

Kontenklasse:	**6 Betriebliche Aufwendungen**
Kontengruppe:	63 Bezüge
Kontenart:	**630 Dienst-, Amtsbezüge einschl. Zulagen**
Konten:	6300 Beamte und Richter
	6301 Berufssoldaten, Soldaten auf Zeit ....
	6302 Zivildienstleistende
	6302 Bundespräsident, Bundeskanzler, Ministerpräsident, Minister, Parl. Staatssekretäre, sonst. Amtsträger
	631 Sonderzahlungen
	6300 Beamte und Richter
	6301 Berufssoldaten, Soldaten auf Zeit ....
	6302 Zivildienstleistende
	632 Sachbezüge
	6300 Beamte und Richter
	6301 Berufssoldaten, Soldaten auf Zeit ....
	6302 Zivildienstleistende
	633 Vergütungen an Anwärter, Referendare
	634 - 638 Reserviert
	639 Sonstige Aufwendungen mit Bezügecharakter

Bei der Bildung der Einzelkonten sind die betrieblichen Belange zu berücksichtigen. Nach der jeweiligen Eigenart des Betriebes (z. B. Größe, Geschäftsschwerpunkte ...) können die einzelnen Kontenklassen mehr oder weniger stark differenziert werden.

2.4   Konten

Das System der doppelten Buchführung basiert auf dem Prinzip von Buchung und Gegenbuchung. Jeder Geschäftsvorfall wird also auf mindestens zwei

---

[1] Zusammengestellt und bearbeitet nach: Bundesministerium der Finanzen 2013a, S. 110-116.

Konten verbucht, einer Buchung muss demnach immer eine wertgleiche Gegenbuchung auf einem (oder mehreren) anderen Konto entsprechen. Der Saldo (Substraktion von Buchung und Gegenbuchung(en)) ergibt 0. Buchung und Gegenbuchung sind immer wertgleich aber mit entgegengesetztem Vorzeichen. Dieser Tatsache wird buchungstechnisch dadurch Rechnung getragen, dass Konten zweispaltig geführt werden. Die linke Spalte des Kontos wird als **Soll (S)**, die rechte Spalte wird als **Haben (H)** bezeichnet.

Abb. 16: Grundform eines Kontos

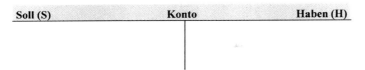

Die beiden Seiten des Kontos verhalten sich zueinander wie plus und minus, d. h. sie können durch Substraktion gegeneinander saldiert werden. Durch die Teilung des Kontos in eine Soll- und eine Haben-Seite kann in der Buchhaltung auf die Verwendung von Vorzeichen verzichtet werden. Statt dessen wird durch die Stellung auf der Soll- oder der Haben-Seite bestimmt, was wogegen verrechnet wird. Dies dient der besseren Übersichtlichkeit der Buchführung.

Abb. 17: Kontenform der Bilanz und der Gewinn- und Verlustrechnung

Aktiva (A)	Bilanz zum ...	Passiva (P)

Aufwendungen (A)	GuV für die Zeit von ... bis ...	Erträge (E)

Die Kontenform wird auch in der Bilanz und in der Gewinn- und Verlustrechnung (GuV) verwendet, die Spalten werden allerdings anders bezeichnet. In der Bilanz treten an die Stelle der Begriffe Soll und Haben die Begriffe **Aktiva** und **Passiva**, in der Gewinn- und Verlustrechnung (GuV) werden **Aufwendungen** und **Erträge** gegenübergestellt.

Entsprechend ergeben sich hier vier Typen von Konten (vgl. Kontenrahmen), nämlich Aktivkonten und Passivkonten in der Bilanz (Bestandskonten), sowie Aufwandskonten und Ertragskonten (Erfolgskonten) in der Gewinn- und Verlustrechnung (GuV). Die zugehörigen Buchungsvorgänge und Buchungstatbestände zeigt die nachfolgende Übersicht.

Abb. 18: Buchungsvorgänge in den Bestands- und Erfolgskonten[1]

```
                              Konten
                ┌───────────────┴───────────────┐
          Bestandskonten                  Erfolgskonten
        ┌────────┴────────┐            ┌────────┴────────┐
   S Aktivkonto H    S Passivkonto H  S Aufwands- H  S Ertrags-  H
                                         konto         konto
   ┌──────┬──────┐  ┌──────┬──────┐   ┌──────┬──────┐ ┌──────┬──────┐
   │ An-  │ Ab-  │  │ Ab-  │ An-  │   │      │Saldo │ │Saldo │      │
   │fangs-│gänge │  │gänge │fangs-│   │ Auf- │= Wert-│ │= Wert-│Ertrag│
   │bestand│      │  │      │bestand│   │ wand │minde- │ │zuwachs│      │
   │+ Zu- │Saldo │  │Saldo │+ Zu- │   │      │ rung  │ │      │      │
   │gänge │= End-│  │= End-│gänge │   │      │      │ │      │      │
   │      │bestand│  │bestand│      │   │      │      │ │      │      │

   Anfangsbestand + Zugänge =      Ertrag – Aufwand = Erfolg
   Endbestand + Abgänge            Ertrag > Aufwand = Gewinn
                                   Ertrag < Aufwand = Verlust
```

Die Bestandskonten sind untergliedert in Aktivkonten und Passivkonten. Die Aktivkonten beinhalten den Bestand und die Bewegung des Vermögens, die

---

[1] Vgl. Wöhe/Kußmaul 2012, S. 72..

Passivkonten sind Kapitalkonten, die das Eigen- und das Fremdkapital des Betriebes erfassen. Analog sind die Erfolgskonten (Klasse 5 bis 7) in Aufwands- und Ertragskonten unterteilt. Übersteigt der Ertrag den Aufwand, so entsteht ein Gewinn.

Nach diesem vereinfachten Schema können sämtliche Geschäftsvorfälle des Betriebes in der Buchhaltung erfasst werden. Grundsätzlich können hierbei vier verschiedene Typen von Buchungsvorgängen auftreten:

(1) Aktivtausch:
Umschichtung der Vermögensstruktur ohne Veränderung der Bilanzsumme.

Beispiel: Kauf einer Maschine gegen bar. Das Geldvermögen nimmt im gleichen Umfang ab, wie das Sachvermögen vermehrt wird. Das Gesamtvermögen und damit die Bilanzsumme bleibt konstant.

(2) Passivtausch:
Umschichtung in der Kapitalstruktur ohne Veränderung der Bilanzsumme.

Beispiel: Die Begleichung einer Lieferantenrechnung per Banküberweisung unter Beanspruchung eines Kontokorrentkredits. Der Verringerung der Lieferantenverbindlichkeiten steht eine gleichgroße Erhöhung der Bankverbindlichkeiten gegenüber. Die Kapital- und damit die Bilanzsumme bleibt unverändert.

(3) Bilanzverlängerung:
Aktivkonto und Passivkonto erhöhen sich um den gleichen Betrag. Der Erhöhung des Vermögens entspricht also ein gleichhoher Zuwachs des Kapitals, was zu einer Erhöhung der Bilanzsumme führt.

Beispiel: Kauf einer Produktionsanlage, die durch ein Bankdarlehen finanziert wird. Dem Vermögenszuwachs durch den Zugang der Produktionsanlage steht eine betragsgleiche Erhöhung der Bankverbindlichkeiten gegenüber. Aktiv- und Passivseite der Bilanz, die Bilanzsumme also, erhöhen sich um den gleichen Betrag.

(4) Bilanzverkürzung: Aktivkonto und Passivkonto verringern sich um den gleichen Betrag. Einem Vermögensabgang steht in gleicher Höhe ein Kapital-Abfluss gegenüber.

Beispiel: Bezahlung einer Lieferantenverbindlichkeit per Banküberweisung aus einem vorhandenen Bankguthaben. Sowohl das Vermögen (Bankguthaben) als auch das Kapital (Kreditorenbestand) nehmen in gleicher Höhe ab, die Bilanzsumme verkürzt sich entsprechend.

Buchungsfälle, die lediglich einen Aktivtausch oder einen Passivtausch darstellen, sind **erfolgsunwirksam**, da sie lediglich eine Umschichtung des Vermögens oder des Kapitals bewirken. Dagegen führen erfolgswirksame Buchungsfälle immer zu einer Bilanzverkürzung oder einer Bilanzverlängerung.

2.5 Organisation der Buchhaltung

Buchungstechnisch setzt die doppelte Buchhaltung das Führen zweier Bücher voraus: das **Grundbuch (Journal)**, in dem alle Geschäftsvorfälle in chronologischer Reihenfolge aufgezeichnet werden und das **Hauptbuch**, das in die einzelnen Konten gegliedert ist. Soweit die Buchführung manuell erfolgt, kommen in der Praxis vor allem drei Systeme zur Anwendung:

Die **Übertragungsbuchhaltung**: Sie besteht aus Grundbuch und Hauptbuch, die getrennt geführt werden. Die Geschäftsvorfälle werden im Grundbuch erfasst und sodann auf die Konten des Hauptbuches übertragen.

Die **Tabellenbuchhaltung** (Amerikanisches Journal): In der Tabellenbuchhaltung werden Grund- und Hauptbuch in einem gemeinsamen Buch geführt. Der Nachteil der Tabellenbuchhaltung liegt darin, dass aufgrund des begrenzten Platzes zum Führen des Hauptbuches nur eine beschränkte Zahl von Konten geführt werden kann.[1]

Die **Durchschreibebuchführung**: Sie vermeidet diesen Nachteil, da sie als Lose-Blatt-Buchhaltung geführt wird. Hierbei werden auf einem Journal-Blatt (Grundbuch) die Geschäftsvorfälle in chronologischer Reihenfolge verbucht und im Durchschreibeverfahren auf Kontenblättern (Hauptbuch) gegengebucht. Unter den manuellen Verfahren ist dies das rationellste mit der geringsten Fehlerquote. Durch das Lose-Blatt-Verfahren ist die Zahl der geführten Konten nicht begrenzt.

Maschinelle Buchungsverfahren: Die manuelle Buchführung ist zwischenzeitlich weitgehend durch EDV-Systeme ersetzt worden. Diese Buchungsverfahren können im Wesentlichen als eine Adaption und Fortentwicklung des Durchschreibeverfahrens angesehen werden. Der Vorteil der EDV-Verfahren liegt nicht nur in der rationelleren Abwicklung der

---

[1] Vgl. hierzu z. B. Kresse/Leuz 2004, S. 70/71; Schröter u.a. 2008, S. 155; Eisele/Knobloch 2011, S. 658 f.

Buchhaltung, sondern vor allem auch in der sehr viel größeren Schnelligkeit. Durch den Einsatz der EDV in der Buchhaltung ist es möglich, die Buchführung quasi zeitgleich mit dem Geschäftsverlauf zu führen. Es ist infolgedessen jederzeit möglich, Zwischenbilanzen abzurufen oder wichtige Kennzahlen und Statistiken täglich zu berechnen und zu verfolgen.[1]

Abb. 19: Schematische Darstellung der Tabellenbuchhaltung

Tag	Buchungs-text	Betrag	Kasse		Bank		Waren-eingang		Waren-ausgang		...
			S	H	S	H	S	H	S	H	
	Grundbuch					Hauptbuch					

2.6 Buchung von Geschäftsvorfällen

Unabhängig von dem gewählten Buchhaltungssystem folgt der Vorgang des Verbuchens grundsätzlich folgendem Ablaufschema:

Abb. 20: Verbuchung von Geschäftsvorfällen

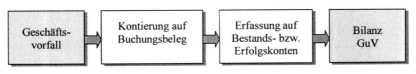

---

[1] Vgl. dazu u.a.: Sikorski/Wüstenhöfer 2007, S. 9-11; Blödtner/Bilke/Weiss 2001, S. 45-47.

Bevor ein Geschäftsvorfall in den Büchern erfasst werden kann, muss er belegt sein (keine Buchung ohne Beleg). Ferner setzt die buchmäßige Erfassung des Vorganges die Kontierung des Beleges voraus. **Kontieren** bedeutet, dass die Konten, auf denen der Geschäftsvorfall verbucht werden soll, auf dem Beleg verzeichnet werden. Die Kontierung ist eine Buchungsanweisung. Es wird zunächst das Konto der Sollbuchung angegeben und dann das Haben-Konto, auf dem die Gegenbuchung erfolgt, aufgerufen. Die Konten können hierbei namentlich benannt werden.

Beispiel: Waren 7.000 € an Lieferantenverbindlichk. 7.000 €

Oder es können stattdessen die Nummern der Konten angegeben werden.

Beispiel: 2010 7.000 € an 4311 7.000 €

Dieser Buchungssatz bedeutet, dass die Verbuchung des Geschäftsvorfalles beim Warenkonto in der Soll-Spalte und bei dem Konto Lieferantenverbindlichkeiten in der Haben-Spalte gegengebucht wird. Schon aus diesem einfachen Beispiel wird die Leistung des Systems der doppelten Buchführung ersichtlich. Für den kundigen Prüfer der Buchhaltungsunterlagen kann noch im nachhinein aus der vollzogenen Buchung oder der im Buchungssatz gegebenen Buchungsanweisung die Art des zugrunde liegenden Geschäftsvorfalles nachvollzogen werden. Bei dem Geschäftsvorfall, der hier verbucht werden soll, handelt es sich offenkundig um den Kauf von Waren im Wert von 7.000,-- €, genauer um Hilfsstoffe der Produktion, die jedoch, da sie bei den Lieferantenverbindlichkeiten gegengebucht werden, nicht sofort bezahlt wurden.

Die kontenmäßige Verbuchung dieses Geschäftsvorfalles ergibt sich unter Anwendung des T-Kontos folgendermaßen:

Waren		Lieferverbindlichkeiten	
Soll	Haben	Soll	Haben
7.000			7.000

Nach dem obigen Buchungssatz wurden auf dem Warenkonto 7.000 € im Soll und auf dem Konto Lieferantenverbindlichkeiten 7.000 € im Haben gebucht.

Dieser Geschäftsvorfall entspricht einer Bilanzverlängerung von 7.000 €, da sowohl die Aktiv-Seite der Bilanz (Vermögen) als auch die Passiv-Seite der Bilanz (hier das Fremdkapital) um jeweils 7.000 € zunehmen.

Die nachfolgenden einfachen Beispiele[1] veranschaulichen dieses Grundprinzip der doppelten Buchführung.

Beispiel a: Der Betrieb kauft Rohstoffe zum Gesamtpreis von 100.000 €, deren Bezahlung mit 60.000 € in bar (Kasse) und mit 40.000 € in Form eines Lieferantenkredits (Verbindlichkeit) erfolgt (in Klammern ist jeweils vermerkt, ob es sich um ein Aktivkonto -A- oder ein Passivkonto -P- handelt):

Buchungssatz:

Rohstoffe (A)	100.000 €
an Kasse (A)	60.000 €
an Verbindlichkeiten aus Lieferungen und Leistungen (P)	40.000 €

Rohstoffe (A)	
Soll	Haben
Kasse/ 100.000 Verbindlichkeiten aus Lief. u. Leistungen	

Verbindlichkeiten aus Lieferungen und Leistungen (P)	
Soll	Haben
	Rohstoffe 40.000

Kasse (A)	
Soll	Haben
	Rohstoffe 60.000

---

[1] In Anlehnung an Eilenberger 1995, S. 41 f.

Beispiel b: Der Betrieb tilgt einen Bankkredit der B-Bank in Höhe von 120.000 € und zwar so, dass er 80.000 € von ihrem Guthaben bei einer anderen Bank und 40.000 € von ihrem Postbank-Konto an die Gläubigerbank überweist.

Buchungssatz:

Verbindlichkeiten gegenüber Kreditinstituten (P)	120.000 €
an Guthaben bei Kreditinstituten (A)	80.000 €
an Postbankguthaben (A)	40.000 €

Verbindlichkeiten gegen Kreditinstitute (P)		Guthaben bei Kreditinstituten (A)	
Soll	Haben	Soll	Haben
KI/PB 120.000			Verb.KI 80.000

Guthaben bei der Postbank AG (A)	
Soll	Haben
	Verb.KI 40.000

Beispiel c: Der Betrieb beschafft einen Sonderposten Büromaterial im Umfang von 110.000 €, von dem er einen Anteil von 20.000 € an einen anderen Betrieb weiter zu veräußern beabsichtigt. Der Ausgleich erfolgt zum Teil durch Barzahlung (30.000 €), der Rest des Kaufpreises wird vom Lieferanten gestundet.

Buchungssatz:

Betriebs- und Geschäftsausstattung (A)	90.000 €
Waren (A)	20.000 €
an Kasse (A)	30.000 €
an Verbindlichkeiten aus Lieferungen und Leistungen (P)	80.000 €

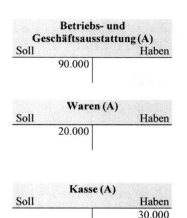

2.7 Eröffnungsbilanz und Abschlussbuchungen

Die Buchungen auf den Bestandskonten umfassen die Zu- und Abgänge der Aktiva und Passiva während einer Rechnungsperiode. Der Bestand am Ende der Rechnungsperiode (Endbestand; EB) ergibt sich aus dem Bestand zu Beginn der Rechnungsperiode (Anfangsbestand; AB), erhöht um die Zugänge und vermindert um die Abgänge während dieses Zeitraumes. Die Erstellung eines Jahresabschlusses ist also nur unter Beachtung der Anfangsbestände möglich.

Zu einem vollständigen **Geschäftsvorgang** gehören deshalb folgende Vorgänge:

(1) Erstellung der Eröffnungsbilanz
Sie entspricht bei einem laufenden Betrieb der Schlussbilanz des Vorjahres.

(2) Verbuchung der angefallenen Geschäftsvorfälle
Hierzu werden die notwendigen Einzelkonten mit den Anfangsbeständen aus der Eröffnungsbilanz eröffnet, die Buchungssätze werden gebildet und die kontenmäßige Verbuchung wird durchgeführt.

(3) Vorbereitung und Erstellen der Schlussbilanz
Nach Durchführung aller Einzelbuchungen werden die Endbestände der Einzelkonten durch Saldierung ermittelt und in die Schlussbilanz umgebucht.

Da sich dieser Vorgang von Jahr zu Jahr wiederholt, bezeichnet man diese Abfolge auch als **Buchungskreislauf**.

Abb. 21: Buchungskreislauf[1]

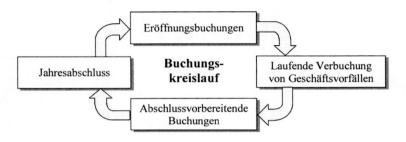

Diese Vorgehensweise wird im Folgenden anhand von zwei Beispielen erläutert[2].

Beispiel a: Eröffnungs- und Abschlussbilanz bei ausschließlich erfolgsunwirksamen Geschäftsvorfällen

Es liegt folgende Eröffnungsbilanz vor:

		Bilanz zum 1. 1. 20...			
A					P
Kfz		40.000	Eigenkapital	(EK)	90.000
Waren		70.000	Bankverbindlichk.		22.000
Kundenforderungen	(Kufo)	12.000	Lieferantenverbindl.	(LV)	15.000
Kasse		5.000			
		127.000			127.000

Im Laufe des Geschäftsjahres ereignen sich folgende Geschäftsvorfälle:

---

[1] Nach Coenenberg/Haller/Mattner/Schultze, S. 113.

[2] Weitere Beispiele vgl. u.a. Eisele/Knobloch 2011, S. 93 ff.; Jung 2010, S. 1080; Wöhe/Kußmaul, S. 79 ff; Coenenberg/Haller/Mattner/Schultze 2007, S. 91 ff.

(1) Verkauf von Waren gegen bar	50.000 €
(2) Bareinzahlung auf Bankkonto	7.000 €
(3) Zahlung von Lieferantenverbindlichkeiten durch die Bank	15.000 €
(4) Einbringung einer Maschine durch den Eigentümer im Werte von	20.000 €

Zu diesen Geschäftsvorfällen sind folgende Buchungssätze zu bilden:

(1) Kasse	50.000 €	/	an Waren	50.000 €
(2) Bank	7.000 €	/	an Kasse	7.000 €
(3) Lieferantenverb.	15.000 €	/	an Bank	15.000 €
(4) Maschinen	20.000 €	/	an Eigenkapital	20.000 €.

Der nächste Schritt nach der Bildung der Buchungssätze ist nun die Eröffnung der Konten. Jedem Posten der Eröffnungsbilanz wird ein Konto zugeordnet, in das der entsprechende Anfangsbestand (AB) aus der Eröffnungsbilanz übertragen wird.

Wird für die Verbuchung eines Geschäftsvorfalles ein Konto benötigt, für das es in der Eröffnungsbilanz keinen entsprechenden Posten gibt, dann wird das Konto neu eröffnet und zwar ohne Anfangsbestand (in diesem Beispiel der Geschäftsvorfall Nr. 4).

Wenn die Konten eröffnet sind, werden die Geschäftsvorfälle verbucht. Nach der Verbuchung werden sämtliche Konten durch Saldierung und Ausweis des Endbestandes (EB) abgeschlossen.

	Kfz					EK		
AB	40.000	EB	40.000		EB	110.000	AB	90.000
							4.)	20.000
						110.000		110.000

	Waren					Bank		
AB	70.000	1.)	50.000		2.)	7.000	AB	22.000
		EB	20.000		EB	30.000	3.)	15.000
	70.000		70.000			37.000		37.000

Kasse			
AB	5.000	2.)	7.000
1.)	50.000	EB	48.000
	55.000		55.000

LV			
3.)	15.000	AB	15.000

Kufo			
AB	12.000	EB	12.000

Maschinen			
4.)	20.000	EB	20.000

Dem Abschluss der Konten folgt die Erstellung der Schlussbilanz (SB) durch Umbuchung der Endbestände in die Schlussbilanz. Für das vorliegende Beispiel ergeben sich folgende Buchungssätze der Abschlussbuchungen:

Buchungssätze der Abschlussbuchungen:

SB	40.000 € /	an Kfz	40.000 €	SB	20.000 € /	an Masch.	20.000 €
SB	20.000 € /	an Waren	20.000 €	EK	110.000 € /	an SB	110.000 €
SB	48.000 € /	an Kasse	48.000 €	Bank	30.000 € /	an SB	30.000 €
SB	12.000 € /	an Kufo	12.000 €				

Entsprechend dieser Buchungssätze wird zum 31.12.20... die Schlussbilanz erstellt:

Bilanz zum 31.12.20...

A			P
Kfz	40.000	EK	110.000
Maschinen	20.000	Bankverbindlichk.	30.000
Waren	20.000		
Kufo	12.000		
Kasse	48.000		
	140.000		140.000

Da es sich bei den gebuchten Geschäftsvorfällen ausschließlich um erfolgsunwirksame Tatbestände handelt, kann auf die Erstellung einer Gewinn- und Verlustrechnung verzichtet werden.

Bei der Erstellung der Eröffnungs- und der Schlussbilanz ist folgendes zu beachten:

- Die Posten der Eröffnungsbilanz müssen bei der Kontoeröffnung nur als Anfangsbestände in die entsprechenden Konten übertragen werden, d. h. die Aktivposten der Eröffnungsbilanz werden als Anfangsbestände auf die Soll-Seite der entsprechenden Konten übertragen, die Passivposten der Eröffnungsbilanz werden als Anfangsbestände auf die Haben-Seite der jeweiligen Konten übertragen, eine Umbuchung ist hierbei nicht erforderlich.
- Beim Abschluss der Konten in der Schlussbilanz ist hingegen eine Umbuchung erforderlich. Endbestände, die in den Konten im Soll stehen, werden auf die Passivseite der Schlussbilanz umgebucht, Endbestände im Haben der Konten werden auf die Aktivseite der Schlussbilanz umgebucht.

In dem obigen Beispiel brauchte als Jahresabschluss lediglich eine Schlussbilanz erstellt zu werden, da keine erfolgswirksamen Geschäftsvorfälle stattgefunden hatten. Bezieht man in die Betrachtung die erfolgswirksamen Geschäftsvorfälle mit ein, so ist neben der Bilanz zum Jahresabschluss zusätzlich eine Gewinn- und Verlustrechnung (GuV) zu erstellen.

Über die Gewinn- und Verlustrechnung werden die Aufwands- und die Ertragskonten abgeschlossen. Hierbei werden die Aufwands- und die Ertragskonten zunächst durch Umbuchung auf ein zu errichtendes GuV-Konto umgebucht. Je nach Art des Eigenkapitals wird das GuV-Konto direkt oder über das Eigenkapitalkonto in die Schlussbilanz gebucht.

Abb. 22: Indirekte Verbuchung:
Abschluss des GuV-Kontos bei variablem Eigenkapital[1]

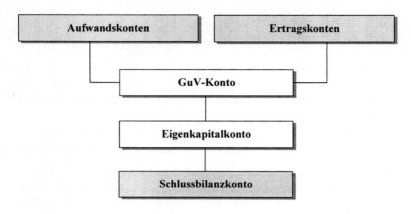

Abb. 23: Direkte Verbuchung:
Abschluss des GuV-Kontos bei fixem Eigenkapital

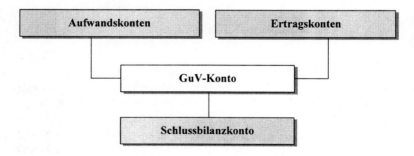

---

[1] Nach Eilenberger 1995, S. 43; vgl. auch Coenenberg u.a. 2007, S. 105.

Beispiel b: Direkte Verbuchung des GuV-Kontos[1]

Folgende Eröffnungsbilanz zum ist gegeben:

A	Bilanz zum 1.1.20...		P
Kasse	1.600	EK	1.000
		Bankverb.	600
	1.600		1.600

Es ereignen sich folgende Geschäftsvorfälle während des Geschäftsjahres:
(1) Der Betrieb zahlt 1.000 € Miete in bar.
(2) Dem Betrieb gehen Mieterträge in Höhe von 1.500 € zu.

Die Verbuchung der beiden Geschäftsvorfälle und die Erstellung der Schlussbilanz erfolgen in den nachfolgend genannten Arbeitsschritten.

1. Schritt:
Eröffnung der Bestandskonten: Kasse, Eigenkapital (EK) und Bank.

2. Schritt:
a) Verbuchung des 1. Geschäftsvorfalles (Mietaufwand); dazu muss ein Erfolgskonto Mietaufwand eröffnet werden. Der Buchungssatz lautet:

| Mietaufwand | 1.000 € | / | an Kasse | 1.000 € |

b) Verbuchung des 2. Geschäftsvorfalles (Mietertrag); dazu wird ein Erfolgskonto Mietertrag eröffnet. Der Buchungssatz hierfür lautet:

| Kasse | 1.500 € | / | an Mietertrag | 1.500 € |

3. Schritt:
Abschluss der Erfolgskonten (Mietaufwand, Mietertrag) durch Umbuchung der Salden auf das neu einzurichtende GuV-Konto. Die Buchungssätze hierzu lauten:

| GuV | 1.000 € | / | an Mietaufwand | 1.000 € |
| Mietertrag | 1.500 € | / | an GuV | 1.500 €. |

4. Schritt:
Abschluss der Bestandskonten (Kasse, EK, Bank) und des GuV-Kontos durch

---

[1] In dem Beispiel werden nur erfolgswirksame Geschäftsvorfälle betrachtet.

Umbuchung der durch Saldierung erhaltenen Endbestände (EB) in die Schlussbilanz (SB).

Buchungssätze:

SB	2.100 €	/	an Kasse	2.100,-- €
Eigenkapital (EK)	1.000 €	/	an SB	1.000,--€
Bank	600 €	/	an SB	600,-- €
GuV	500 €	/	an SB	500,-- €

	Kasse		
AB	1.600	1.) Mietaufwand	1.000
2.) Mietertrag	1.500	EB	2.100
	3.100		3.100

EK		Bank	
EB 1.000	AB 1.000	EB 600	AB 600

Mietaufwand		Mietertrag	
1.) Kasse 1.000	GuV 1.000	GuV 1.500	2.) Kasse 1.500

Durch Umbuchung entsprechend den oben gebildeten Buchungssätzen werden nun die Gewinn- und Verlustrechnung für den Zeitraum vom 01.01.20... bis zum 31.12. 20... und die Bilanz zum Stichtag 31.12. 20... erstellt.

A	GuV-Rechnung vom 1.1. bis 31.12. 20...		E
Aufwand			Ertrag
Mietaufwand	1.000	Mietertrag	1.500
Gewinn (SB)	500		
	1.500		1.500

	Bilanz zum 31.12.20...		
A			P
Kasse	2.100	EK	1.000
		Bankverbindlichk.	600
		Gewinn (GuV)	500
	2.100		2.100

Der in der Gewinn- und Verlustrechnung ausgewiesene Schlussbestand von 500 € entspricht dem Gewinn des Betriebes in der Abrechnungsperiode. Er wird durch Umbuchung auf die Passivseite der Bilanz übernommen. Dieses Verfahren ist üblich bei Betrieben mit einem festen Eigenkapital, z. B. bei Aktiengesellschaften.

Beispiel c: Indirekte Verbuchung des Gewinns über das Eigenkapitalkonto[1]

Bei Betrieben mit variablem Eigenkapital ist es üblich, den Gewinn über das Eigenkapitalkonto zu verbuchen. Die Verbuchung des Erfolges in dem obigen Beispiel sieht dann wie folgt aus:

Buchungssätze:

| GuV | 500 € | / | an EK | 500 € |
| EK | 1.500 € | / | an SB | 1.500 €. |

A	GuV vom 01.01. - 31.12. 20...		E
Mietaufwand	1.000	Mietertrag	1.500
Gewinn (EK)	500		
	1.500		1.500

	EK		
EB (SB)	1.500	AB	1.000
		Gewinn (GuV)	500
	1.500		1.500

A	Bilanz zum 31.12. 20...		P
Kasse	2.100	EK	1.500
		Bankverbindlichkeiten	600
	2.100		2.100

In dem in der Schlussbilanz ausgewiesenen Eigenkapital von 1.500 € ist also der Gewinn von 500 € enthalten, er wird nicht gesondert ausgewiesen.

Bei Betrieben mit variablem Eigenkapital wird zusätzlich zum Eigenkapitalkonto im Allgemeinenein Privatkonto geführt. Dies betrifft insbesondere Einzelunternehmen und Personengesellschaften in der Privatwirtschaft. Denn

---

[1] In dem Beispiel werden nur erfolgswirksame Geschäftsvorfälle betrachtet.

der Betriebsinhaber braucht für seine private Lebenshaltung Geld, Dienstleistungen und Sachgüter aus seinem Betrieb. Solche Privatentnahmen sind keine betrieblichen Aufwendungen, sondern sie stellen einen vorweg genommenen Gewinn dar und bewirken schon vor dem Ende der Abrechnungsperiode eine Verringerung des im Betrieb arbeitenden Eigenkapitals. Privatentnahmen und Privateinlagen des Betriebseigners würden also eigentlich über das Eigenkapitalkonto zu verbuchen sein. Zur Wahrung der Übersichtlichkeit des Eigenkapitalkontos wird jedoch ein Unterkonto eingerichtet, das Privatkonto. Auf diesem Privatkonto werden sämtliche Entnahmen auf der Soll-Seite und sämtliche Einnahmen auf der Haben-Seite verbucht. Beim Abschluss des Privatkontos am Ende der Abrechnungsperiode wird der Endbestand in das Eigenkapitalkonto umgebucht.

2.8 Wiederholungsfragen

Lösungshinweise siehe Seite

12.	Beschreiben Sie kurz die einfache und die doppelte kaufmännische Buchführung.	19
13.	Welches sind die materiellen und formellen Aspekte der Grundsätze ordnungsmäßiger Buchführung im engeren Sinne?	21
14.	Welche Aufbewahrungsfristen gelten für die verschiedenen Unterlagen der Buchhaltung?	22
15.	In welche Kontenklassen teilt sich der bundeseinheitliche Verwaltungskontenrahmen (VKR)?	26
16.	Was ist ein Konto?	29
17.	Wie sind die Spalten eines T-Kontos beschriftet?	29
18.	Erläutern Sie die vier Typen von Buchungsvorgängen.	31
19.	Welche vier Buchungstechniken können unterschieden werden?	32
20.	In welchen Arbeitsschritten werden Geschäftsvorfälle verbucht?	33
21.	Was ist ein Buchungssatz?	34
22.	Was versteht man unter direkter und indirekter Verbuchung beim Abschluss des GuV-Kontos?	42

3 Inventur

3.1 Einführung

Neben der laufenden Buchführung ist die **Inventur,** also die Erstellung eines **Inventars,** eine notwendige Vorarbeit für den Jahresabschluss. „Es handelt sich dabei um ein unabhängig von der Buchführung zu erstellendes vollständiges, detailliertes art-, mengen- und wertmäßiges Verzeichnis aller Vermögensgegenstände und Schulden zu einem Stichtag."[1] Die Inventur ist nicht direkt vorgeschrieben, die Pflicht zur körperlichen Bestandsaufnahme ergibt sich aber indirekt aus den §§ 240/241 HGB. Die Inventur soll möglichst zum Bilanzstichtag vorgenommen werden; dies bedeutet nicht, dass sie immer am Bilanzstichtag selbst durchgeführt wird. Die Bestandsaufnahme muss jedoch zeitnah zum Bilanzstichtag erfolgen.

Die Inventur ist eine körperliche Bestandsaufnahme, d. h., die zu erfassenden Vermögens- und Schuldentatbestände eines Betriebes werden, soweit dies nach ihrer Eigenart möglich ist, physisch in Augenschein genommen, gezählt, gewogen oder auf andere geeignete Weise bemessen und bewertet.

Im einzelnen sind in das Inventar aufzunehmen und mit Werten zu versehen:

- Gegenstände des Anlagevermögens (materielle und immaterielle Vermögensgegenstände)
- Forderungen und Verbindlichkeiten
- der Betrag baren Geldes
- sonstige Vermögensgegenstände.

Das Inventar ergänzt, verifiziert bzw. korrigiert die Aufzeichnungen der Buchhaltung und stellt somit sicher, dass in der Bilanz eine zutreffende Darstellung der Vermögens- und Schuldensituation des Betriebes erfolgt.

3.2 Methoden der Inventur

Grundsätzlich kann die Durchführung der Inventur nach verschiedenen Methoden erfolgen.

---

[1] Eisele/Knobloch 2011, S.42.

Abb. 24: Methoden der Inventur[1]

Stichtags-inventur	Verlegte Inventur	Permanente Inventur	Stichproben-inventur

(1) Stichtagsinventur
Die traditionelle „ [...] Grundform der Inventur ist die vollständige körperliche Bestandsaufnahme zum Abschlussstichtag (Abschlussstichtagsinventur)."[2] An einem Tag oder an mehreren Tagen (am Bilanzstichtag evtl. auch kurz vorher oder nachher, also ‚zeitnah') erfolgt eine körperliche Bestandsaufnahme der gesamten Vermögens- und Schuldenbestände. Erfolgt die Inventur am Bilanzstichtag selbst, so können die ermittelten Werte unmittelbar in das Inventar übernommen werden, findet sie kurz vorher oder nachher statt (maximal 10 Tage) so sind die Wertansätze im Inventar um die seitdem bis zum Bilanzstichtag eingetretenen oder eintretenden Veränderungen zu korrigieren (Wertfortschreibung bzw. Wertrückschreibung).

Die Stichtagsinventur hat den Vorteil der zeitrichtigen Bestandserfassung, d. h. Abweichungen von den tatsächlichen Beständen können nicht oder nur in sehr geringem Umfang auftreten.

Sie hat andererseits jedoch auch gravierende Nachteile:

- Der Betrieb muss evtl. für einen oder mehrere Tage geschlossen werden, die Produktionsabläufe werden unterbrochen.
- Die Unterbrechung der Produktion ist nicht überall möglich (z. B. eisenschaffende Industrie).
- Fehlerhafte Bestandsaufnahme, da alles verfügbare Personal eingesetzt werden muss, auch solches, das für diese Aufgabe wenig geeignet ist.
- hohe Kosten.

Aus den genannten Gründen sind die Betriebe geneigt, wo immer dies möglich ist, nach anderen Methoden das Inventar festzustellen.

(2) Verlegte Inventur
Alternativ zur Stichtagsinventur ist es erlaubt (§ 241 Abs. 3 HGB), das Inven-

---

[1] Vgl. Ditges/Arendt 2007, S. 51; Jung 2010, S. 1027.
[2] Baetge/Kirsch/Thiele 2012, S. 72.

tar zu einem Stichtag innerhalb von 3 Monaten vor oder 2 Monaten nach dem Bilanzstichtag zu erheben **(verlegte Inventur).** Es ist dann jedoch sicherzustellen, dass durch wertmäßige Bestandsfortschreibung oder -rückrechnung das tatsächliche Inventar auf den Bilanzstichtag hin festgestellt werden kann. Das aus einer verlegten Inventur hervorgegangene Inventar wird als **besonderes Inventar** bezeichnet.[1]

Die verlegte Inventur hat für den Betrieb den Vorteil, dass nicht die gesamten Bestände zu einem Termin erhoben werden müssen, vielmehr besteht die Möglichkeit, die Inventur über insgesamt 5 Monate zu verteilen.

(3) Permanente Inventur
Unter bestimmten Voraussetzungen kann die Inventur in Form einer sog. **permanenten Inventur** auch über das gesamte Jahr durchgeführt werden. Voraussetzung hierfür ist, dass der Betrieb buchmäßige Unterlagen führt (Lagerbücher, Lagerkarteien). Anhand dieser Lagerbuchführung sind alle Zu- und Abgänge im Bestand festzuhalten und nachzuvollziehen. Die körperliche Bestandsaufnahme kann dann zu einem beliebigen Zeitpunkt während des Jahres vorgenommen werden, so dass anhand der geführten Unterlagen durch Fortschreibung der tatsächliche Bestand zum Bilanzstichtag jederzeit festgestellt werden kann. Ausgenommen von der permanenten Inventur sind Gegenstände, bei denen nach ihrer Art unkontrollierte Bestandsverringerungen auftreten können, etwa durch Schwund, Verdunsten, Verderb u.ä. Ebenso dürfen besonders wertvolle Wirtschaftsgüter nicht nach dieser Methode erfasst werden. Die permanente Inventur ist für solche Betriebe ungeeignet, deren Vermögens- und Warenbestände derart differenziert sind, dass eine Lagerbuchhaltung einen unverhältnismäßig hohen Aufwand erfordern würde.

Von derartigen Ausnahmen abgesehen, kann die permanente Inventur für die Betriebe von Vorteil sein:

- Die Inventur verteilt sich über das ganze Jahr.

- Abzug von Personal, tageweise Betriebsschließung etc. sind nicht erforderlich.

- Die Kontrolle der einzelnen Betriebsteile wird verstärkt, vor allem dann, wenn die Inventurtermine den Betroffenen nicht vorab bekannt sind.

---

[1] Vgl. Eisele/Knobloch 2011, S. 48 f.

- Die Bestandsaufnahme steht nicht unter Zeitdruck, kann also genauer und gewissenhafter durchgeführt werden.

(4) Stichprobeninventur

Die bisher genannten Methoden der Inventur beinhalten jeweils eine Vollerhebung aller betrieblichen Bestände. Damit ist regelmäßig ein sehr hoher Arbeitsaufwand verbunden. Dieser Aufwand könnte verringert werden, wenn auf die vollständige körperliche Bestandsaufnahme verzichtet würde und stattdessen Stichprobenerhebungen durchgeführt würden, auf deren Grundlage die tatsächlichen Gesamtbestände errechnet („hochgerechnet') werden könnten. Diese Vorgehensweise ist jedoch nur in Ausnahmefällen erlaubt. Es ist dann insbesondere sicherzustellen und nachzuweisen, dass der Aussagewert einer aufgrund einer Stichprobe durchgeführten Inventur nicht geringer ist als im Falle der Anwendung anderer Methoden. „Eine Bestandserfassung aufgrund von Stichproben ist [...] [daher] nur zulässig, wenn dies mit Hilfe anerkannter mathematisch-statistischer Verfahren geschieht."[1]

3.3 Grundsätze ordnungsmäßiger Inventur

Wie für die Buchführung, so gelten auch für die Inventur bestimmte Grundsätze (GoI), die zu beachten sind, um eine sachgemäße Handhabung sicherzustellen.

Abb. 25: Grundsätze ordnungsmäßiger Inventur (GoI) [2]

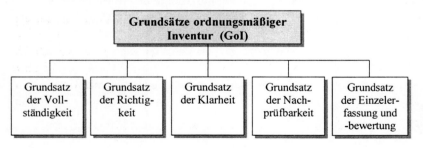

---

[1] Eisele/Knobloch 2011, S. 49.
[2] Vgl. Eisele/Knobloch 2011, S. 43 ff.

(1) Vollständigkeit
Sämtliche Bestände an Vermögen und Schulden müssen lückenlos erfasst und mit zutreffenden Wertansätzen im Inventar aufgeführt werden. Es dürfen insbesondere nicht über das Verschweigen von Vermögensgegenständen oder ihre Unterbewertung verdeckte Reserven gebildet werden.

(2) Richtigkeit
Bei der Bestandsaufnahme ist die größtmögliche Richtigkeit und Genauigkeit in der mengen- und wertmäßigen Erfassung anzustreben. Dies bedeutet im Allgemeinen, dass die Mengenermittlung durch Abzählen, Wiegen oder andere Messmethoden erfolgt. Nur dort, wo die Mengenerfassung einen unverhältnismäßig hohen Aufwand verursachen würde, ist die Schätzung erlaubt (z. B. Schätzung des Volumens oder der Tonnage einer Kohlenhalde).

(3) Klarheit
Die Positionen des Inventars müssen eindeutig bezeichnet und gegenüber anderen Tatbeständen klar abgegrenzt sein. Irreführende oder unklare Bezeichnungen sind zu vermeiden.

(4) Nachprüfbarkeit
Der Grundsatz der Nachprüfarkeit erfordert, „[...] dass ein Sachverständiger Dritter mittels der aufzubewahrenden Unterlagen [...] die Wertfindung und das Inventar sowie das Vorgehen bei der Inventuraufnahme in angemessener Art und Weise überprüfen kann."[1] Dies erfordert insbesondere bei einer Stichprobeninventur genaue Angaben zur Art der Stichprobenziehung, der Durchführung etc.

(5) Einzelerfassung und Einzelbewertung
Grundsätzlich sind sämtliche Vermögensgegenstände und Schulden einzeln zu erfassen und einzeln zu bewerten. Ausnahmen hiervon können vor allem im Umlaufvermögen in Betracht kommen, wenn die Einzelaufnahme nach Art und/oder Beschaffenheit der Vermögensgegenstände nicht möglich ist oder einen unverhältnismäßig hohen Aufwand verursachen würde. In diesem Fall kann statt der Einzel- auch eine Sammel- oder Durchschnittsbewertung in Betracht kommen.

---

[1] Eisele/Knobloch 2011, S. 44.

3.4 Wiederholungsfragen

		Lösungshinweise siehe Seite
23.	Unterscheiden Sie die Begriffe Inventur und Inventar.	49
24.	Was ist im Einzelnen im Inventar zu verzeichnen?	49
25.	Erläutern Sie die nachfolgend genannten Begriffe: - Stichtagsinventur - verlegte Inventur - permanente Inventur - Stichprobeninventur.	50 50 51 52
26.	Welches sind die Nachteile der Stichtagsinventur?	50
27.	Nennen und erläutern Sie die wichtigsten Vorteile der permanenten Inventur.	51
28.	Nennen Sie die Grundsätze ordnungsmäßiger Inventur.	52

4 Jahresabschluss nach dem HGB

4.1 Bestandteile, Aufgaben und Adressaten des Jahresabschlusses

Auf der Grundlage der Buchhaltung und des Inventars wird der **Jahresabschluss** erstellt. Für praktisch alle Betriebe gleich welcher Rechtsform umfasst der Jahresabschluss in seiner Mindestform die Bilanz zum Bilanzstichtag und eine Gewinn- und Verlustrechnung (GuV) über das abgelaufene Geschäftsjahr. Für eine Reihe von Betrieben (z. B. Kapitalgesellschaften) ist darüber hinaus ein Anhang, der die einzelnen Positionen der Bilanz und der GuV erläutert, sowie ein Bericht zur Lage und Entwicklung des Betriebes (Lagebericht) vorgeschrieben.

Abb. 26: Bestandteile des Jahresabschlusses[1]

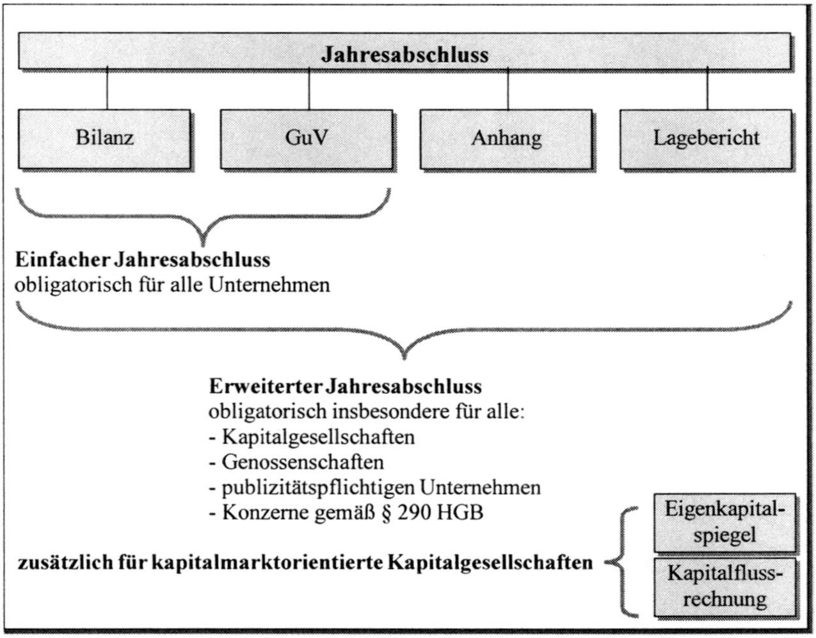

```
                        Jahresabschluss
        ┌──────────┬──────────┬──────────┬──────────┐
        │  Bilanz  │   GuV    │  Anhang  │Lagebericht│
        └──────────┴──────────┴──────────┴──────────┘
```

Einfacher Jahresabschluss
obligatorisch für alle Unternehmen

Erweiterter Jahresabschluss
obligatorisch insbesondere für alle:
- Kapitalgesellschaften
- Genossenschaften
- publizitätspflichtigen Unternehmen
- Konzerne gemäß § 290 HGB

zusätzlich für kapitalmarktorientierte Kapitalgesellschaften
- Eigenkapitalspiegel
- Kapitalflussrechnung

---

[1] Vgl. auch Schierenbeck/Wöhle 2012, S. 635.

Die Erstellung des Jahresabschlusses, insbesondere der Bilanz und der GuV, ist aus verschiedenen Gründen erforderlich, da dem Jahresabschluss eine ganze Reihe von Aufgaben und Funktionen zufallen[1].

Abb. 27: Aufgaben des Jahresabschlusses

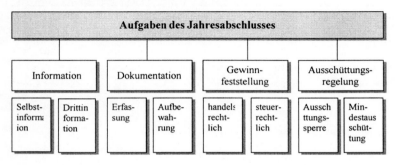

(1) Information
Wie das gesamte Rechnungswesen des Betriebes, so hat auch der Jahresabschluss die Funktion, das Management über die Lage und die Entwicklung der Vermögens- und der Ertragslage zu informieren. Der Jahresabschluss ist damit zusammen mit den übrigen Informationen, die das Rechnungswesen liefert, eine wesentliche Grundlage für Entscheidungen der Betriebsführung (Selbstinformation).

Im Gegensatz zu den übrigen Teilen des Rechnungswesens kommt dem Jahresabschluss darüber hinaus aber auch die Aufgabe zu, externe Interessenten[2] am Betriebsgeschehen über dessen wirtschaftliche Entwicklung zu informieren (Fremdinformation). Der Jahresabschluss kennt also sehr unterschiedliche Adressaten mit jeweils spezifischen Interessen[3].

---

[1] Vgl. u.a. Wöhe/Döring 2010, S. 717 ff; Coenenberg/Haller/Mattner/Schultze 2007, S. 325 ff; Baetge/Kirsch/Thiele 2012, S. 94 ff; Bieg/Kußmaul/Waschbusch 2012, S. 55 ff.
[2] Vgl. Wöhe/Döring 2010, S. 717 ff.
[3] Vgl. Bieg/Kußmaul/Waschbusch 2012, S. 66.

Abb. 28: Adressaten des Jahresabschlusses[1]

Um dieser externen Informationsaufgabe Nachdruck zu verleihen, sind aufgrund verschiedener gesetzlicher Bestimmungen die externen Informationspflichten der Betriebe in Bezug auf den Jahresabschluss als Mindestnormen festgelegt. Zu diesen Informationspflichten gehört u.a.:

- Der Jahresabschluss ist bei Kapitalgesellschaften den Gesellschaftern (z. B. Aktionären) vorzulegen.

- Prüfungspflichtige Unternehmen (mittelgroße und große Kapitalgesellschaften) müssen den Jahresabschluss durch einen Wirtschafts- bzw. Buchprüfer prüfen lassen (§ 316.1 HGB). Der Prüfungspflicht unterliegen folgende Unternehmen:

  - Unternehmen mit einer Bilanzsumme von mehr als 3,438 Millionen €
  - Unternehmen mit Umsatzerlösen von mehr als 6,875 Millionen €
  - Unternehmen mit mehr als 50 Beschäftigten.

- Der Jahresabschluss ist im Rahmen der steuerlichen Veranlagung der Finanzverwaltung mitzuteilen.

- Der Jahresabschluss ist nach den Bestimmungen des Handelsgesetzbuches und des Publizitätsgesetzes der interessierten Öffentlichkeit zugänglich zu machen. Zum einen sind alle Kapitalgesellschaften verpflichtet, den Jahresabschluss dem Handelsregister einzureichen. Das gilt ebenso für Einzelunternehmen und Personengesellschaften, wenn sie aufgrund des Publizitätsgesetzes publizitätspflichtig sind. Dies ist dann der Fall, wenn die

---

[1] Nach Ditges/Arendt 2007, S. 28; vgl. Coenenberg/Haller/Schultze 2014, S. 23.

Gesellschaften an drei aufeinanderfolgenden Stichtagen zwei der drei folgenden Kriterien erfüllen (§ 1 PubG):

- Bilanzsumme größer als 65 Mio. €
- Umsatzerlöse größer als 130 Mio. €
- Beschäftigtenzahl größer als 5.000 Beschäftigte.

Da das Handelsregister von jedermann einsehbar ist, sind die Jahresabschlüsse dieser Unternehmen der Öffentlichkeit zugänglich.

Zum anderen besteht für bestimmte Unternehmen darüber hinaus die Verpflichtung, den Jahresabschluss im Bundesanzeiger zu veröffentlichen. Dies betrifft die publizitätspflichtigen Einzelunternehmen und Personengesellschaften sowie bestimmte Kapitalgesellschaften.

Diese Unternehmen unterliegen insoweit einer erweiterten Publizitätspflicht. Sie haben den Jahresabschluss der Öffentlichkeit nicht nur über das Handelsregister zugänglich zu machen, sondern darüber hinaus die Verpflichtung, diese Information aktiv an die Interessenten heranzutragen.

(2) Dokumentation

Von geringerer Bedeutung in der Praxis ist die Dokumentationsfunktion des Jahresabschlusses. Dass ihm zumindest vom Gesetzgeber eine Dokumentationsaufgabe zugedacht ist, wird daraus ersichtlich, dass für die Unterlagen des Jahresabschlusses eine 10jährige Aufbewahrungspflicht besteht. Dennoch ist hier einschränkend anzumerken, dass die Angaben des Jahresabschlusses keine Primärdaten darstellen. Diese werden vielmehr aus der Buchführung und dem Inventar gewonnen. Insofern wird die Dokumentationsaufgabe also stärker im Bereich der Buchführung und beim Inventar anzusiedeln sein.

(3) Gewinnfeststellung

Die wesentliche oder ursprüngliche Aufgabe des Jahresabschlusses ist die Ermittlung des Betriebserfolges. Die Gewinnermittlung ist:

- die Grundlage der Unternehmensbesteuerung,
- die Basis der Eigenkapitalbildung,
- die Voraussetzung der Entscheidung über die Gewinnverwendung,
- die Grundlage für die Ertragsbesteuerung.

Sie ist darüber hinaus die Grundlage für die Beurteilung der Leistungen des Managements und nicht zuletzt auch ein wesentlicher Rückkoppelungsmechanismus im Rahmen der Betriebsführung.

(4) Ausschüttungsregelung
Letztlich fällt dem Jahresabschluss die Aufgabe zu, die Ausschüttungen an die Anteilseigner in dem Sinne zu regeln, dass sowohl deren Interesse nach einem angemessenen Ertrag ihrer Kapitalanlage sowie andererseits aber auch der Bestand des Betriebes gesichert werden. Auf diese Regelungsfunktion beziehen sich eine ganze Reihe von gesetzlichen Vorschriften, die je nach Höhe und Art der Entstehung des Gewinnes Mindestnormen für die Bildung von Rücklagen und die Gewinnausschüttung vorsehen.

4.2 Bilanzierungsgrundsätze

Wie für die Buchhaltung und die Inventur, so gelten auch für die Erstellung des Jahresabschlusses, für die Bilanz insbesondere, Prinzipien, die im weiteren Sinne den Grundsätzen ordnungsmäßiger Buchführung[1] zugerechnet werden können.

Abb. 29: Grundsätze ordnungsmäßiger Bilanzierung[2]

---

[1] Für eine ausführliche Darstellung hierzu s. Baethge/Hirsch/Thiele 2007, S. 107 ff ; vgl. auch Wöhe/Döring 2010, S. 733 ff.

[2] Vgl. Ditges/Arendt 2007, S. 55.

(1) Bilanzklarheit

Das Prinzip der Bilanzklarheit besagt, dass der Jahresabschluss "klar und übersichtlich" sein muss (§ 243 Abs. 2 HGB).

Im Einzelnen ergeben sich aus dieser Gesetzesnorm folgende Forderungen an die Bilanz:

- Die einzelnen Bilanzposten müssen sachlich zutreffend und eindeutig bezeichnet sein.
- Aus der Bilanzgliederung müssen die Beträge der einzelnen Vermögens- und Kapitalanteile ersichtlich sein.
- Wesensverschiedene Vermögens- und Kapitalbestandteile sind gesondert zu erfassen.
- Rücklagen, Rückstellungen und Wertberichtigungen sind als solche gesondert auszuweisen.
- Die Bewertung der einzelnen Bilanzpositionen ist offenzulegen.

Diese Forderungen sind nur zum Teil in der Bilanz selbst zu realisieren. Das Prinzip der Bilanzklarheit verlangt deswegen, dass dort, wo es der Klarheit und Übersichtlichkeit dient, ergänzende Angaben zur Bilanz und zur Gewinn- und Verlustrechnung erfolgen sollen. Für erläuternde Ergänzungen dieser Art ist vor allem der Anhang, der für bestimmte Betriebe verpflichtend zum Jahresabschluss gehört, gedacht und geeignet. Auch der Lagebericht kann in diesem Sinne als Erläuterung zur Bilanz und zur Gewinn- und Verlustrechnung aufgefasst werden. In Bezug auf das Anlagevermögen kann als Bestandteil des Anhangs die Erstellung eines Anlagespiegels (**Anlagegitter**) empfehlenswert sein. Dort können die Anschaffungs- oder Herstellungskosten, die Zugänge, die Abgänge, Umbuchungen und Zuschreibungen sowie die Abschreibungen während des Berichtszeitraumes gesondert ausgewiesen werden.

(2) Bilanzwahrheit

Der Grundsatz der Bilanzwahrheit ist in der Praxis sehr schwer zu fassen, da es eine absolute und objektive Wahrheit nicht gibt. Statt der Forderung nach Wahrheit wird deswegen im Schrifttum immer mehr die Forderung nach der Richtigkeit oder auch der Zweckmäßigkeit der Bilanzangaben aufgestellt.

Wie auch immer das Prinzip bezeichnet wird, so verbinden sich hiermit mindestens zwei Forderungen:

- Vollständigkeit der Bilanz
- zutreffende Bewertung der Bilanzpositionen.

Gerade im Hinblick auf die Bewertung der einzelnen Vermögens- und Kapitalpositionen wird die Problematik des Wahrheitspostulats deutlich. Denn der Wert eines Gutes (materielle und immaterielle Vermögensgegenstände, Waren, Dienstleistungen etc.) ist keine feststehende und auch keine objektiv feststellbare Größe. Je nach dem, ob man zur Bewertung den Anschaffungspreis, den Wiederbeschaffungspreis, die Herstellungskosten, den Marktpreis etc. zugrunde legt, wird die Bewertung anders ausfallen. Eine objektive, wahre oder richtige Bewertung gibt es nicht. Aus dem Wahrheitspostulat kann also allenfalls die Forderung abgeleitet werden, dass die vorgenommenen Bewertungen zweckmäßig sind im Hinblick auf die Zwecksetzung der Bilanz und im Übrigen sich im Rahmen des gesetzlich Erlaubten bewegen.

(3) Bilanzkontinuität
Dagegen ist das Prinzip der Bilanzkontinuität sehr viel klarer und eindeutiger zu fassen. Bilanzkontinuität kann in einem **formellen** und in einem **materiellen** Sinne verstanden werden.

a) Formelle Bilanzkontinuität
Formelle Bilanzkontinuität bedeutet:

- Jahresabschluss immer zum gleichen Stichtag,
- Beibehaltung der Bilanzgliederung,
- Beibehaltung der einzelnen Bilanzpositionen auch in ihrer inhaltlichen Zusammensetzung,
- Beibehaltung einer einmal gewählten Abschreibungsform.

b) Materielle Bilanzkontinuität

Die materielle Bilanzkontinuität bezieht sich auf die Bewertung der Vermögensgegenstände:

- Als Obergrenze für den Wertansatz eines Vermögensgegenstandes in der Bilanz gilt der Wertansatz der vorangegangenen Bilanz.
- Eine einmal gewählte Bewertungsmethode (z. B. Abschreibungsmethode) soll im Allgemeinen beibehalten werden. Soweit Ausnahmen von dieser Forderung zulässig sind, sollen Veränderungen der Bewertungsmethode im Anhang des Jahresabschlusses dargelegt werden.

(4) Bilanzidentität

Das Prinzip der Bilanzidentität besagt, dass die Eröffnungsbilanz eines Geschäftsjahres mit der Schlussbilanz des vorangegangenen Geschäftsjahres übereinstimmen muss, in beiden Bilanzen müssen alle Positionen, Mengen und Werte völlig identisch sein.

4.3 Gliederung der Bilanz

Der Begriff Bilanz geht etymologisch auf das lateinische Adjektiv Bilanx zurück und bedeutet eine zweischalige, sich im Gleichgewicht befindliche Waage. Diese Vorstellung einer Waage im Gleichgewichtszustand charakterisiert das Grundprinzip der Bilanz wie überhaupt der kaufmännischen Buchführung, dass nämlich eine doppelte Aufschreibung in zwei Spalten erfolgt, die in der Summe wertgleich sind. Wie eine Waage, so befindet sich auch die Bilanz im Gleichgewicht.

Die Bilanz ist der eigentliche Kern des Jahresabschlusses, da sie die gesamte Vermögens- und Finanzlage des Betriebes zum Bilanzstichtag widerspiegelt. Sie entsteht aus der nach vorgeschriebenen Gliederungsgesichtspunkten erfolgten Zusammenfassung der Bestandskonten der Buchhaltung.

Die Gliederung der Bilanz ist gesetzlich vorgeschrieben. Nach § 266 HGB gilt für Kapitalgesellschaften folgende Bilanzgliederung, die zunächst in einer zusammengefassten Form als T-Konto und dann in ausführlicher (Staffel-) Form dargestellt wird.

Abb. 30: Grundstruktur der Handelsbilanz nach § 266 HGB[1]

Aktivseite	Passivseite
A. Anlagevermögen I. Immaterielle Vermögensgegenstände II. Sachanlagen III. Finanzanlagen **B. Umlaufvermögen** I. Vorräte II. Forderungen und sonstige Vermögensgegenstände III. Wertpapiere IV. Kassenbestand, Bundesbankguthaben, Guthaben bei Kreditinstituten und Schecks **C. Rechnungsabgrenzungsposten** [...]	**A. Eigenkapital** I Gezeichnetes Kapital II Kapitalrücklagen III Gewinnrücklagen IV Gewinnvortrag/ Verlustvortrag V Jahresüberschuss/ Jahresfehlbetrag **B. Rückstellungen** **C. Verbindlichkeiten** **D. Rechnungsabgrenzungsposten** [...]

Das Gliederungsschema nach dem HGB gilt für alle Kapitalgesellschaften. Es gelten jedoch einige Ausnahmen:

- Sog. kleine Kapitalgesellschaften können die Bilanz in einer Mindestform auf die mit römischen Ziffern bezeichneten Gliederungspunkte beschränken.

- Für einige Wirtschaftszweige gelten abweichende Bilanzgliederungen (z. B. Kreditinstitute, Bausparkassen ...).

- Soweit es die Übersichtlichkeit und Klarheit der Bilanz erfordert, können weitere Untergliederungen vorgenommen werden.

- Leerposten in der Bilanz müssen nicht ausgewiesen werden, wenn sie im abgeschlossenen Geschäftsjahr und im Vorjahr ohne Betrag waren.

- Personengesellschaften und Einzelunternehmen sind an das Gliederungsschema des § 266 HGB nicht gebunden, es gilt hier vielmehr eine Mindestgliederung nach § 247 HGB, jedoch wird im Allgemeinen auch hier in der Praxis nach der feineren Gliederung des § 266 verfahren.

---

[1] Auszug aus § 266 Abs. 2 HGB

Abb. 31: Ausführliche Bilanzgliederung in Staffelform

Bilanzgliederung nach § 266 Abs. 2 und 3 HGB

Aktivseite (§ 266 Abs. 2 HGB)

A. Anlagevermögen:
  I. Immaterielle Vermögensgegenstände:
    1. Selbst geschafffene gewerblich Schutzrechte und ähnliche Rechte und Werte;
    2. entgeltlich erworbene Konzessionen, gewerbliche Schutzrechte und ähnliche Rechte und Werte sowie Lizenzen an solchen Rechten und Werten;
    3. Geschäfts- oder Firmenwert;
    4. geleistete Anzahlungen;
  II. Sachanlagen:
    1. Grundstücke, grundstücksgleiche Rechte und Bauten einschließlich der Bauten auf fremden Grundstücken;
    2. technische Anlagen und Maschinen;
    3. andere Anlagen, Betriebs- und Geschäftsausstattung;
    4. geleistete Anzahlungen und Anlagen im Bau;
  III. Finanzanlagen:
    1. Anteile an verbundenen Unternehmen;
    2. Ausleihungen an verbundene Unternehmen;
    3. Beteiligungen;
    4. Ausleihungen an Unternehmen, mit denen ein Beteiligungsverhältnis besteht;
    5. Wertpapiere des Anlagevermögens;
    6. sonstige Ausleihungen.

B. Umlaufvermögen:
  I. Vorräte:
    1. Roh-, Hilfs- und Betriebsstoffe;
    2. unfertige Erzeugnisse, unfertige Leistungen;
    3. fertige Erzeugnisse und Waren;
    4. geleistete Anzahlungen.
  II. Forderungen und sonstige Vermögens-gegenstände:
    1. Forderungen aus Lieferungen und Leistungen;
    2. Forderungen gegen verbundene Unternehmen;
    3. Forderungen gegen Unternehmen, mit denen ein Beteiligungsverhältnis besteht;
    4. Sonstige Vermögensgegenstände;
  III. Wertpapiere:
    1. Anteile an verbundenen Unternehmen;
    2. sonstige Wertpapiere.
  IV. Kassenbestand, Bundesbankguthaben, Guthaben bei Kredit-Instituten und Schecks.

C. Rechnungsabgrenzungsposten.

D. Aktive latente Steuern.

E. Aktiver Unterschiedsbetrag aus der Vermögensrechnung.

Passivseite (§ 266 Abs. 3 HGB)

A. Eigenkapital:
  I. Gezeichnetes Kapital;
  II. Kapitalrücklage;
  III. Gewinnrücklagen:
    1. gesetzliche Rücklage;
    2. Rücklage für Anteile an einem herrschenden oder mehrheitlich beteiligten Unternehmen;
    3. satzungsmäßige Rücklagen;
    4. andere Gewinnrücklagen;
  IV. Gewinnvortrag/Verlustvortrag;
  V. Jahresüberschuss/Jahresfehlbetrag.

B. Rückstellungen:
  1. Rückstellungen für Pensionen und ähnliche Verpflichtungen;
  2. Steuerrückstellungen;
  3. sonstige Rückstellungen.

C. Verbindlichkeiten:
  1. Anleihen, davon konvertibel;
  2. Verbindlichkeiten gegenüber Kreditinstituten;
  3. erhaltene Anzahlungen auf Bestellungen;
  4. Verbindlichkeiten aus Lieferungen und Leistungen;
  5. Verbindlichkeiten aus der Annahme gezogener Wechsel und der Ausstellung eigener Wechsel;
  6. Verbindlichkeiten gegenüber verbundenen Unternehmen
  7. Verbindlichkeiten gegenüber Unternehmen, mit denen ein Beteiligungsverhältnis besteht;
  8. sonstige Verbindlichkeiten,
    davon aus Steuern,
    davon im Rahmen der sozialen Sicherheit.

D. Rechnungsabgrenzungsposten

E. Passive latente Steuern

4.4 Bilanzbewertungen

4.4.1 Bewertungsprinzipien

In der Bilanz werden das Vermögen und das Kapital des Betriebes ihrem Wert nach gegenübergestellt. Über die Erfassung der einzelnen Vermögens- und Kapitalpositionen hinaus ist also ihre Bewertung, ausgedrückt in Euro-Beträgen, erforderlich. Bewerten bedeutet dabei, dass einer Sache, einem Gegenstand, einer Leistung, einer Handlungsweise etc. ein bestimmter Geldwert beigemessen und zugeschrieben wird. Die Problematik des Bewertens liegt darin, dass der Wert keine der Sache immanente Eigenschaft darstellt, wie dies etwa bei physikalischen Eigenschaften der Fall ist. Der Wert ist eine vom Menschen einer Sache zugeschriebene Eigenschaft, er ist deshalb immer subjektiv und situationsgebunden. Werturteile variieren sowohl zwischen einzelnen Personen als auch im Zeitablauf.

Dennoch ist die Bewertung notwendig und unumgänglich, denn das betriebliche Rechnungswesen kann nicht mit Gegenständen und Sachverhalten, sondern eben ausschließlich mit in Zahlen ausdrückbaren Werten, d. h. mit Geldbeträgen, rechnen. Um also die Bewertung in der Bilanz der vollständigen subjektiven Willkür zu entziehen, ist sie an bestimmte Prinzipien[1] gebunden, die zwar im Ergebnis keine Objektivität, so aber doch ihre Zweckmäßigkeit und Nachprüfbarkeit gewährleisten sollen.

Die Mehrzahl der Bewertungsprinzipien gelten allgemein für alle Betriebe, unabhängig von ihrer Rechtsform.

(1) GoB-Entsprechung
Wie generell für den Jahresabschluss, so gelten auch für die dort vorzunehmenden Bewertungen die allgemeinen Prinzipien der GoB.

(2) Euro-Bewertung
Der Jahresabschluss ist grundsätzlich in Euro aufzustellen. Forderungen, Verbindlichkeiten, Anlagen etc. in fremden Währungen sind in Euro umzurechnen.

(3) Anschaffungswertprinzip
Bei der Bewertung von Vermögensgegenständen gilt das Anschaffungswertprinzip. Sie dürfen höchstens mit dem Betrag angesetzt werden, der ihren An-

---

[1] Vgl. u.a. Coenenberg/Haller/Schutze 2014, S. 93 ff.; Bieg/Kußmaul 2010, S..33; Wöhe/Döring 2010, S. 737 ff.; Bathge/Kirsch/Thiele 2012, S. 189 ff.

schaffungs- oder Herstellungskosten zum Zeitpunkt der Anschaffung bzw. Herstellung entspricht. Etwaige Wertsteigerungen aufgrund der Preisentwicklung dürfen nicht berücksichtigt werden.

Abb. 32: Allgemeine Bewertungsprinzipien[1]

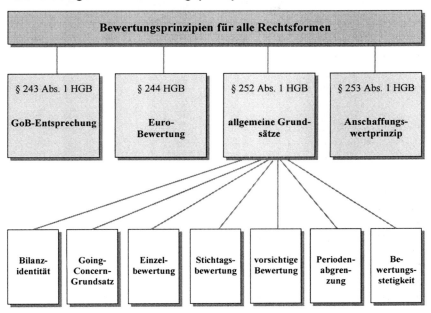

(4) Bilanzidentität
Die Wertansätze der Eröffnungsbilanz müssen denen der vorangegangenen Abschlussbilanz entsprechen. Diese Forderung entspricht den allgemeinen Bilanzierungsprinzipien.

(5) Going-Concern
Dieser Grundsatz besagt, dass bei der Bewertung immer davon auszugehen ist, dass die zu bewertenden Vermögens- und Kapitalpositionen Teil eines

---

[1] Bearbeitet nach Heinhold 1995, S. 198.

auch weiterhin tätigen Betriebes sind. Die Bewertung muss also immer im Zusammenhang des gesamten Betriebes vorgenommen werden. Würden einzelne Vermögensgegenstände aus diesem Zusammenhang herausgenommen, so könnte sich eine andere Bewertung ergeben.

Beispiel: Eine technische Anlage gewinnt erst im Zusammenhang des Produktionsprozesses ihren Wert. Würde sie losgelöst und unabhängig vom übrigen Betrieb betrachtet, so müsste ihre Bewertung u.U. sehr viel niedriger ausfallen.

(6) Einzelbewertung

Grundsätzlich sind alle Vermögensgegenstände und Kapitalpositionen einzeln zu bewerten.

Von dieser Grundregelung sind Ausnahmen möglich, insbesondere für die Bewertung von Roh-, Hilfs- und Betriebsstoffen. Sie können mit einem **Festwert** in Ansatz gebracht werden, wenn sie

- ihrem Werte nach von untergeordneter Bedeutung sind,

- in ihrer Zusammensetzung und Menge relativ konstant sind und

- laufend ersetzt werden.

Eine **Gruppenbewertung** kann bei gleichartigen oder gleichwertigen Vermögensgegenständen vorgenommen werden. Bei der Gruppenbewertung wird für eine Anzahl gleichartiger Vermögensgegenstände ein gewogener Durchschnittswert ermittelt. Zu- und Abgänge werden mit diesem Durchschnitt berechnet.

Eine **Sammelbewertung** ist für Gegenstände des Vorratsvermögens erlaubt, wenn der Bewertung ein Verbrauchsfolgeverfahren (vgl. Kap. 4.4.3) zugrunde gelegt werden kann.

(7) Stichtagsbewertung
Die Bewertung muss auf den Bilanzstichtag hin erfolgen.

(8) Periodenabgrenzung
Aufwendungen und Erträge werden in dem Geschäftsjahr im Jahresabschluss berücksichtigt, in dem sie entstanden sind. Es kommt hierbei nicht darauf an, ob Zahlungen erfolgt sind.

(9) Bewertungsstetigkeit
Der Grundsatz der Bewertungsstetigkeit resultiert aus der Forderung nach ma-

terieller Bilanzkontinuität. Er besagt, dass die Methoden und Grundsätze der Bewertung, die einmal gewählt wurden, beibehalten werden. Damit soll einer willkürlichen Bewertungspraxis entgegengewirkt werden.

(10) True and Fair View

Der Grundsatz des True and Fair View ist ein allgemeiner und übergeordneter Bewertungsgrundsatz der im § 264 Abs. 2 HGB festgeschrieben ist. Er fordert, dass der Jahresabschluss von der Ertrags-, Finanz- und Vermögenslage des Betriebes ein Bild zeichnen muss, das den tatsächlichen Gegebenheiten entspricht. Es muss gewährleistet sein, dass die Angaben des Jahresabschlusses auch dem externen Betrachter ein zuverlässiges Bild von der Lage des Betriebes vermitteln. Diese Gesetzesnorm hat insoweit übergeordneten Charakter, als die Beachtung dieses Prinzips im Einzelfall dazu führen kann, dass gegen einzelne Gesetzesbestimmungen, die im konkreten Einzelfall zu einem Verstoß gegen diesen übergeordneten Grundsatz führen würden, entgegen der gesetzlichen Einzelregelung und zu Gunsten der Generalregelung entschieden werden muss.

(11) Verbot und Zulässigkeit von Unterbewertungen

Aus dem Grundsatz der Bilanzwahrheit resultiert ein generelles Verbot der allgemeinen Unterbewertung des Vermögens. Diese Generalnorm des HGB verhindert eine unsachgemäße Darstellung der Vermögenssituation eines Betriebes, unterbindet aber nicht grundsätzlich die Bildung **stiller Reserven** durch geringere Bewertung von Vermögensgegenständen oder höhere Berwertung von Schulden. Mit der Bilanzrechtsreform von 2009 haben sich allerding die Bewertungsspielräume der Unternehmen verringert. War bis dahin das Ermessen bei Abschreibungen auf den **nahen Zukunftswert** oder im Rahmen **vernünftiger kaufmännischer Beurteilung** relativ weit gefasst, so wurden diese Möglichkeiten mit der Reform des Bilanzrechts gestrichen. Insbesondere aber das Vorsichtsprinzip bietet weiterhin Gestaltungsmöglichkeiten.

(12) Vorsichtige Bewertung

Unter den bilanzellen Bewertungsgrundsätzen kommt dem Vorsichtsprinzip eine herausragende Bedeutung zu. In § 252 Abs. 1 heißt es hierzu: "Es ist vorsichtig zu bewerten, namentlich sind alle vorhersehbaren Risiken und Verluste, die bis zum Abschlussstichtag entstanden sind, zu berücksichtigen [...]; Gewinne sind nur zu berücksichtigen, wenn sie am Abschlussstichtag realisiert sind."

Die Forderung nach einer vorsichtigen Bewertung dient dem Schutz der Unternehmung, ihrer Eigentümer und aller anderen, die am Wohlergehen des Betriebes ein Interesse haben können. Würde das Vermögen überbewertet und/oder die Schulden unterbewertet, so würde dies ein zu positves Bild zeichnen; Gewinnausschüttung und Besteuerung würden womöglich höher ausfallen, als es der tatsächlichen Wirtschaftskraft des Unternehmns entspricht; eine auf längere Sicht existenzgefährdende Situation.

Das Prinzip der vorsichtigen Bewertung enthält mehrere Einzelkriterien.

Abb. 33: Vorsichtsprinzip[1]

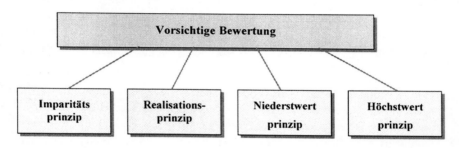

- Das **Imparitätsprinzip** fordert einerseits, dass absehbare Verluste in der Bilanz etwa durch die Bildung von Rückstellungen zu berücksichtigen sind, während andererseits eingetretene Wertsteigerungen aufgrund des Anschaffungswertprinzips unberücksichtigt bleiben müssen.
- Das **Realisationsprinzip** ist ebenfalls aus dem Anschaffungswertprinzip abgeleitet und besagt, dass Gewinne erst dann berücksichtigt werden, wenn sie, etwa durch Veräußerung des Wirtschaftsgutes, tatsächlich realisiert wurden.
- Das **Niederstwertprinzip** betrifft die Bewertung der Vermögensgegenstände und besagt, dass von verschiedenen möglichen Wertansätzen der jeweils niedrigste zu wählen ist.

---

[1] Bearbeitet nach Heinhold 1995, S. 198.

- Umgekehrt gilt für die Bewertung von Verbindlichkeiten und Rückstellungen das **Höchstwertprinzip**. Es schreibt vor, dass von alternativen Wertansätzen für die Verbindlichkeiten und Rückstellungen der jeweils höchste in Ansatz zu bringen ist.

4.4.2 Wertbegriffe

Der Bewertung von Vermögen und Kapital können verschiedene Wertbegriffe[1] zugrunde gelegt werden. Sie können in einer systematischen Betrachtungsweise eingeteilt werden in **Basiswerte** und **Vergleichswerte**.

Abb. 34: Handelsrechtliche Wertbegriffe[2]

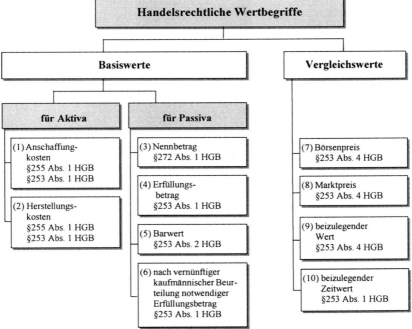

---

[1] Vgl. Schierenbeck/Wöhle 2012; S. 689 ff.; Jung 2010, S. 1035 ff.; Baethge/Kirsch/Thiele 2012, S.189 ff; Coenenberg/Haller/Schultze 2014, S. 93 ff.

[2] Nach Heinhold 1995, S. 201; vgl. auch Kress/Leuz 2008, S. 218/219;

(1) Anschaffungskosten
Nach § 255 Abs. 1 HGB sind die „Anschaffungskosten die Aufwendungen, die geleistet werden, um einen Vermögensgegenstand zu erwerben und ihn in einen betriebsbereiten Zustand zu versetzen, soweit sie dem Vermögensgegenstand einzeln zugeordnet werden können. Zu den Anschaffungskosten gehören auch die Nebenkosten sowie die nachträglichen Anschaffungskosten. Anschaffungspreisminderungen [...] sind abzusetzen".

(2) Herstellungskosten
Die Herstellungskosten werden dann der Bewertung zugrunde gelegt, wenn es sich um Vermögensgegenstände handelt, die im Betrieb selbst hergestellt worden sind. Die Wertermittlung ist in diesem Falle sehr viel schwieriger als im Falle der Anschaffung des Vermögenswertes, da die zuverlässige Ermittlung der Herstellungskosten eine funktionierende betriebliche Kostenrechnung voraussetzt.

Grundsätzlich gilt, dass die Herstellungskosten sich zusammensetzen aus den Aufwendungen, die für die Beschaffung der Produktionsfaktoren erforderlich sind, die zur Herstellung der Leistung benötigt werden, sowie aus dem damit verbundenen Werteverzehr. Nach § 255 Abs. 2 HGB rechnen hierzu: „die Materialkosten, die Fertigungskosten und die Sonderkosten der Fertigung sowie anemessene Teile der Materialgemeinkosten, der Fertigungsgemeinkosten und des Werteverzehrs des Anlagevermögens, soweit dierser duch die Fertigung veranlasst ist."

(3) Nennbetrag
Der Nennbetrag wird nach § 272 Abs. 1 zur Bewertung des gezeichneten Kapitals verwendet. Er entspricht bei einer Aktiengesellschaft dem Nominalwert der Aktie, bei einer GmbH der Stammeinlage der einzelnen Gesellschafter. Das gezeichnete Kapital insgesamt ergibt sich dann also aus der Summe der Nominalwerte aller ausgegebenen Aktien bei der Aktiengesellschaft und bei der GmbH aus der Summe sämtlicher Stammeinlagen der Gesellschafter des Unternehmens.

(4) Erfüllungsbetrag
Im Allgemeinen sind Verbindlichkeiten mit dem Wert anzusetzen, zu dem sie zurückgezahlt werden. Dieser, in § 253 Abs. 1 als Erüllungsbetrag bezeichnete Wert, kann von der Nominalschuld abweichen. So verbietet es sich nach dem Vorsichtsprinzip beispielsweise, ein Darlehen nur mit dem tatsächlich beanspruchten Betrag zu bewerten, wenn aufgrund eines Auszah-

lungsdisagios die zurückzuzahlende Summe darüber liegt. Es ist stattdessen der vollständige künftige Rückzahlungsbetrag, also der Erfüllungsbetrag, anzusetzen.

(5) Barwert
Nach § 253 Abs. 2 sind Rückstellungen mit einer Restlaufzeit von mehr als einem Jahr abzuzinsen. Als Wertansatz ist dann deren Barwert zugunde zu legen. Ein Barwert kann nach finanzmathematischen Methoden für eine in der Zukunft liegende Zahlungsverpflichtung errechnet werden. Der Barwert ist der Gegenwert dieser zukünftigen Zahlungsverpflichtung in der Gegenwart. Würde z. B. bei einer zukünftigen Pensionszahlungsverpflichtung der tatsächlich nominell in der Zukunft anfallende Auszahlungsbetrag zugrunde gelegt, so würde die Forderung auf die Gegenwart bezogen erheblich überbewertet. Der abgezinste Barwert repräsentiert also den Wert der zukünftigen Forderung zum Bilanzstichtag.

(6) Nach vernünftiger kaufmännischer Beurteilung notwendiger Erfüllungsbetrag
Rückstellungen sind nach § 253 Abs. 1 „ [...] in Höhe des nach vernünftiger kaufmännischer Beurteilung notwendigen Erfüllungsbetrages anzusetzen. Da es sich hierbei um die Bildung von Reserven für Tatbestände handelt, deren Eintritt und deren Ausmaß nur sehr schwer vorhersehbar ist (z. B. Gewährleistungsrückstellungen, Prozesskostenrückstellungen usw.) sind präzise Vorgaben und Normen für die Bildung derartiger Werte kaum denkbar. Hier muss vielmehr auf die Allgemeinprinzipien der GoB zurückgegriffen werden und der jeweilige Einzelfall nach pflichtgemäßem Ermessen und unter Berücksichtigung der Gesamtsituation entschieden werden.

(7) Börsenpreis
„Bei Vermögensgegenständen des Umlaufvermögens sind [§ 252 Abs. 4 HGB] Abschreibungen vorzunehmen, um diese mit einem niedrigeren Wert anzusetzen, der sich aus einem Börsen- oder Marktpreis am Abschlussstichtag ergibt." Waren und Produkten, Effekten und Devisen, die an der Börse gehandelt werden, muss folglich – nach dem Niederstwertprinzip – der Börsenkurs zum Bilanzstichtag als Vergleichswert zum Anschaffungspreis zugrunde gelegt werden. Ist der Börsenkurs z. B. von Wertpapieren höher als der Anschaffungspreis, so ist der niedrigere Anschaffungspreis anzusetzen; ist umgekehrt der Börsenkurs niedriger als der Anschaffungspreis, so ist der niedrigere Börsenkurs in Ansatz zu bringen (strenges Niederstwertprinzip).

(8) Marktpreis
Ebenso ist für alle anderen Produkte, die am Markt gehandelt werden oder handelbar sind, der Marktpreis als Vergleichswert zum Anschaffungspreis bzw. den Herstellungskosten anzusetzen und nach dem Niederstwertprinzip zu beurteilen.

(9) Beizulegender Wert
Ein beizulegender Wert ist nach § 253 Abs. 4 HGB zu ermitteln und als Vergleichswert heranzuziehen, wenn ein Marktpreis nicht festgestellt werden kann. „Dieser fungiert als Korrekturwert sowohl im Anlage- als auch Umlaufvermögen [...]."[1] Da er explizit nur dann anzuwenden ist, wenn ein Markt- oder Börsenpreis nicht ermittelt werden kann, ist seine Bestimmung naturgemäß schwierig. Die Ermittlung des beizulegenden Wertes kann sich entweder an dem Beschaffungs- oder am Absatzmarkt orientieren. Bei der Orientierung am Beschaffungsmarkt müssen die Wiederbeschaffungs- oder die Reproduktionskosten für das Gut herangezogen werden. Will man vom Absatzmarkt her eine Bewertung vornehmen, so ist eine Schätzung über den möglichen Verkaufserlös vorzunehmen.

(10) Beizulegender Zeitwert
Dieser Wertansatz betrifft die im Anlagevermögen befindlichen Wertpapiere, die der Deckung von Pensionsverpflichtungen dienen. In § 253 Abs. 1 HGB heißt es dazu: „Soweit sich die Höhe von Altersversorgungsverpflichtungen ausschließlich nach dem beizulegenden Zeitwert von Wertpapieren [...] bestimmt, sind Rückstellungen hierfür zum beizulegenden Zeitwert dieser Wertpapiere anzusetzen, soweit er einen garantierten Mindesgtbetrag übersteigt."

(11) Wegfall früherer Bewertungswahlrechte
Durch das Bilanzrechtsmodernisierungesetz von 2009 (BilMoG) sind einige Bewertungswahlrechte entfallen, insbesondere die Möglichkeit „nach vernünftiger kaufmännischer Beurteilung" oder nach steuerrechtlichen Regelungen niedrigere Wertansätze für Vermögensgegenstände zu berücksichtigen. Der Spielraum für bilanzpolitische Maßnahmen hat sich damit etwas verengt. Dies ändert nichts an der grundlegenden Orientierung an der kaufmännischen Vorsicht und den vielfachen Möglichkeiten zur Bildung von stillen Reserven.

---

[1] Coenenberg/Haller/Schultze 2014, S. 119.

4.4.3 Bewertung der Aktiva

4.4.3.1 Anlagevermögen

Zum Anlagevermögen gehören die

- immateriellen Vermögensgegenstände des Anlagevermögens,
- die Sachanlagen,
- die Finanzanlagen.

Für alle Arten des Anlagevermögens gelten die Anschaffungs bzw. Herstellungskosten als Obergrenze der Bewertung[1]. Sie bilden den Basiswert, der dem Wertansatz in der Bilanz zum Bilanzstichtag zugrunde gelegt wird, sofern nicht nach dem Niederstwertprinzip ein anderer Vergleichswert maßgeblich ist. Bei Vermögensgegenständen des Anlagevermögens, die durch Gebrauch oder Zeitablauf einer Abnutzung bzw. Wertminderung unterliegen, ist dieser Basiswert um **planmäßige Abschreibungen** zu vermindern. Darüber hinaus können unter besonderen Umständen **außerplanmäßige Abschreibungen** notwendig werden, ggf. auch im Umlaufvermögen.

Abb. 35: Abschreibungen

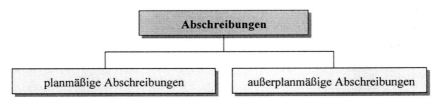

Planmäßige Abschreibungen werden im Wesentlichen für die Gegenstände des Sachanlagevermögens vorgenommen sowie darüber hinaus für den Geschäfts- bzw. Firmenwert, der zu den immateriellen Vermögensgegenständen rechnet. Außerplanmäßige Abschreibungen können für alle Gegenstände des Anlagevermögens vorgenommen werden, auch für solche, die keiner Abnutzung unterliegen, also nicht planmäßig abgeschrieben werden können.

Die Verringerung der Wertansätze durch Abschreibungen kann in der Bilanz auf zweierlei Weise erfolgen:

---

[1] Vgl. ausführlich Coenenberg/Haller/Schultze 2014, S. 151 ff.

- Bei der **direkten Abschreibung** wird der Wert des Vermögensgegenstandes auf der Aktivseite um die Abschreibungen vermindert. Es wird also lediglich der bereits abgeschriebene Wertansatz aktiviert.

- Bei **der indirekten Abschreibung** wird der ursprüngliche Wertansatz aktiviert und in Höhe der Abschreibung eine Wertberichtigung auf der Passivseite vorgenommen. Beide Verfahren sind zulässig.

Nach ihrer Verursachung und steuerrechtlichen Behandlung sind verschiedene Arten von Abschreibungen zu differenzieren:

Abb. 36: Planmäßige Abschreibungen[1]

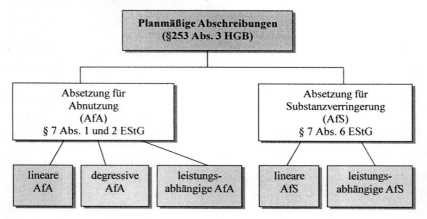

(1) Absetzung für Abnutzung (AfA)

Absetzungen für Abnutzung können vorgenommen werden auf abnutzbare Vermögensgegenstände. Die AfA ist eine regelmäßige und planmäßige Abschreibung.

Das bedeutet, dass bereits bei der erstmaligen Bilanzierung des Wirtschaftsgutes folgende Kriterien festgelegt werden:

- voraussichtliche Nutzungsdauer
- die Höhe der Abschreibungsbeträge
- die Abschreibungsmethode.

---

[1] Vgl. Ditges/Arendt 2007, S. 175.

Die voraussichtliche Nutzungsdauer wird von betrieblichen und technischen Gegebenheiten bestimmt und muss sich, sofern nicht gesetzliche Regelungen oder Verwaltungsrichtlinien vorliegen, an der aufgrund der betrieblichen Erfahrungen zu erwartenden betriebsgewöhnlichen Nutzungsdauer orientieren.

Viele Betriebe orientieren sich an den amtlichen AfA-Tabellen der Finanzbehörden, welche die Nutzungsdauer für nahezu alle Anlagegüter für steuerliche Zwecke vorgeben.

Eine bestimmte **Abschreibungsmethode** ist nicht vorgeschrieben. Sie ist im Rahmen der GoB vom Betrieb zu bestimmen.

Planmäßige Abschreibungen können nach folgenden **Abschreibungsverfahren** vorgenommen werden:

- lineare Abschreibung
- degressive Abschreibung
- progressive Abschreibung
- leistungsabhängige Abschreibung.

Ein Wechsel der Abschreibungsmethode ist im Handelsrecht prinzipiell erlaubt, nach dem Grundsatz der Bilanzkontinuität aber nach Möglichkeit zu vermeiden. In jedem Falle ist die Änderung der Abschreibungsmethode im Anhang des Jahresabschlusses darzulegen.

A. Lineare Abschreibung

Bei der linearen Abschreibung wird der Basiswert des Vermögensgegenstandes (Anschaffungs-/Herstellungskosten) in gleichbleibenden Jahresbeträgen über die voraussichtliche Nutzungsdauer abgeschrieben. Die jährlichen Abschreibungsbeträge ergeben sich aus der Division des Basiswertes durch die voraussichtliche Nutzungsdauer in Jahren. Wird also z. B. ein Wirtschaftsgut, das für 1.000,-- € angeschafft wurde und voraussichtlich vier Jahre genutzt werden kann, linear abgeschrieben, so kann im Jahr der Anschaffung und in den darauffolgenden drei Wirtschaftsjahren eine AfA von je 250,-- € angesetzt werden.

Behält das abzuschreibende Wirtschaftsgut auch nach vollständiger Abnutzung einen **Restwert** (Schrottwert), so sind die jährlichen Abschreibungsraten entsprechend zu kürzen. Vor der Division durch die Jahre der voraussichtlichen Nutzungsdauer sind die Anschaffungs-/Herstellungskosten um den Betrag des Restwertes zu verringern. Behält in dem obigen Beispiel das angeschaffte Wirtschaftsgut auch nach völliger Abnutzung einen Restwert von 200,-- €, so kann es folglich mit nur 200,-- € jährlich abgeschrieben werden.

B. Degressive Abschreibung

Die lineare Abschreibung entspricht nicht immer dem tatsächlichen Werteverzehr eines Gutes durch Abnutzung. Häufig verlieren Wirtschaftsgüter gerade in den ersten Jahren der Nutzung sehr schnell an Wert (z. B. PKW), während der jährliche Wertverlust mit zunehmendem Alter des Gutes abnimmt. Die lineare Abschreibung führt dann zu einer unzutreffenden Bewertung des Wirtschaftsgutes. Ein degressiver Verlauf der Abschreibungsbeträge wird in diesem Falle der tatsächlichen Wertentwicklung besser gerecht.

Abgesehen von einer unregelmäßigen Degression der Abschreibungsbeträge aufgrund steuerlicher Sonderabschreibungen zusätzlich zu der Normalabschreibung ist auch die degressive AfA ein regelmäßiges Abschreibungsverfahren, bei dem zwei verschiedene Degressionsprinzipien zur Anwendung gelangen können. Degressive Abschreibungen können nach der

- geometrisch-degressiven oder nach der
- arithmetisch-degressiven Methode vorgenommen werden.

Bei der **geometrisch-degressiven Abschreibung** wird mit festen Prozentsätzen abgeschrieben, aber nicht, wie bei der linearen Methode auf der Grundlage des Basiswertes, sondern vom jeweiligen Restbuchwert. Da sich der Restbuchwert von Periode zu Periode verringert, nehmen auch die Abschreibungsbeträge - bei gleichbleibenden Abschreibungsprozentsätzen - ab.

Im Gegensatz zur linearen Abschreibung ist nach dieser degressiven Methode eine völlige Abschreibung bis zum Restbuchwert 0 nicht möglich. Ein Restbuchwert muss deswegen immer berücksichtigt werden.

Ein anderes Verfahren, das zu regelmäßig fallenden Abschreibungsbeträgen führt, ist die **arithmetisch-degressive** Abschreibung. Die Degression wird hier dadurch erreicht, dass die jährlichen Abschreibungsbeträge um immer den gleichen Betrag abnehmen. So kann ein Gut, das zu 10.000,-- € angeschafft wurde und eine voraussichtliche Nutzungsdauer von 4 Jahren erreicht arithmetisch-degressiv beispielsweise folgendermaßen abgeschrieben werden:

Abb. 37: Beispiel einer arithmetrisch-degressiven Abschreibung

nach ...Jahren	Jahresabschreibung	Restbuchwert
1	4.000 €	6.000 €
2	3.000 €	3.000 €
3	2.000 €	1.000 €
4	1.000 €	0 €

Die Abschreibungsbeträge errechnen sich nach der Formel:

a_i = Abschreibungsbeträge der Jahre i $\implies$ $a_i = \dfrac{(n-(1-i)) \cdot AK}{N_n}$

wobei: AK = Anschaffungs- oder Herstellungskosten

n = Zahl der Nutzungsjahre

N_n = Summe der Nutzungsjahre $\implies N_n = \dfrac{n}{2}(n+1)$

Im Gegensatz zur geometrisch-degressiven kann bei der arithmetisch-degressiven Abschreibung bis zu einem Restbuchwert von 0 abgeschrieben werden.

C. Progressive Abschreibung

Bei der progressiven Abschreibung steigen die jährlichen Abschreibungsbeträge an. Sie können also vor allem dann in Betracht kommen, wenn es sich um Wirtschaftsgüter handelt, die zu Beginn einer geringen und erst im späteren Verlauf einer zunehmenden Wertminderung unterliegen. Die progressive Abschreibung ist im Prinzip zulässig, wenn es zu einer sachgemäßen und den Grundsätzen der GoB entsprechenden Bewertung notwendig ist. Sie ist in der Praxis jedoch kaum anzutreffen.

D. Leistungsabhängige Abschreibung

Der leistungsabhängigen Abschreibung liegt nicht die Schätzung der voraussichtlichen Nutzungsdauer, sondern eine Annahme über die bis zum endgültigen Verschleiß abgegebene Gesamtleistung zugrunde. Die Dauer der Abschreibung ist bei diesem Verfahren nicht von vornherein festgelegt, sie hängt vielmehr davon ab, wie sehr das Anlagegut beansprucht wird.

Zur Ermittlung der jährlichen Abschreibungsbeträge werden die Anschaffungs-/Herstellungskosten durch die erwartete Gesamtleistungsmenge des

Wirtschaftsgutes dividiert und mit der im Geschäftsjahr tatsächlich abgegebenen Leistungsmenge multipliziert.

Dieses Verfahren ist besonders dann geeignet, wenn die Wertminderung des Wirtschaftsgutes durch seine tatsächliche Inanspruchnahme verursacht wird und nicht einen leistungsunabhängigen Alterungsprozess darstellt. Sie kann also beispielsweise für Maschinen und Anlagen in Betracht kommen, die keinen nennenswerten Alterungsverschleiß aufweisen, sondern sich vor allem durch den tatsächlichen Gebrauch abnutzen.

(2) Absetzung für Substanzverringerung

Absetzungen für Substanzverringerung (AfS) sind als lineare und als leistungsabhängige AfS zulässig. Die Anwendung dieser Abschreibungsart ist jedoch beschränkt auf Betriebe, deren wesentliche Vermögensteile einem Substanzverbrauch unterliegen. Dazu gehören beispielsweise Bergbaubetriebe, Steinbrüche, Kies- oder Sandgruben, Fördergesellschaften für Erdöl, Erdgas etc.

Bei der linearen Abschreibung wird die voraussichtliche Nutzung oder Betriebsdauer des Betriebes zugrunde gelegt und vom Basiswert aus in gleichbleibenden Jahresbeträgen abgeschrieben.

Bei der leistungsabhängigen Absetzung für Substanzverringerungen wird der tatsächliche Werteverzehr der Abrechnungsperiode abgeschrieben. So kann z. B. bei einer Sandgrube derjenige Anteil des Basiswertes abgeschrieben werden, der dem Anteil der geförderten Menge an der gesamten förderbaren Menge entspricht.

(3) Absetzung für außergewöhnliche technische oder wirtschaftliche Abnutzung (AfaA)

Wirtschaftsgüter, die im Übrigen einer planmäßigen Abschreibung unterliegen, müssen nach dem Imparitätsprinzip zusätzlich und darüber hinaus außerplanmäßig abgeschrieben werden, wenn aufgrund unvorhersehbarer wirtschaftlicher oder technischer Gegebenheiten eine zusätzliche Entwertung stattgefunden hat.

Eine **technische Entwertung** kann darin liegen, dass eine Anlage über das planmäßig einkalkulierte Soll hinaus verschleißt, die ursprünglich angenommene Nutzungsdauer also nicht erreicht.

Eine **wirtschaftliche Entwertung** eines Anlagegutes liegt dann vor, wenn seine wirtschaftliche Nutzung früher als ursprünglich erwartet endet. Dieser

Fall kann eintreten, wenn eine im Übrigen technisch einwandfreie Anlage wirtschaftlich deswegen nicht mehr genutzt werden kann, weil aufgrund neuerer, besserer technischer Anlagen die mit der alten Anlage produzierten Güter oder Leistungen nicht mehr gewinnbringend oder auch nur kostendeckend zu vermarkten sind. Das Wirtschaftsgut ist also wirtschaftlich veraltet, muss ersetzt und entsprechend bis auf seinen Restwert außerplanmäßig abgeschrieben werden.

(4) Teilwert-Absetzung (TW-AfA)
Die Teilwert-AfA entspricht im Wesentlichen der dargestellten AfaA, ist jedoch im Unterschied hierzu nicht auf das abnutzbare Anlagevermögen beschränkt, sondern sie kann für alle Gegenstände des Anlage- und Umlaufvermögens angewendet werden.

(5) Sonderregelungen
Hierzu gehören vor allem die nach dem Steuerrecht möglichen erhöhten Absetzungen und Sonderabschreibungen, etwa im Rahmen des Wohnungsbaues.

4.4.3.2 Umlaufvermögen

Im Hinblick auf das Umlaufvermögen treten Bewertungsfragen insbesondere bezüglich der Vorräte und ggf. der Forderungen auf.

A. Bewertung der Vorräte
Bei der Bewertung der Vorräte werden ebenso wie beim den Sachanlagen des Anlagevermögens die Anschaffungs- bzw. Herstellungskosten als Basiswert zugrunde gelegt. Weiterhin gilt auch hier das Prinzip der Einzelbewertung. Dies bedeutet, dass bei einer strengen Auslegung die Vorräte des Umlaufvermögens nicht nur nach ihrer Art, sondern darüber hinaus auch getrennt nach Anschaffungs- bzw. Herstellungskosten erfasst und gegebenenfalls auch gelagert werden müssten. Dies würde einen unverhältnismäßig hohen Aufwand erfordern. Es ist besser, gleichartige oder ähnliche Verbrauchsgüter, die nicht getrennt gelagert und erfasst werden können oder deren getrennte Lagerung wirtschaftlich nicht vertretbar wäre, im Rahmen einer **Sammel-, Gruppen-** oder **Festbewertung** zu veranlagen.

Die Sammelbewertung der Verbrauchsgüter kann anhand der Durchschnittsmethode oder nach einem Verbrauchsfolgeverfahren erfolgen.

(a) Durchschnittsmethode

Bei der Durchschnittsmethode wird für alle Güter einer bestimmten Art aus den jeweiligen Anschaffungs- oder Herstellungskosten ein gewogenes arithmetisches Mittel berechnet und der Bewertung zugrunde gelegt.

Das folgende Beispiel veranschaulicht die Vorgehensweise:

Abb. 38: Beispiel für die Bewertung des Vorratsvermögens nach der Durchschnittsmethode[1]

	Datum	Stück (Menge)	Preis (in €) pro Einheit	Wert in €
Anfangsbestand	01.01.	100	6	600
+ Zugang	25.01.	50	8	400
+ Zugang	15.02.	50	5	250
+ Zugang	28.05.	40	7	280
+ Zugang	05.07.	120	4	480
ø Preis pro Einheit			5,58	
Verbrauch		300	5,58	1.675
Endbestand		60	5,58	335

Nach dem Niederstwertprinzip ist der Ansatz der Anschaffungs- bzw. Herstellungskosten nur dann zulässig, wenn nicht ein anderer heranzuziehender Vergleichswert - z. B. der Marktpreis - niedriger ist. Da nach der Durchschnittsmethode kurzfristige Preisschwankungen aus der Bewertung ausgeklammert bleiben, kann sich ein Anstieg oder ein Rückgang der Marktpreise erst mit zeitlicher Verzögerung und abgeschwächt in der Durchschnittsbewertung niederschlagen. Bei einem Rückgang der Beschaffungspreise wird deswegen der nach der Durchschnittsmethode errechnete Wert regelmäßig über dem Marktpreis des betreffenden Gutes liegen und insoweit nicht zum Ansatz kommen können. Die Durchschnittsmethode kann also nur in Zeiten konstanter oder steigender Preise den maßgeblichen Werteansatz abgeben.

---

[1] Bearbeitet nach Ditges/Arendt 2007, S. 193.

(b) Verbrauchsfolgeverfahren

Eine andere Form der Sammelbewertung sind die Verbrauchsfolgeverfahren. Die Verbrauchsfolgeverfahren gehen davon aus, dass ein Vorratsbestand, der zu einem bestimmten Stichtag festgestellt wird, das Resultat eines ständigen Güterflusses ist. Vorräte werden ständig vom Lager abgerufen und verbraucht und müssen laufend oder in bestimmten Zeitabständen wiederbeschafft werden. Die Wiederbeschaffung kann bei schwankenden Marktpreisen dazu führen, dass der Bestand, der am Stichtag gemessen wird, sich aus verschiedenen Beschaffungsvorgängen zusammensetzt und damit aus einzelnen Teilmengen mit unterschiedlichen Anschaffungskosten besteht. Das Problem der Bewertung eines derartigen Bestandes mit gleichartigen Gütern unterschiedlicher Anschaffungskosten wird im Verbrauchsfolgeverfahren dadurch gelöst, dass der Bewertung der Abgänge aus dem Bestand nach bestimmten Regeln Anschaffungskosten zugeordnet werden. Es wird also unterstellt, dass die gerade verbrauchte Menge einer bestimmten Lieferung zuzurechnen ist, auch wenn dies nur buchungstechnisch möglich ist.

Abb. 39: Verbrauchsfolgeverfahren[1]

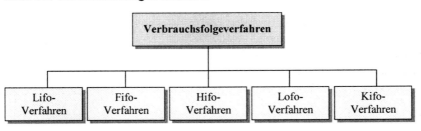

Die Zurechnung der Verbrauchsmengen und -preise zu den Beschaffungsmengen und -preisen kann nach verschiedenen Methoden erfolgen, je nachdem, welche Annahmen man über die Abfolge von Zulieferung und Verbrauch unterstellt.

---

[1] Vgl. Ditges/Arendt 2007, S. 193.

(1) Lifo (last in - first out)
Das Lifo-Verfahren geht davon aus, dass das zuletzt beschaffte Gut als erstes verbraucht wird. In die Bewertung des Bestandes fließen dann also vor allem die weiter zurückliegenden Beschaffungspreise ein. Bei steigenden Preisen ist diese Methode von Vorteil, da sie zur Bildung einer stillen Reserve führt.

(2) Fifo (first in - first out)
Dem Fifo-Verfahren liegt genau die entgegengesetzte Annahme zugrunde. Es wird vorausgesetzt, dass die zuerst beschafften Güter auch zuerst verbraucht werden. Der Bestand zum Bilanzstichtag setzt sich dann aus den Vorräten zusammen, die zuletzt beschafft wurden. Dieses Verfahren hat den Vorteil, dass es zu einer zeitnahen Bewertung des Vorratsvermögens führt. Ein betriebswirtschaftlicher Nachteil besteht darin, dass bei steigenden Beschaffungspreisen die Vorräte mit einem relativ hohen Preis bewertet werden, der höher ist als nach der Lifo- oder der Durchschnittsmethode. Es kann hier also nicht zur Bildung einer stillen Reserve kommen. Das Verfahren hat deswegen vor allem in einer Situation sinkender Beschaffungspreise seine Berechtigung, da hierdurch eine mögliche Überbewertung vermieden wird.

(3) Hifo (highest in - first out)
Die Hifo-Methode führt bei der Bewertung der Bestände in der Bilanz zum niedrigstmöglichen Wertansatz, da hier immer zunächst die Güter mit dem höchsten Anschaffungspreis aus dem Bestand abgebucht werden. Dieses Verbrauchsfolgeverfahren entspricht am besten dem Vorsichtsprinzip.

(4) Lofo (lowest in - first out)
Beim Lofo-Verfahren werden genau umgekehrt als erstes die Bestände abgebucht, deren Anschaffungspreis am niedrigsten war. Es wird angenommen, dass die am billigsten erworbenen Güter zuerst verbraucht oder abgegeben werden. Bei diesem Verfahren werden die am Bilanzstichtag verzeichneten Bestände zum höchstmöglichen Preis bewertet. Eine größere praktische Bedeutung kommt dem Lofo-Verfahren nicht zu, da es im Allgemeinen dem Vorsichtsprinzip widerspricht.

Abb. 40: Beispiel für die Bewertung des Vorratsvermögens nach den Verbrauchsfolgeverfahren

Bestand/ Lieferung	Menge	Preis pro Stück	Bewertung Bestand/Lieferung			
			Lifo	Fifo	Hifo	Lofo
Bestand alt	10	100,--	1.000,--	1.000,--	1.000,--	1.000,--
Zugang 1	10	100,--	1.000,--	1.000,--	1.000,--	1.000,--
Zugang 2	10	90,--	900,--	900,--	900,--	900,--
Zugang 3	10	130,--	1.300,--	1.300,--	1.300,--	1.300,--
Abgänge	20		2.200,--	2.000,--	2.300,--	1.900,--
Bestand neu	20		2.000,--	2.200,--	1.900,--	2.300,--

(5) Kifo (Konzern in - first out)
Dieses Verfahren kann bei Konzernunternehmen angewendet werden. Hier wird unterstellt, dass die von Konzernunternehmen bezogenen Waren zuerst verbraucht werden, so dass in den zum Bilanzstichtag bewerteten Beständen überwiegend fremdbezogene Waren enthalten sind. Dies vereinfacht die konzerninterne Abrechnung. Das Kifo-Verfahren kann jedoch nicht allein zur Bewertung herangezogen werden. Da sich die im Bestand verbleibenden fremdbezogenen Leistungen aus Teillieferungen zusammensetzen, müssen diese zusätzlich mit Hilfe eines der vorgenannten Verfahren bewertet werden.

Von den genannten Verbrauchsfolgeverfahren haben in der Praxis vor allem die Lifo- und die Fifo-Methode Verbreitung gefunden, während die übrigen aufgrund ihrer steuerlichen Unzulässigkeit kaum praktische Bedeutung besitzen.

B. Bewertung der Forderungen
Zu den Forderungen gehören folgende Positionen:

- Geldforderungen aufgrund von Warenlieferungen
- Geldforderungen aus Darlehensverträgen
- Güterforderungen aufgrund von Anzahlungen
- Güterforderungen im Rahmen von Tauschgeschäften
- Geldforderungen aus Wertpapieren.

Die Forderungen sind nicht in einem einzelnen Bilanzposten zusammengefasst, sondern auf eine Anzahl von Bilanzpositionen verteilt.

Für die Bewertung der Forderungen gelten prinzipiell die gleichen Prinzipien wie bei der Bewertung des Vorratsvermögens. Grundsätzlich gilt auch hier, dass die Bewertung zu Anschaffungsksoten zu erfolgen hat, soweit nicht ein Vergleichswert (Börsenkurs, Marktpreis) nach dem Niederstwertprinzip in Ansatz zu bringen ist.

Langfristige Forderungen werden mit dem abgezinsten Wert angesetzt.

Forderungen in **Fremdwährung** werden mit dem Tageskurs bei der Entstehung der Forderung bewertet, soweit nicht nach dem Niederstwertprinzip der niedrigere Tageskurs zum Bilanzstichtag anzusetzen ist.

Zweifelhafte Forderungen, die in ihrer Höhe nicht genau bestimmt werden können, werden mit ihrem mutmaßlichen, d. h. mit ihrem geschätzten Wert in die Bilanz eingebracht.

Forderungen, die erkennbar **uneinbringlich** sind, werden abgeschrieben.

Für die Bewertung der Forderungen gilt grundsätzlich das Prinzip der Einzelbewertung. Da dies in der Praxis auf erhebliche Schwierigkeiten stößt, weil bei einer Vielzahl von Einzelforderungen in jedem Einzelfalle eine Bonitätsprüfung des Schuldners durchgeführt werden müsste, besteht abweichend von dieser Regelung die Möglichkeit, für die Forderungsbewertung eine **Pauschalwertberichtigung** vorzunehmen, die sich in ihrer Höhe nach den tatsächlichen Forderungsausfällen der vergangenen Abrechnungsperioden richtet und als Durchschnittswert hieraus gebildet wird.

4.4.4 Bewertung der Passiva

(1) Eigenkapital
Bei der Bewertung des Eigenkapitals[1] in der Bilanz treten im Allgemeinen keine besonderen Probleme auf.

- Das **gezeichnete Kapital** wird zum Nennbetrag ausgewiesen, also bei der Aktiengesellschaft zum Nennwert der ausgegebenen Aktien und bei der GmbH in Höhe des gezeichneten Stammkapitals.

---

[1] Vgl. ausführlich Coenenberg/Haller/Schultze 2014, S. 325 ff.

- **Kapitalrücklagen**, die aufgrund von Zuzahlungen der Gesellschafter gebildet werden, sind mit dem tatsächlich eingezahlten Betrag anzusetzen.
- Ebenso sind die **Gewinnrücklagen** als ausgewiesener Geldbetrag ohne Bewertungsspielraum.

(2) **Verbindlichkeiten**
Verbindlichkeiten[1] sind grundsätzlich mit ihrem **Rückzahlungsbetrag** zu bewerten. Ein Wahlrecht besteht hier nicht. Ist der Rückzahlungsbetrag höher als der Ausgabebetrag (Anschaffungskosten), dann kann der Unterschiedsbetrag (Disagio, Damnum) entweder direkt abgeschrieben werden oder als Rechnungsabgrenzungsposten aktiviert werden.

(3) **Rückstellungen**
Rückstellungen sind ihrem Wesen nach Fremdkapital. Sie werden gebildet für Aufwendungen, die im abgelaufenen Geschäftsjahr ihren wirtschaftlichen Grund haben, jedoch erst in einer späteren Periode zu Auszahlungen führen bzw. Mindereinnahmen verursachen. Insofern ist im Allgemeinen eine exakte Bemessung des erforderlichen Rückstellungsbetrages nicht möglich. Vielmehr muss nach **vernünftiger kaufmännischer Beurteilung** und unter Beachtung **des Vorsichtsprinzips** eine Schätzung vorgenommen werden. Diese Schätzung darf jedoch nicht willkürlich erfolgen, sondern unter Anwendung geeigneter Verfahren zu einer größtmöglichen Genauigkeit und Sicherheit führen. Soweit möglich sind also kausal fundierte Berechnungsmodelle, statistische Prognoseverfahren oder, im Falle der Pensionsrückstellungen, versicherungsmathematische Berechnungsmethoden anzuwenden.

Verbindlichkeiten, die erst in der Zukunft zu Zahlungen führen, können auf ihren Gegenwartswert (Barwert/Kapitalwert) abgezinst werden.

Ist A der in n Jahren fällige Auszahlungsbetrag, dann berechnet sich bei einem Kalkulationszinsfuß von i der Kapitalwert K nach der Formel:

$$K = A(1+i)^{-n} = \frac{A}{(1+i)^n}$$

---

[1] Vgl. ausführlich Coenenberg/Haller/Schultze 2014, S. 411 ff.

Der Ausdruck $(1 + i)^{-n}$ wird als Abzinsfaktor bezeichnet. In finanzmathematischen Sammlungen sind Abzinsfaktoren für verschiedene Laufzeiten und und Verzinsungen tabelliert. Die Handhabung wird dadurch erleichtert.

Abb. 41: Rückstellungszwecke und Rückstellungsausweis[1]

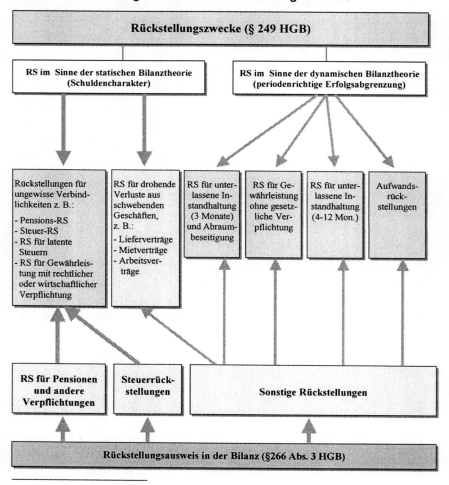

---

[1] Vgl. ausführlich Coenenberg/Haller/Schultze 2014, S. 423 ff.

4.5 Gewinn- und Verlustrechnung

Neben der Bilanz ist die Gewinn- und Verlustrechnung ein verpflichtender Bestandteil des Jahresabschlusses. Im Unterschied zur Bilanz, welche die Vermögens- und Kapitalbestände zum Bilanzstichtag erfasst, ist die Gewinn- und Verlustrechnung eine zeitraumbezogene Rechnung. Sie umfasst sämtliche Erträge und Aufwendungen einer Periode und zeigt so die Quellen und das Zustandekommen des Erfolges auf. Die Gewinn- und Verlustrechnung ist deshalb als eine Ergänzung der Bilanz anzusehen, die den Informationswert des Jahresabschlusses erhöht. Sie ist der Bilanz jedoch insoweit nachgeordnet, als sie zum einen in ihren Wertansätzen an die Vorgaben der Bilanz gebunden ist, eigenständige Bewertungsprobleme im Rahmen der Gewinn- und Verlustrechnung treten also keine auf, sowie zum anderen, als sie ausschließlich eine handelsrechtliche, jedoch keine steuerrechtliche Bedeutung hat. Der Besteuerung liegt ausschließlich der durch Vermögens- und Kapitalvergleich errechnete Gewinn der Bilanz zugrunde, der Ausweis der Entstehung dieses Gewinnes nach der Gewinn- und Verlustrechnung ist steuerlich irrelevant. Dennoch ist gerade für die Zwecke der Betriebsanalyse die Gewinn- und Verlustrechnung von großer Bedeutung, da sie über den Ausweis des Erfolges hinaus zur Klärung des Erfolges bzw. des Misserfolges beiträgt und damit wesentlich die Beurteilung eines Betriebes beinflusst.

Für Kapitalgesellschaften ist die Gliederung der Gewinn- und Verlustrechnung im § 275 HGB festgeschrieben. Für Einzelunternehmen und Personengesellschaften bestehen hingegen keine Gliederungsvorschriften.

Nach den Vorschriften des HGB sind für Kapitalgesellschaften zwei alternative Gliederungsprinzipien anwendbar, das **Gesamtkostenverfahren** und das **Umsatzkostenverfahren**.

Abb. 42: Gliederung der Gewinn- und Verlustrechnung nach § 275 HGB

Gliederung der Gewinn- und Verlustrechnung (§ 275 HGB)	
Gesamtkostenverfahren (§ 275 Abs. 2 HGB)	**Umsatzkostenverfahren (§ 275 Abs. 3 HGB)**
1. Umsatzerlöse	1. Umsatzerlöse
2. Erhöhung oder Verminderung des Bestands an fertigen und unfertigen Erzeugnissen	
3. andere aktivierte Eigenleistungen	
4. sonstige betriebliche Erträge	
5. Materialaufwand: a) Aufwendungen für Roh-, Hilfs- und Betriebsstoffe und für bezogene Waren b) Aufwendungen für bezogene Leistungen	2. Herstellungskosten der zur Erzielung der Umsatzerlöse erbrachten Leistungen
6. Personalaufwand: a) Löhne und Gehälter b) soziale Abgaben und Aufwendungen für Altersversorgung und für Unterstützung	3. Bruttoergebnis vom Umsatz 4. Vertriebskosten
7. Abschreibungen: a) auf immaterielle Vermögensgegenstände des Anlagevermögens und Sachanlagen sowie auf aktivierte Aufwendungen für die Ingangsetzung und Erweiterung des Geschäftsbetriebs b) auf Vermögensgegenstände des Umlaufvermögens, soweit diese die in der Kapitalgesellschaft üblichen Abschreibungen überschreiten	5. allgemeine Verwaltungskosten 6. sonstige betriebliche Erträge
8. (7.) sonstige betriebliche Aufwendungen	
9. (8.) Erträge aus Beteiligungen	
10. (9.) Erträge aus anderen Wertpapieren und Ausleihungen des Finanzanlageverm.	
11. (10.) sonstige Zinsen und ähnliche Erträge	
12. (11.) Abschreibungen auf Finanzanlagen und Wertpapiere des Umlaufvermögens	
13. (12.) Zinsen und ähnliche Aufwendungen	
14. (13.) Ergebnis der gewöhnlichen Geschäftstätigkeit	
15. (14.) außerordentliche Erträge	
16. (15.) außerordentliche Aufwendungen	
17. (16.) außerordentliches Ergebnis	
18. (17.) Steuern vom Einkommen und vom Ertrag	
19. (18.) sonstige Steuern	
20. (19.) Jahresüberschuss/Jahresfehlbetrag	

Diese gesetzliche Regelung ist eine Mindestnorm, d. h., wenn die Anwendung der GoB im Einzelfall dies erfordert, ist darüber hinaus eine weitere Untergliederung erforderlich. Das Gesamtkostenverfahren ist gegenüber dem Umsatzkostenverfahren feiner gegliedert und insoweit auch aussagekräftiger. Vor allem die Aufwendungen werden hier in ihre einzelnen Positionen zerlegt.

Den Zusammenhang zwischen den einzelnen Positionen der GuV nach dem Gesamtkostenverfahren zeigt Abbildung 43.

Die einzelnen Positionen der GuV sind dabei:

(1) Umsatzerlöse
Hierzu rechnen die Erlöse aus:
Verkauf, Vermietung, Verpachtung von Waren und Produkten, Dienstleistungen, Werkverträgen, Verwertung von Nebenprodukten und Abfällen etc. Sie sind um die Umsatzsteuer und Preisnachlässe zu mindern.

(2) Erhöhung oder Verminderung des Bestandes an fertigen und unfertigen Erzeugnissen
Soweit in der Abrechnungsperiode mehr oder weniger produziert als abgesetzt wurde, erhöhen oder vermindern sich die Bestände. Die Bestandsveränderung ist zu den Herstellungskosten zu bewerten. Hier werden ebenfalls bewertungsbedingte Bestandsveränderungen erfasst. Es sind also sowohl Änderungen der Menge als auch solche des Wertes zu berücksichtigen.

(3) Andere aktivierte Eigenleistungen
Dies sind selbsterstellte Teile des Anlagevermögens, z. B. Maschinen, Werkzeuge etc.

Abb. 43: Zusammenhang der Positionen der GuV nach dem Gesamtkostenverfahren[1]

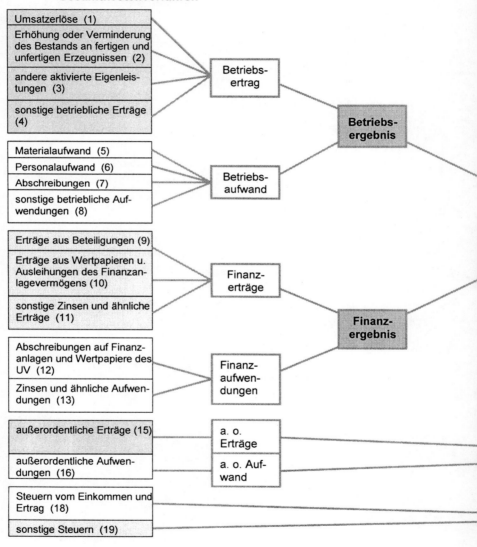

---
[1] Bearbeitet nach Wöhe/Döring 2010, S. 807.

4 Jahresabschluss

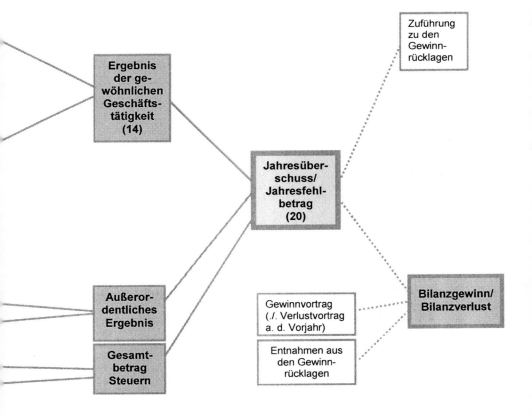

(4) Sonstige betriebliche Erträge
Hierzu rechnen u.a. Erträge aus der Auflösung von Rückstellungen, aus dem Abgang von Gegenständen des Anlagevermögens und aus Zuschreibungen zum Anlagevermögen.

Die Positionen 1 bis 4 bilden zusammen den Betriebsertrag. Von ihm wird der Betriebsaufwand abgezogen, der im Einzelnen als Materialaufwand, Personalaufwand, Abschreibungen und sonstige betriebliche Aufwendungen erfasst wird. Der Unterschiedsbetrag zwischen Betriebsertrag und Betriebsaufwand ist das **Betriebsergebnis**. Dem Betriebsergebnis wird das **Finanzergebnis** zugeschlagen, das aus dem Saldo zwischen den Finanzerträgen und den Finanzaufwendungen besteht, wie sie etwa im Rahmen von Beteiligungen und anderen Finanzanlagen entstehen.

Die Summe aus dem Betriebsergebnis und dem Finanzergebnis ergibt das **Ergebnis der gewöhnlichen Geschäftstätigkeit**.

Das um das außerordentliche Ergebnis erhöhte Ergebnis der gewöhnlichen Geschäftstätigkeit, vermindert um den Gesamtbetrag der Steuern, ergibt den **Jahresüberschuss** bzw. **Jahresfehlbetrag**.

Im Unterschied zur Bilanz, die den Bilanzgewinn ausweist, wird in der Gewinn- und Verlustrechnung in Form des Jahresüberschusses also eine andere Erfolgsgröße ermittelt. Der Zusammenhang zwischen dem Jahresüberschuss und dem Bilanzgewinn ist folgender:

Jahresüberschuss

./. Zuführung zu den Gewinnrücklagen
+ Gewinnvortrag (Verlustvortrag) aus dem Vorjahr
+ Entnahmen aus den Gewinnrücklagen

= **Bilanzgewinn (Bilanzverlust)**

Während der Jahresüberschuss also aus dem Saldo sämtlicher Erträge und Aufwendungen der Periode gebildet wird, ist der in der Bilanz ausgewiesene Gewinn der aus diesem Überschuß und früher gebildeten Rücklagen und Vorträgen zusammengesetzte Betrag, der an die Anteilseigner **ausgeschüttet** wird.

Gegenüber dem Gewinnausweis in der Bilanz hat die Ermittlung des Jahresüberschusses in der Gewinn- und Verlustrechnung sicherlich einen höheren Erkenntniswert im Hinblick auf die Ertragslage des Betriebes. Dennoch kann auch diese Größe die tatsächliche Ertragskraft nur unvollkommen widerspiegeln. Dies liegt zum einen daran, dass in den Jahresüberschuss auch die Aufwendungen und Erträge im Zusammenhang mit Beteiligungen einfließen und zum anderen natürlich auch nicht nachvollzogen werden kann, inwieweit das Ergebnis durch die Bildung oder Auflösung von stillen Reserven beinflusst wurde. Für die Beurteilung der wirklichen Ertragskraft eines Betriebes sind also weder der Bilanzgewinn noch der in der Gewinn- und Verlustrechnung ausgewiesene Jahresüberschuss hinreichend.

In den vergangenen Jahren haben sich zwei weitere Ergebnisgrößen auch im deutschsprachigen Raum zunehmend durchgesetzt:

der **EBIT** (Earnings before interest and taxes) und

der **EBITDA** (Earnings before interest, taxes, depreciation and amortisation).

Sie berechnen sich wie folgt:

Abb. 44: EBIT und EBITDA[1]

	Umsatzerlöse
+	sonstiger betrieblicher Ertrag
-	Materialaufwand
-	Personalaufwand
-	Abschreibungen (auf Sachanlagen und immaterielle Anlagen)
-	sonstiger betrieblicher Aufwand
+	Erträge aus Finanzanlagen
=	**EBIT**
+	Abschreibungen (auf Sachanlagen und immaterielle Anlagen)
=	**EBITDA**

---

[1] Vgl. Wöhe/Döring 2010, S. 808.

Der EBIT wird auch als Bruttogewinn bezeichnet. Er misst den betrieblichen Erfolg vor der Besteuerung und dem Zinsaufwand. So werden Effekte der Besteuerung und der Kapitalstruktur (Zinsen auf Fremdkapital) neutralisiert. Durch Diskontierung dieser Größe wird der Gesamtwert eines Betriebes bestimmt als Summe des Marktwertes von Eigen- und Fremdkapital.

Der EBITDA hingegen ist eine Cash Flow-Größe (vgl. dazu Kap. 4.7.3).

4.6 Anhang und Lagebericht

Zusätzlich zur Bilanz und zur Gewinn- und Verlustrechnung besteht für Kapitalgesellschaften die Verpflichtung, den Jahresabschluss um einen Anhang und einen Lagebericht zu ergänzen. Damit soll der Erkenntniswert des Jahresabschlusses erhöht werden.

Die Aufgabe des **Anhanges** besteht in der Erläuterung der einzelnen Positionen der Bilanz und der Gewinn- und Verlustrechnung. Dazu gehört insbesondere die Darstellung:

- der angewendeten Bilanzierungs- und Bewertungsmethoden und -prinzipien,
- der Veränderungen der Bewertungsmethoden gegenüber der vorangegangenen Abrechnungsperiode.

Der **Lagebericht** soll den Geschäftsverlauf im Berichtsjahr, die Lage des Betriebes und seine voraussichtliche Weiterentwicklung darstellen und erläutern. Es soll damit dem außenstehenden Betrachter die Möglichkeit gegeben werden, die einzelnen Daten und Informationen, die sich aus den übrigen Bestandteilen des Jahresabschlusses ergeben, in einen größeren Zusammenhang einordnen zu können und damit zu einer zutreffenden Einschätzung der Gesamtsituation zu gelangen.

4.7 Bilanzanalyse

Für den externen Betrachter ist es in der Praxis sehr schwierig, die wirtschaftliche Situation eines Betriebes zutreffend einzuschätzen. Dies gilt auch dann, wenn eigene Kenntnisse über den Betrieb aufgrund von bestehenden Betriebskontakten oder aus Pressemeldungen vorhanden sind. Derartige Informationen können eine Analyse des Betriebes zwar ergänzen und abrunden, jedoch nicht der eigentliche Kern einer Betriebsanalyse sein. Die wirtschaftliche Analyse eines Betriebes kann sich nicht auf sporadische und damit mehr oder weniger zufällige Beobachtungen und Meldungen stützen.

Eine systematische externe Betriebsanalyse muss sich infolgedessen in erster Linie auf die Informationen stützen, die in Form des Jahresabschlusses dem externen Analysten zugänglich sind. Die externe Betriebsanalyse ist dann also im Wesentlichen eine Analyse des Jahresabschlusses oder kurz: eine **Bilanzanalyse**.

Allerdings dürfen auch die Möglichkeiten, aufgrund einer Bilanzanalyse ein zutreffendes Bild von der wirtschaftlichen Lage des Betriebes zu erlangen, nicht überbewertet werden. Denn, wie sich gezeigt hat, enthält der Jahresabschluss, die Bilanz vor allem, eine ganze Reihe von Positionen, die dem bilanzierenden Betrieb Wahlrechte vor allem in Bezug auf die Bewertung lassen. Sie sind deshalb niemals nur ein naturgetreues Abbild der wirtschaftlichen Vorgänge, sondern immer auch das Ergebnis der unternehmerischen **Bilanzpolitik**.

Eine Bilanzanalyse kann sich infolgedessen nicht darauf beschränken, die einzelnen Positionen der Bilanz und der GuV als solche zu betrachten und hierauf Aussagen über die wirtschaftliche Situation des Betriebes zu gründen. Vielmehr besteht die wesentliche und auch schwierigste Aufgabe der Bilanzanalyse darin, das vorgefundene Zahlenmaterial um eben diese Einflüsse der Bilanzpolitik zu bereinigen und zu einem einigermaßen unverfälschten Bild zu gelangen.

Abb. 45: Systematik bilanzpolitischer Instrumente[1]

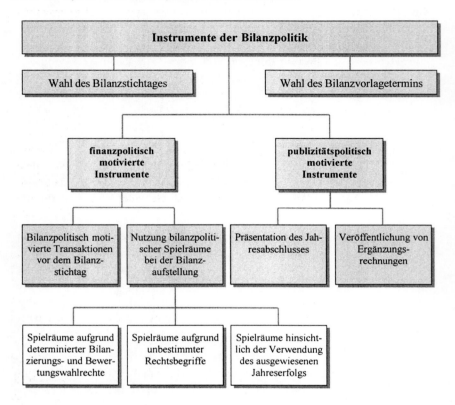

Ein wesentlicher Bestandteil und der erste Schritt einer Bilanzanalyse besteht darin, das vorgefundene Zahlenmaterial in einer Weise aufzubereiten, die es erlaubt, auf wesentliche Kenngrößen der wirtschaftlichen Lage zu schließen. Die Aufbereitung der Daten betrifft sowohl die Bilanz als auch die Gewinn- und Verlustrechnung.

---

[1] Vgl. Schierenbeck 2003, S. 612.

4.7.1 Aufbereitung der Bilanz

Als Grundlage für die Berechnung von Kennziffern kann der Jahresabschluss nach folgendem Schema[1] aufbereitet werden:

(1) Umlaufvermögen (UV)[2]
= Vorräte (B.I.)
+ Forderungen und sonstige Vermögensgegenstände (B.II.)
+ Wertpapiere (des Umlaufvermögens) (B.III.)
+ aktive Posten der Rechnungsabgrenzung (C)
− aktiviertes Disagio (soweit dem Jahresabschluss zu entnehmen)

(2) Warenforderungen
= Forderungen aus Lieferungen und Leistungen (B.II.1)
+ Forderungen gegen verbundene Unternehmen (B.II.2)
+ Forderungen gegen Unternehmen, mit denen ein Beteiligungsverhältnis besteht (B.II.3)

(3) monetäres Umlaufvermögen
= Umlaufvermögen (wie unter (1) definiert)
− Vorräte (B.I.)

(4) liquide Mittel
= Schecks, Kassenbestand, Bundesbank- und Postbankguthaben, Guthaben bei Kreditinstituten (B.IV.)

(5) Eigenkapital
= gezeichnetes Kapital (Passiva A.I.)
+ Kapitalrücklage (Passiva A.II.)
+ Gewinnrücklagen (Passiva A.III.)
+ Gewinnvortrag (Passiva A.IV.)
+ ½ Sonderposten mit Rücklageanteil (§ 247 Abs. 3, § 273 HGB)
− ausstehende Einlagen auf das gezeichnete Kapital (gesonderter Ausweis auf der Aktivseite vor Anlagevermögen, wenn nicht auf der Passivseite offen von A.I. abgesetzt)
− Jahresfehlbetrag
+ Anteil des Jahresüberschusses, der den Rücklagen zugewiesen wurde
− aktiviertes Disagio (wenn bei dem Rechnungsabgrenzungsposten C. ausgewiesen)
− eigene Anteile (B.III.3)

(6) Fremdkapital
= Bilanzsumme
− gezeichnetes Kapital (Passiva A.I.)
− Kapitalrücklage (Passiva A.II.)
− Gewinnrücklagen (Passiva A.III.)
− Gewinnvortrag (Passiva A.IV.)

---

[1] Nach Schierenbeck 2003, S. 628 ff.
[2] Die Klammerausdrücke entsprechen der Gliederung der Bilanzpositionen aus Abb. 28.

– ½ Sonderposten mit Rücklagenanteil (§ 247 Abs. 3, § 273 HGB)
– Anteil des Jahresüberschusses, der den Rücklagen zugewiesen wurde (soweit die Bilanz vor Ergebnisverwendung aufgestellt wurde)
+ Jahresfehlbetrag (soweit die Bilanz vor Ergebnisverwendung aufgestellt wurde)

(7) Langfristiges Fremdkapital
= Verbindlichkeiten mit einer Restlaufzeit von mindestens fünf Jahren (aus Anhang!)
+ Rückstellungen für Pensionen und ähnliche Verpflichtungen (Passiva B.1 bzw. ggfs. aus Anhang)
+ ½ Sonderposten mit Rücklageanteil

(8) Effektivverschuldung
= Fremdkapital (wie unter (6) definiert)
+ Teile des Bürgschaftsobligos
– ½ Pensionsrückstellungen (Passiva B.1)
– Kundenanzahlungen (Passiva C.3)
– Forderungen aus Lieferungen und Leistungen (B.II.1)
– Forderungen gegen verbundene Unternehmen (B.II.2)
– Forderungen gegen Unternehmen, mit denen ein Beteiligungsverhältnis besteht (B.II.3)
– liquide Mittel (wie unter (4) definiert)

4.7.2 Aufbereitung der Gewinn- und Verlustrechnung

Eine nach dem Gesamtkostenverfahren aufbereitete GuV weist dann folgende Berechnungen[1] auf:[2]

(9) Ordentliches Betriebsergebnis (wie unter (12) definiert)
+ Finanzergebnis (wie unter (13) definiert)
+ außerordentliches Ergebnis (wie unter (14) definiert)

= Gesamtergebnis vor Steuern
– Steuern vom Einkommen und vom Ertrag (18)
– sonstige Steuern (19)

= Jahresüberschuss/-fehlbetrag (20)

(10) Gesamtleistung
= Umsatzerlöse (1)
+ Erhöhung/Verminderung des Bestands an fertigen und unfertigen Erzeugnissen (2)
+ andere aktivierte Eigenleistungen (3)

---

[1] Die Ziffern in Klammer beziehen sich auf die Gliederung der GuV-Rechnung nach dem Gesamtkostenverfahren gemäß § 275 Abs. 2 HGB.
[2] Nach Schierenbeck 2003, S. 630.

> **(11) Rohertrag**
> = Gesamtleistung (wie unter (10) definiert)
> − Materialaufwand (5)
>
> **(12) ordentliches Betriebsergebnis**
> = Rohertrag (wie unter (11) definiert)
> − Personalaufwand (6)
> − Abschreibungen auf immaterielle Vermögensgegenstände des Anlagevermögens und Sachanlagen sowie auf aktivierte Aufwendungen für die Ingangsetzung und Erweiterung des Geschäftsbetriebs (7.a)
> − sonstige Steuern (19.)
>
> **(13) Finanzergebnis**
> = Erträge aus Beteiligungen (9)
> + Erträge aus Wertpapieren, Ausleihungen und sonstigen Finanzanlagen (10)
> + sonstige Zinsen und ähnliche Erträge (11)
> − Abschreibungen auf Finanzanlagen und auf Wertpapiere des Umlaufvermögens (12)
> − Zinsen und ähnliche Aufwendungen (13)
>
> **(14) außerordentliches Ergebnis**
> = sonstige betriebliche Erträge (4)
> + außerordentliche Erträge (15)
> − Abschreibungen auf Vermögensgegenstände des Umlaufvermögens, soweit diese die in dem Unternehmen üblichen Abschreibungen überschreiten (7.b)
> − außerordentliche Aufwendungen (16)

Die Aufbereitung des Jahresabschlusses nach diesem Schema kann überwiegend durch die direkte Übernahme einzelner Positionen aus der Bilanz bzw. aus der Gewinn- und Verlustrechnung erfolgen. In Einzelfällen muss auf die ergänzenden Angaben des Anhanges zurückgegriffen oder eine Schätzung vorgenommen werden.

4.7.3 Berechnung von Kennzahlen

Unter **Kennzahlen** werden Messgrößen verstanden, die quantitativ messbare Sachverhalte in aussagekräftiger, komprimierter Form wiedergeben. Man unterscheidet Einzelkennzahlen und Kennzahlensysteme, wobei die ersten in Grundzahlen und Verhältniszahlen geteilt werden.

Grundzahlen sind absolute Mengen- und Wertgrößen wie Einzeldaten, Summen, Differenzen und Mittelwerte. Alleine betrachtet machen Grundzahlen wenig Sinn und werden in der Regel nur bei Soll-Ist-Vergleichen verwendet.

Verhältniszahlen sind relative Größen, bei denen Sachverhalte in Beziehung zueinander gesetzt werden, zwischen denen ein sachlicher Zusammenhang besteht bzw. vermutet wird. Zweck solcher Verhältniszahlen ist die Verdichtung von großen Daten- bzw. Zahlenmengen zu aussagefähigen Schlüsselzahlen.

Man unterscheidet insbesondere drei Arten von Verhältniszahlen:

- **Gliederungszahlen**
  Sie geben den jeweiligen Anteil einer bestimmten Größe an einer Gesamtmenge an.

- **Beziehungszahlen**
  Hier werden zwei verschiedenartige Größen ins Verhältnis gesetzt. Zähler und Nenner können in derselben oder in unterschiedlichen Dimensionen gemessen werden.

- **Indexzahlen**
  Sie setzen inhaltlich gleichartige aber zeitlich oder örtlich unterschiedliche Größen zueinander in Beziehung.

Kennzahlen haben eine Informationsfunktion und eine Steuerungsfunktion.

Im Rahmen der **Informationsfunktion** werden Daten bereitgestellt, die z. B. zur Fundierung von Entscheidungen oder zur Bilanzanalyse benötigt werden.

Im Rahmen der **Steuerungsfunktion** (d. h. z. B. im Rahmen des Controllings) haben Kennzahlen einen Vorgabecharakter. Die Betriebsführung trifft mit nachgeordneten Organisationsbereichen Zielvereinbarungen, die in einem vereinbarten Zeitraum, z. B. im Jahresverlauf, zu erreichen sind.

Die im Rahmen der **Steuerungsfunktion** vorgegebenen Kennzahlen sollen insbesondere dreierlei bewirken:

- Motivation (Anreiz zum Erreichen bzw. Übertreffen der Vorgaben)
- Leistungskontrolle (durch Soll-Ist-Vergleiche)
- Koordination (Verknüpfung von Kennzahlen mit dem Zielsystem des Betriebes).

Kennzahlensysteme sind in sich verbundene Mengen von Kennzahlen über ähnliche oder differente betriebliche Tatbestände. Sie werden im Folgenden nicht behandelt[1].

Auf der Grundlage des aufbereiteten Jahresabschlusses können einzelne Kennzahlen für verschiedene betriebswirtschaftlich aufschlussreiche Bereiche errechnet werden. Diese Kennzahlen betreffen zum einen die **Ertragslage** des Betriebes sowie zum anderen ihre **Vermögens-** und **Kapitalstruktur**.

4.7.3.1 Kennzahlen zur Ertragslage

Da weder der in der Bilanz ausgewiesene Gewinn noch der nach der Gewinn- und Verlustrechnung bestimmte Jahresüberschuss die tatsächliche Ertragslage und den Erfolg des Betriebes beurteilen lassen, sind verschiedene Versuche unternommen worden, durch die Berechnung von Kennzahlen ein genaueres und zutreffenderes Bild der tatsächlichen Ertragskraft zu erhalten.

Abb. 46: Kennzahlen zur Ertragslage eines Betriebes

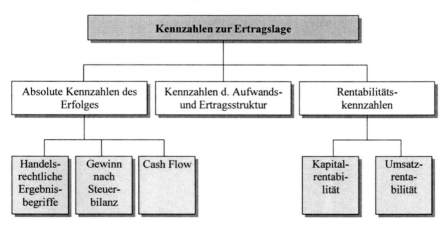

Die wichtigsten Kennzahlen zur Ertragslage sind der Cash Flow und die Rentabilität.

---

[1] Vgl. z. B. einen kurzen Überblick bei Vahs/Schäfer-Kunz 2007, S. 287 ff.

Eine der meistbenutzten Kennzahlen, welche die Ertragskraft eines Betriebes beschreibt, ist der **Cash Flow**. Der Berechnung des Cash Flow liegt die Idee zugrunde, dass der ausgewiesene Jahresüberschuss bzw. Bilanzgewinn des Betriebes um diejenigen Leistungen ergänzt wird, die zwar nicht als Gewinn ausgewiesen, aber dennoch aus der Ertragskraft der Unternehmung gespeist werden müssen.

Hierzu gehören vor allem die Rücklagen, die Abschreibungen, die langfristigen Rückstellungen sowie die außerordentlichen Aufwendungen. Ggf. sind diese Positionen um entsprechende Zuführungen zum ausgewiesenen Gewinn zu bereinigen. Es handelt sich hier um Positionen, die nicht zu Aus- oder Einzahlungen führen, so dass der Cash Flow auch als Kennzahl der Finanzkraft eines Betriebes interpretiert werden kann. Der Cash Flow wird in verschiedenen Varianten berechnet als Cash Flow I, Cash Flow II und Cash Flow III.

Abb. 47: Berechnung des Cash Flow

	Bilanzgewinn
+	Zuführung zu Rücklagen
./.	Entnahme aus Rücklagen
+	Abschreibungen
=	**Cash Flow I**
±	Veränderung der langfristigen Rückstellungen
±	Veränderung von Wertberichtigungen und Sonderposten
=	**Cash Flow II**
+	a. o. Aufwendungen
./.	a. o. Erträge (ohne Auflösung langfristiger Rückstellungen)
=	**Cash Flow III**

Rentabilitätskennzahlen setzen das Ergebnis (Bilanzgewinn, Jahresüberschuss, (Gesamt-)Kapitalgewinn, evtl. Cash Flow) zu einer anderen Größe in Beziehung und zwar im Allgemeinen zum eingesetzten Kapital, zum Gesamtkapital und zum Umsatz.

Abb. 48: Die geläufigsten Rentabilitätskennziffern

Eigenkapitalrentabilität (EKR)	=	Jahresüberschuss/-fehlbetrag / (durchschnittl.) Eigenkapital
Gesamtkapitalrentabilität (GKR)	=	Kapitalgewinn/-verlust / (durchschnittl.) Gesamtkapital
Return on Investment (ROI)	=	Jahresüberschuss/-fehlbetrag / (durchschnittl.) Gesamtkapital
Brutto-(Netto-)Umsatzrentabilität (UR)	=	Kapitalgewinn (Jahresüberschuss) / Nettoumsatzerlöse

Gibt die **Eigenkapitalrentabilität** die Verzinsung des Eigenkapitals an, d. h. die Rendite der Eigentümer, so gibt die **Gesamtkapitalrentabilität** die Verzinsung des Gesamtkapitals an. Hierbei müssen die Fremdkapitalzinsen hinzugerechnet werden, weil sie den Gewinn bereits schmälerten und - wie der Gewinn die Zinsen des Eigenkapitals - den ‚Gewinn' des Fremdkapitals darstellen[1]. Die **Umsatzrentabilität**, auch Return on Sales genannt, ist eine wichtige Messgröße für den Erfolg der betrieblichen Tätigkeiten. Mit 100 multipliziert zeigt sie den prozentualen Anteil des Umsatzes, der in Gewinn umgewandelt wurde.

---

[1] Vgl. Preißner 2005, S. 212.

4.7.3.2 Kennzahlen zur Vermögens- und Kapitalstruktur

Kennzahlen zur Vermögens- und Kapitalstruktur des Betriebes werden insbesondere im Hinblick auf ihre Liquidität, die Finanzierung und die Investitionen gebildet.

Abb. 49: Kennzahlen zur Liquidität, Finanzierung und Investition[1]

```
                    Kennzahlen zur Liquidität, Finanzierung und Investition
                                           |
        ┌──────────────────────────────────┼──────────────────────────────────┐
   Kapitalfluss-                    Vermögensstruktur-                 Kapitalstruktur-
   kennzahlen                        kennzahlen                         kennzahlen
        |                                  |                                  |
   ┌────┴────┐                      ┌──────┴──────┐                  ┌────────┴────────┐
 Investi-  Innenfi-            Investi-        Investi-          Vertikale      Horizonta-
 tionsrate nanzie-             tions-          tions-            Kapital-       le Kapital-
           rungs-              deckungs-       intensität        struktur-      struktur-
           grad                grad                              kennzahlen     kennzahlen
                                                                     |              |
                                                            ┌────────┼────────┐     |
                                                       Verschul-  Verschul-  Anlagen-   Liquidi-
                                                       dungsgrad  dungsin-   deckungs-  tätsgrad
                                                                  tensität   grad
```

Die wichtigsten Kapitalfluss-, Vermögensstruktur- und Kapitalstrukturkennzahlen berechnen sich wie folgt:

---

[1] Vgl. Schierenbeck 2003, S. 640.

Abb. 50: Kapitalflusskennzahlen

Investitionsrate	=	(Anlage-)Investitionen / Umsatz
Innenfinanzierungsgrad	=	Cash Flow (Umsatzüberschuss) / (Anlage-)Investitionen
Investitionsdeckungsgrad	=	Abschreib. u. Wertbericht. auf Anlagen / Anlageinvestitionen
Investitionsintensität	=	Anlageinvestitionen / Netto-Anlagevermögen (z. Jahresanf.)

Die Kapitalflusskennzahlen wollen eine Vorstellung darüber vermitteln, in wie weit die Investition durch Umsätze bzw. finanzwirtschaftliche Überschüsse ‚verdient' wurden bzw. in welchem Verhältnis sie zum vorhandenen Anlagevermögen stehen.

Während die folgenden vertikalen Vermögens- und Kapitalstrukturregeln den Aufbau und die Zusammensetzung der Aktiv- bzw. der Passivseite der Bilanz analysieren, wollen die horizontalen Kapitalstrukturkennzahlen gedanklich eine Verbindung zwischen beiden Bereichen herstellen.

Abb. 51: (Vertikale) Vermögensstrukturkennzahlen

Anlageintensität	=	Netto-Anlagevermögen / Gesamtvermögen
Vorratsintensität	=	Vorräte / Gesamtvermögen
Forderungsintensität	=	Warenforderungen / Gesamtvermögen
Kassenmittelintensität	=	liquide Mittel / Gesamtvermögen

Abb. 52: Vertikale Kapitalstrukturkennzahlen

Statischer Verschuldungsgrad	=	$\dfrac{\text{Fremdkapital}}{\text{Eigenkapital}}$
Dynamischer Verschuldungsgrad	=	$\dfrac{\text{Effektivverschuldung}}{\text{Cash Flow (Umsatzüberschuss)}}$
Kurzfristige Verschuldungsintensität	=	$\dfrac{\text{Kurzfristiges Fremdkapital}}{\text{Fremdkapital}}$

Abb. 53: Horizontale Kapitalstrukturkennzahlen

Anlagedeckungsgrad I	=	$\dfrac{\text{Eigenkapital}}{\text{(Netto)-Anlagevermögen}}$
Anlagedeckungsgrad II	=	$\dfrac{\text{Eigenkapital + langfrist. Fremdkapital}}{\text{(Netto)-Anlagevermögen}}$
Liquidität 1. Grades	=	$\dfrac{\text{liquide Mittel}}{\text{kurzfristiges Fremdkapital}}$
Liquidität 2. Grades	=	$\dfrac{\text{monetäres Umlaufvermögen}}{\text{kurzfristiges Fremdkapital}}$
Liquidität 3. Grades	=	$\dfrac{\text{Umlaufvermögen}}{\text{kurzfristiges Fremdkapital}}$
working capital	=	$\dfrac{\text{Umlaufvermögen - kurzfr. Fremdk.}}{\text{kurzfristiges Fremdkapital}}$

4.7.4 Beurteilung des Betriebes

Auf der Grundlage dieser Kennzahlen kann eine Beurteilung der wirtschaftlichen Situation des Betriebes vorgenommen werden[1]. Da die Kennzahlen als solche wenig Aussagekraft besitzen, muss sich die Beurteilung auf eine ver-

---

[1] Sie bieten darüber hinaus aber auch Ansatzpunkte zur Steuerung und zum Controlling des Betriebes.

gleichende Betrachtung stützen. Je nach der zugrundegelegten Vergleichsbasis kommen hier drei Vorgehensweisen in Betracht:

(1) Periodenvergleich

Der Jahresabschluss und die hieraus berechneten Kennzahlen werden mit den Ergebnissen früherer Perioden verglichen. Durch die Bildung von Zeitreihen werden insbesondere die Entwicklung des Betriebes im Zeitablauf und die Entwicklungstrends sichtbar.

(2) Betriebsvergleich

Als Vergleichsmaßstab können auch Betriebe herangezogen werden, die in ihrem Produktprogramm, ihrer Größe etc. dem analysierten Betrieb ähneln, also z. B. Konkurrenzbetriebe. Das Problem des Betriebsvergleichs liegt vor allem darin, dass verschiedene Betriebe zwar durchaus Ähnlichkeiten aufweisen können, sich aber dennoch in vielfacher Hinsicht unterscheiden, so dass jeder Vergleich zwangsläufig an Aussagekraft verlieren muss. Immerhin kann jedoch mit Hilfe des Betriebsvergleiches die relative Lage des Betriebes im Vergleich zu seinen Konkurrenten, zur Branche oder auch zur Gesamtwirtschaft herausgearbeitet werden. Dies ist besonders dann von Bedeutung, wenn es um die Frage nach der Verursachung einer festgestellten Entwicklung geht. Erleidet ein Betrieb z. B. einen gravierenden Ertragseinbruch, so kann aufgrund des Betriebsvergleiches die Zurechnung dieser Entwicklung auf betriebsinterne (z. B. Managementfehler) oder externe Faktoren (z. B. Rezessionen) erfolgen.

(3) Soll-Ist-Vergleich

Als Vergleichsmaßstab bei der Beurteilung einer Unternehmung anhand der errechneten Kennziffern können auch allgemeingültige Normen herangezogen werden, die eine bestimmte Ausprägung der Kennzahlen als günstig oder ungünstig erachten. Das Problem derartiger allgemeiner Normen liegt vor allem darin, dass sie die einzelbetrieblichen Gegebenheiten nicht berücksichtigen können. Es muss deshalb als zweifelhaft angesehen werden, Normen etwa zur Rentabilität, zur Liquidität oder zu anderen Größen aufzustellen, die den Anspruch erheben, für alle Betriebe, gleich welcher Art, Gültigkeit zu besitzen. Soweit derartige Normen, die zumeist in der Form von Regeln formuliert werden, dennoch zur Beurteilung eines Betriebes herangezogen werden, ist das Ergebnis mit der gebotenen Vorsicht zu interpretieren. Es kann sich bei dieser Art der Beurteilung immer nur um eine vorläufige Einschätzung handeln, die im Rahmen des Perioden und/oder Betriebsvergleichs vertieft und abgesichert werden muss.

Die meisten dieser Regeln beziehen sich auf die Finanzierung.

a) **Vertikale Finanzierungsregeln** (Vertikale Kapitalstrukturkennzahlen)

> ➢ Statischer Verschuldungsgrad ≤ 1
> ➢ Dynamischer Verschuldungsgrad ≤ 3,5

b) **Horizontale Finanzierungsregeln** (Horizontale Kapialstrukturkennzahlen)

> (1) **Goldene Bilanzregel**
> ➢ Anlagendeckungsgrad I ≥ 1
>
> (2) **Modifizierte Bilanzregel**
> ➢ Anlagendeckungsgrad II ≥ 1
>
> (3) **Acid-Test-Regel**
> ➢ Liquidität 2. Grades ≥ 1
>
> (4) **Current-Ratio-Regel**
> ➢ Liquidität 3. Grades ≥ 2

Auch für die hier genannten Finanzierungsregeln gelten die oben genannten Einschränkungen. „Weder horizontale noch vertikale Kapitalstrukturnormen sind mit ihrem quantitativen Unbedingtheitsanspruch theoretisch zu begründen. ... Das alles lässt nur den Schluss zu, dass Finanzierungsregeln theoretisch nicht zu begründen sind. Diese können allenfalls eine pragmatische Rechtfertigung darin finden, dass die Geschäftspartner der Unternehmung, die Kreditinstitute usw. auf ihre Einhaltung (ungeachtet ihrer theoretischen Mängel) achten und hierin einen Qualitätsindikator sehen. ... Finanzierungsregeln erlangen in der Praxis also allein dadurch Bedeutung, dass an ihren Wert geglaubt wird"[1].

---

[1] Schierenbeck 2003, S. 647.

4.8 Wiederholungsfragen

Lösungshinweise
siehe Seite

29.	Nennen Sie die Bestandteile des Jahresabschlusses.	55
30.	Beschreiben Sie die Aufgaben des Jahresabschlusses.	56
31.	Beschreiben Sie kurz die Grundsätze ordnungsmäßiger Bilanzierung; den Grundsatz:	
	- der Bilanzklarheit	60
	- der Bilanzwahrheit	60
	- der Bilanzkontinuität	61
	- der Bilanzidentität.	62
32.	Geben Sie die Grundstruktur einer Bilanz nach dem HGB an.	63
33.	Was versteht man unter dem Going-Concern-Prinzip?	68
34.	Erläutern Sie das Imparitätsprinzip.	69
35.	Was versteht man unter ‚Stillen Reserven'?	70
36.	Für welche Tatbestände lässt das HGB die Bildung stiller Reserven durch geringere Bewertung von Vermögensgegenständen zu?	70
37.	Warum sollte eine Überbewertung von Vermögensgegenständen unter allen Umständen vermieden werden?	70
38.	Erklären Sie kurz die Begriffe Anschaffungskosten und Herstellungskosten.	71
39.	Erläutern Sie die Abschreibungsmethoden:	
	- lineare Abschreibung	77
	- degressive Abschreibung	78
	- progressive Abschreibung	79
	- leistungsabhängige Abschreibung.	79
40.	Erläutern Sie die Verbrauchsfolgeverfahren:	
	- Lifo	83
	- Fifo	84
	- Hifo	84
	- Lofo	84
	- Kifo.	85

41.	Welches sind die Zwecke von Rückstellungen?	88
42.	Wie unterscheiden sich Rückstellungen von Rücklagen?	87
43.	Aus welchen Elementen setzt sich das Betriebsergebnis zusammen?	91
44.	Wie hängen der Bilanzgewinn und der Jahresüberschuss rechnerisch zusammen?	92
45.	Was besagen EBIT und EBITDA?	95
46.	Welches sind die Aufgaben des Anhanges zum Jahresabschluss?	96
47.	Erläutern Sie die Begriffe Bilanzanalyse und Bilanzpolitik.	97
48.	Benennen und erläutern Sie die wichtigsten bilanzpolitischen Instrumente.	98
49.	Für die Bilanzanalyse werden die Positionen der Bilanz und der GuV aufbereitet. Stellen Sie zusammen, aus welchen Positionen folgende Sachverhalte gebildet werden:	
	- Umlaufvermögen	99
	- Eigenkapital	99
	- Fremdkapital	99
	- Effektivverschuldung	100
	- ordentliches Betriebsergebnis	100
	- Gesamtleistung	100
	- Rohertrag	101
	- Finanzergebnis	101
	- außerordentliches Ergebnis.	101
50.	Geben Sie einen Überblick über die wichtigsten Kennzahlen zur Ertragslage von Betrieben.	103
51.	Was ist ein Cash Flow?	104
52.	Wie ist der Return on Investment definiert?	105
53.	Wie berechnet man die Umsatzrentabilität? Unterscheiden Sie dabei die Brutto- und die Nettorechnung.	105
54.	Geben Sie einen Überblick über die Kennzahlen zur Liquidität, Finanzierung und Investition.	106

55.	Nennen und erläutern Sie je eine:	
	- Kapitalflusskennzahl	106
	- Vermögensstrukturkennzahl	107
	- vertikale Kapitalstrukturkennzahl	108
	- horizontale Kapitalstrukturkennzahl.	108
56.	Welche typischen Vergleiche werden bei der Bilanzanalyse vorgenommen?	109
57.	Was macht die Kapitalstrukturkennzahlen so populär?	110
58.	Was besagen die folgenden Regeln:	
	- Statischer Verschuldungsgrad	110
	- Dynamischer Verschuldungsgrad	110
	- Goldene Bilanzregel	110
	- Modifizierte Bilanzregel	110
	- Acid-Test-Regel	110
	- Current-Ratio-Regel.	110

5 Exkurs: Kameralistik

Die Kameralistik ist ein Rechnungssystem, das seit Jahrhunderten im öffentlichen Sektor vorherrschte. Das lateinische Wort „camera" lautet ins Deutsche übersetzt Vorratskammer, Schatzkammer oder Staatshaushalt. Es handelt sich um eine Geldverbrauchsrechnung, die sich weitgehend auf die Einnahmen und Ausgaben eines öffentlichen Betriebes konzentriert. Der Erfolg eines Betriebes (z. B. Gewinn, Jahresüberschuss) kann mit dieser einfachen Form der Buchhaltung nicht festgestellt werden.

Auf diesem traditionellen staatlichen Rechnungswesen basieren die Haushaltspläne (ein oder zwei Jahre), die mittelfristige Finanzplanung (fünf Jahre) sowie die Haushaltsrechnungen. Da in der Kameralistik vor allem die kassenwirksamen Einnahmen und Ausgaben berücksichtigt werden, ist sie rein pagatorischer Natur.

Die Gliederung der Einnahmen und Ausgaben erfolgt nach **Titeln** und **Kapiteln**. Grundsätzlich sind die veranschlagten Haushaltsansätze bei jedem Titel einzuhalten.

Maßgeblich für die Kameralistik sind die Haushaltsgrundsätze, die im Grundgesetz (GG), im Gesetz über die Grundsätze des Haushaltsrechts des Bundes und der Länder (HGrG) sowie in der Bundeshaushaltsordnung (BHO) und den Landeshaushaltsordnungen (LHO) verankert sind. Folgende Grundsätze sind für die Erstellung und Bewirtschaftung des staatlichen Haushaltes relevant:

- **Vorherigkeit:** Der Haushalt muss immer vor der Periode beschlossen werden, für die er aufgestellt wird.
- **Öffentlichkeit:** Alle Phasen des Haushaltskreislaufes sollen transparent für die Öffentlichkeit sein. Grenzen existieren dort, wo zur Aufrechterhaltung der Staatssicherheit eine Geheimhaltung erforderlich ist.
- **Klarheit:** In dem Haushalt sollen die jeweilige Herkunft der veranschlagten Mittel (z. B. durch Kreditaufnahme, Steuereinnahmen) und deren Verwendung klar ersichtlich sein.
- **Genauigkeit:** Alle Einnahmen und Ausgaben sollen betragsmäßig möglichst korrekt im Haushalt veranschlagt werden.

- **Einheit:** Alle Einnahmen und Ausgaben sollen in einem Haushalt zusammengefasst werden, um einen Überblick über den gesamten Mittelbedarf und die gesamte Mittelverwendung zu erhalten.
- **Nonaffektion:** Grundsätzlich dienen alle Einnahmen in einer Periode der Finanzierung aller Ausgaben.
- **Spezialität:** Ausgaben dürfen nur in dem im Haushalt veranschlagten Umfang und für den vorgesehenen Zweck getätigt werden.
- **Vollständigkeit:** Alle Einnahmen und Ausgaben sind in den Haushalt einzubringen; zudem dürfen Einnahmen und Ausgaben nicht saldiert werden.

Die Kameralistik wird häufig im öffentlichen Sektor als Innovationshindernis kritisiert, da sie die effiziente Erstellung von Verwaltungsprodukten behindert: „Die kameralistische Buchführung betrachtet das wirtschaftliche Handeln der öffentlichen Hand als Vollzug des Haushaltsplans. Im Vordergrund steht die Nachprüfbarkeit der Ordnungsmäßigkeit, nicht des Erfolges."[1]

Als weitere **Kritik** ist zu nennen:[2]

- In der Kameralistik wird „nur" der Geldverbrauch abgebildet. Hingegen wird in der doppelten Buchführung (Doppik) der Werteverzehr von Gütern und Dienstleistungen erfasst. Aufwendungen, denen keine Geldzahlungen zugrunde liegen, werden in der Kameralistik folglich nicht berücksichtigt. Dazu zählen zum Beispiel die Abschreibungen.
- In der kameralistischen Buchführung besteht zwischen den Einnahmen und Ausgaben in der Regel kein systematischer Zusammenhang.
- Die Kameralistik unterstützt die Haushaltsplanung, den Haushaltsvollzug bzw. die Umsetzung finanzwirtschaftlicher Ziele. Die Leistungs- und Wirkungsorientierung des Verwaltungshandelns kann mit diesem Rechnungswesen nicht überprüft werden.
- Die Haushaltspläne werden prinzipiell auf der Basis von Vorjahresausgaben fortgeschrieben. Da eingesparte Mittel am Ende eines Haushaltsjahres grundsätzlich verfallen, besteht kaum ein Anreiz zum Sparen. Nicht ausgeschöpfte Mittel führen dazu, dass die Haushaltsansätze des folgenden Jahres gekürzt werden. In diesem Kontext wird oftmals vom „Dezemberfieber" gesprochen, d. h. am Ende eines Haushaltsjahres ist häufig ein Aus-

---

[1] Beyer/Kinzel 2005, S. 352

[2] Vgl. z. B. Budäus 2009, S. 26 ff.

gabenzuwachs zu verzeichnen, da die verfügbaren Mittel noch vollständig verausgabt werden.

Die Kameralistik wird heute nur noch in der öffentlichen Verwaltung verwendet.

Für die Ermittlung von Kosten reichen die Informationen aus der Kameralistik nicht aus. Vielfach ist sie daher als **erweiterte Kameralistik** vorzufinden, zum Beispiel um die Gebührenkalkulation oder Wirtschaftlichkeitsberechnungen zu unterstützen. Die erweiterte Kameralistik hat ihren Ursprung in der Konferenz der Innenminister der Länder im Jahr 2003. Hier sind die bis dahin bestehenden Regelungen zur Kameralistik nach dem Vorbild der Doppik – allerdings weiterhin im System der Kameralistik – erweitert und angepasst worden. Zum Beispiel wird die bislang genutzte Gliederung des Haushalts (Einzelpläne, Abschnitte etc.) durch eine Gliederung nach Produktbereichen und Produkten ersetzt. Damit entspricht die erweiterte Kameralistik einem sogenannten Produkthaushalt. Somit wird die Haushaltsplanung und Haushaltsrechnung um betriebswirtschaftliche – auf den Steuerungsbedarf einer öffentlichen Verwaltung abgestimmte – Elemente (z. B. kennzahlenbasierte Produktinformationen) ergänzt.

Die Angleichung der erweiterten Kameralistik an die Doppik ermöglicht ferner den Einsatz einer Kosten- und Leistungsrechnung. Jedoch bestehen weiterhin Unterschiede zwischen beiden Systemen: In der doppelten Buchführung wird nach dem Verursachungsprinzip gebucht, während in der Kameralistik die Kassenwirksamkeit der Einnahmen und Ausgaben das maßgebliche Prinzip darstellt. Die Anwendung der erweiterten Kameralistik ist mit einem sehr hohen Aufwand verbunden. Zwischenzeitlich ersetzen vor allem die Länder- und Kommunalverwaltungen die kameralistische Buchführung zunehmend durch die doppelte kaufmännische Buchführung.[1] So werden in wirtschaftsnahen öffentlichen Organisationen die Eröffnungs- und Schlussbilanzen zunehmend nach den Regeln der Doppik aufgestellt.

---

[1] Vgl. Dincher/Müller-Godeffroy/Scharpf/Schuppan 2010, S. 245 f.

6 Kosten- und Leistungsrechnung

6.1 Zwecke und Teilbereiche der Kostenrechnung

Die Kosten- und Leistungsrechnung liefert Daten, welche die Planung und Kontrolle des betrieblichen Geschehens unterstützen. Sie ist eine kurzfristige Rechnung und versorgt insbesondere interne Adressaten (z. B. Führungskräfte, Innenrevision) mit steuerungsrelevanten Informationen. Im öffentlichen Sektor ist die Pflicht zur Einführung einer Kosten- und Leistungsrechnung oftmals im jeweiligen Haushaltsrecht verankert. Da jeder Betrieb spezifische Strukturen und Prozesse aufweist, gibt es allerdings hinsichtlich der Ausgestaltung einer Kosten- und Leistungsrechnung keine gesetzlichen Vorschriften. Die Entwicklung hängt im Wesentlichen von den Zielsetzungen bzw. vom Steuerungsbedarf der Führungskräfte und des Betriebes ab.

Im Mittelpunkt der Kosten- und Leistungsrechnung stehen die **Kosten**. Da diese – im Gegensatz zu den Leistungen (Erlösen) – von einem Betrieb einfacher zu planen und zu erfassen sind, wird oftmals vereinfachend von der **Kostenrechnung** gesprochen.

Als Kosten soll im Folgenden der bewertete, betriebszielbezogene Verzehr von Gütern und Dienstleistungen innerhalb einer Rechnungsperiode verstanden werden. Es handelt sich hier um einen wertmäßigen Kostenbegriff. Die Kostenrechnung ist folglich eine kalkulatorische Rechnung, die auf dem Verzehr von Gütern und Dienstleistungen aufbaut, d. h. es stehen nicht ausschließlich die Zahlungsvorgänge (pagatorische Kosten) im Vordergrund. Zum Beispiel wird der leistungsmäßige Verschleiß einer Anlage in Form von Abschreibungen dokumentiert und nicht deren Kauf. Schließlich beeinflusst der betriebliche Einsatz der Anlage den Betriebserfolg und nicht ihr Kauf.

Mit der Kostenrechnung werden im öffentlichen Sektor folgende **Ziele** verfolgt:

(1) Beurteilung der Wirtschaftlichkeit
Bei der Erfüllung öffentlicher Aufgaben muss die Effizienz des Verwaltungshandelns regelmäßig überprüft werden. Hier sind Kosteneinsparpotenziale aufzudecken und zu nutzen. So geht es z. B. um die Frage, ob bestimmte öffentliche Teilaufgaben ausgegliedert werden können, um ökonomische Vorteile zu realisieren. Kosteneinsparpotenziale in einem Betrieb können mit Hilfe eines Periodenvergleichs der Kosten, eines Betriebsvergleiches (Cost-

Benchmarking) und/oder eines Vergleiches der Soll- und Ist-Kosten identifiziert werden.

(2) Kalkulation von betrieblichen Leistungen bzw. Gebühren
Die Kostenrechnung liefert wichtige Informationen für die Preispolitik eines Betriebes (z. B. Kalkulation der Produktpreise, Bestimmung der Preisuntergrenze). Öffentliche Organisationen können für erstellte Güter und Dienstleistungen Gebühren erheben. Grundlage hierfür sind insbesondere Abgaben- bzw. Gebührenordnungen. Die Kostenrechnung kann durch die Kalkulation die Ermittlung von Gebühren unterstützen. Des Weiteren leistet die Kostenrechnung auch einen wichtigen Beitrag zur Ermittlung von internen Verrechnungspreisen, d. h. Wertansätze für innerbetriebliche Leistungen, die von rechnerisch abgegrenzten Betriebsbereichen bezogen werden.

(3) Unterstützung der Führungskräfte bei betrieblichen Entscheidungen
Erst die Transparenz von Kosten und Leistungen ermöglicht den Aufbau eines an Leistungszielen und -ergebnissen ausgerichteten Steuerungssystems. Dabei geht es um die Frage, welche Verwaltungsprodukte (Kostenträger) welchen Ressourcenverbrauch verursachen. Darüber hinaus benötigen öffentliche (wirtschaftsnahe) Betriebe, die nach HGB bilanzieren, Informationen für die bilanzielle Bewertung, z. B. für die Bewertung von fertigen und unfertigen Beständen oder von aktivierungspflichtigen Eigenleistungen. Darüber hinaus liefert die Kostenrechnung den Führungskräften entscheidungsrelevante Informationen für Optimierungs-, Rationalisierungs- und Make-or-Buy-Entscheidungen.

(4) Planung und outputorientierte Budgetierung
Die Kostenrechnung bildet die Grundlage für die operative Jahresplanung. Sie schafft ferner die Voraussetzung für eine ergebnis- bzw. outputorientierte Budgetierung, d. h. für die Bereitstellung von Haushaltsmitteln auf der Basis von Verwaltungsprodukten.

(5) Kurzfristige Erfolgsrechnung
Die Kostenrechnung dient zudem der Ermittlung des Betriebsergebnisses (z. B. monatlich oder vierteljährlich) bzw. des kalkulatorischen Erfolges durch Gegenüberstellung des Wertes der erzeugten Leistungen (Erlöse) und des Wertes der verbrauchten Produktionsfaktoren (Kosten).

6.2 Kostenrechnungssysteme

Grundsätzlich gilt bei der Ausgestaltung der Kostenrechnung das Wirtschaftlichkeitspostulat, d. h. die anfallenden Kosten der Kostenrechnung (z. B. eingesetzte Beschäftigte oder Arbeitsmittel) müssen in einem sinnvollen Verhältnis zum entstehenden Nutzen stehen. „Bei der Ausgestaltung einer Kostenrechnung spielt daher die Größe des Unternehmens, die Branchenzugehörigkeit, das Leistungsprogramm und die Produktionsstruktur des Betriebes eine wichtige Rolle"[1].

In der Praxis sind vielfältige Kostenrechnungssysteme vorzufinden, die sich verschiedenen Kategorien zuordnen lassen.

Traditionell kann hinsichtlich des **Zeitbezugs** die Ist-, Normal- und Plankostenrechnung unterschieden werden:

- **Istkostenrechnung:** Erfassung und Zuordnung der tatsächlich entstandenen Kosten einer abgeschlossenen Zeitperiode; sie ist vergangenheitsorientiert.

- **Normalkostenrechnung:** Erfassung und Zuordnung von „normalisierten" Istkosten in Form von Durchschnittskosten oder festgelegten Verrechnungspreisen; sie ist ebenfalls vergangenheitsorientiert.

- **Plankostenrechnung:** Festlegung von Planwerten für die zukünftig anfallenden Kosten. In Verbindung mit der Istkostenrechnung können zu einem späteren Zeitpunkt Kostenkontrollen und Abweichungsanalysen durchgeführt werden.

Nach dem **Umfang der Kostenzuordnung** wird zudem zwischen der Vollkostenrechnung und der Teilkostenrechnung unterschieden:

- **Vollkostenrechnung:** Alle in einer Periode entstehenden Kosten werden – unabhängig davon, ob die Kosten fix oder variabel sind – den Verwaltungsprodukten (Kostenträgern) zugerechnet. Hier gilt grundsätzlich das Verursachungsprinzip. Schwankungen in der Beschäftigung, d. h. in der Auslastung der vorhandenen Kapazität, werden nicht berücksichtigt.

- **Teilkostenrechnung:** Primär werden die entscheidungsrelevanten Kosten berücksichtigt. Es handelt sich hier um die variablen Kosten. Die Gemeinkosten werden jedoch im Rahmen der Deckungsbeitragsrechnung als Fixkosten „en bloc" den Kostenträgern zugeordnet. Die Teilkostenrechnung

---
[1] Schultz 2011, S. 130.

wird in der betrieblichen Praxis genutzt, um u. a. Anpassungsentscheidungen (z. B. Annahme oder Ablehnung von Zusatzaufträgen, Reaktion bei Beschäftigungsschwankungen) zu treffen. Da die variablen Kostenanteile im öffentlichen Sektor gering sind und viele Verwaltungsprodukte unentgeltlich zur Verfügung gestellt werden (d. h. es werden keine Erlöse erzielt), konzentriert sich die Anwendung der Teilkostenrechnung überwiegend auf wirtschaftsnahe Verwaltungsbetriebe.

Die einzelnen Kostenrechnungssysteme können hinsichtlich des Zeitbezugs und des Kostenumfangs miteinander kombiniert werden. Jedes Kostenrechnungssystem besteht aus drei Stufen, die aufeinander aufbauen. Die Ausgestaltung und die internen Abläufe können sich dabei – je nach gewählter Kombination – unterscheiden.

Ausgangspunkt der Kostenrechnung sind die Kostenarten. Im Rahmen der Kostenstellenrechnung werden die Kostenarten dann auf den Ort ihrer Verursachung zugeordnet bzw. verrechnet. Die Kostenartenrechnung und die Kostenstellenrechnung sind Bestandteil der Betriebsbuchhaltung bzw. des internen Rechnungswesens; man spricht hier von der **Betriebsabrechnung**.

Es ist jedoch nicht nur von Interesse, welche Kosten und wo diese Kosten anfallen, sondern auch für welche Verwaltungsprodukte (Kostenträger) diese Kosten entstehen.

Abb. 54: Systematik der Kosten- und Leistungsrechnung

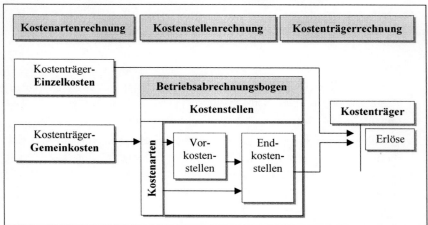

6 Kostenrechnung

Grundsätzlich umfasst die Kosten- und Leistungsrechnung drei Teilrechnungen:

(1) Kostenartenrechnung
In der Kostenartenrechnung werden alle Kosten einer Periode ermittelt und erfasst. Es handelt sich um eine Erfassungsrechnung. Dabei soll die Frage „Welche Kosten sind angefallen?" beantwortet werden. Die Kosten werden nach Kostenarten gegliedert, die insbesondere die Personalkosten, die Sachkosten sowie die kalkulatorischen Kosten (Zusatz- und Anderskosten) umfassen. Des Weiteren lassen sich die Kostenarten in Einzel- und Gemeinkosten untergliedern. Jene Kosten, die direkt einem Bezugsobjekt (Kostenstelle, Kostenträger) eindeutig zugerechnet werden können, werden **Einzelkosten** (direkte Kosten) genannt. Hingegen umfassen die **Gemeinkosten** jene Kosten, die einem Bezugsobjekt nicht eindeutig zugeordnet werden können. Diese indirekten Kosten müssen anteilig, d. h. mittels Schlüsselung zugerechnet werden.

(2) Kostenstellenrechnung
Hier handelt es sich um eine Verteilungsrechnung, die die Frage „Wo sind die Kosten angefallen?" beantwortet. Berücksichtigt werden grundsätzlich nur die Kostenträger-Gemeinkosten, die auf die Kostenstellen (z. B. Abteilungen, Gebäude, Fuhrpark) und somit auf den Ort der Kostenentstehung verteilt werden. Wesentliches Element der Kostenstellenrechnung ist die Innerbetriebliche Leistungsverrechnung (ILV), die der Verrechnung von Kostenstellenleistungen zwischen den Kostenstellen – im Sinne einer internen Kunden-Lieferanten-Beziehung – dient.

(3) Kostenträgerrechnung
Mit Hilfe dieser Teilrechnung wird die Frage „Wofür sind Kosten angefallen?" beantwortet. Die den Kostenträgern zugeordneten Einzelkosten sowie die gesammelten Kostenstellenkosten (Gemeinkosten) werden mit Hilfe von geeigneten Verfahren den Kostenträgern zugerechnet. Die Kostenträgerrechnung kann dabei als **Kostenträgerstückrechnung** (Kalkulation) oder als **Kostenträgerzeitrechnung** (interne Erfolgsrechnung) ausgestaltet werden.

Die Kostenzurordnung innerhalb der KLR sollte anhand folgender Prinzipien erfolgen:

- **Verursachungsprinzip:** Einem bestimmten Bezugsobjekt sollen nur jene Kosten zugeordnet werden, die dieses im Rahmen der betrieblichen Leistungserstellung verursacht hat.

- **Durchschnittsprinzip:** Die Kosten werden mit Hilfe von Durchschnittswerten auf die Bezugsobjekte verteilt. Mengen- und Wertgrößen bilden hier die Bezugsgrößen.

- **Tragfähigkeitsprinzip:** Die Verteilung der Kosten auf die Bezugsobjekte erfolgt proportional zu den erzielbaren Preisen oder Deckungsbeiträgen.

- **Identitätsprinzip:** Einem Bezugsobjekt sind nur jene Kosten zuzuordnen, die durch dieselbe (identische) Entscheidung ausgelöst worden sind.

6.3 Kostenartenrechnung

In der Kostenartenrechnung werden alle Kosten erfasst, die bei der Erstellung und Verwertung von Leistungen entstehen.

Die Ergebnisse der Kostenartenrechnung bilden die Basis für das gesamte Kostenrechnungssystem eines Betriebes.

Kostenarten sollen folgende Anforderungen erfüllen:

- Intersubjektive Nachprüfbarkeit

- Vollständigkeit, d. h. alle Kosten sind zu erfassen

- Aktualität der Daten

- Eindeutige Zuordenbarkeit von Geschäftsvorfällen

- Einheitlichkeit und Genauigkeit der Kostenzuordnung

- Wirtschaftlichkeit (grundsätzlich gilt, dass eine hohe Informationsqualität mit hohen Kosten der Datenerhebung einhergeht).

Unter Berücksichtigung der unterschiedlichen Ziele der Kostenrechnung lassen sich die Kosten nach verschiedenen Kriterien gliedern. Diese Einteilung erfolgt in erster Linie unter den folgenden Aspekten:

Abb. 55: Kriterien der Kostengliederung[1]

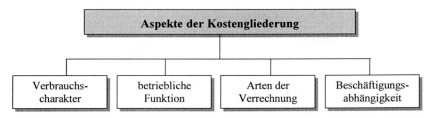

6.3.1 Verbrauchsbedingte Kostengliederung

In der Betriebswirtschaftslehre wurde lange Zeit über einen zweckmäßigen Kostenbegriff gestritten. Es setzte sich vor allem der wertmäßige Kostenbegriff durch. Im Folgenden wird die Erfassung und Bewertung von Kosten beschrieben, deren Gliederung diesem Prinzip folgt, die Kosten also unter dem Aspekt des Verbrauchs von Produktionsfaktoren betrachtet. Demnach lassen sich folgende Kostenarten unterscheiden:

Abb. 56: Kostenarten nach der Verbrauchsgliederung

Jede Kostenart stellt andere Anforderungen an die Erfassung. Vielfach ist es möglich, auf Informationen der Buchführung (**Grundkosten**) zurückzugrei-

---
[1] Vgl. hierzu und zu nachf. Kap.: Dincher/Ehreiser/Müller-Godeffroy 2008, S.116 ff.

fen; diese sind in der Regel weiter aufzubereiten (z. B. Zerlegung in Einzel- und Gemeinkosten bzw. in fixe und variable Kosten)[1]. Darüber hinaus sind in der Kostenrechnung sogenannte **kalkulatorische Kosten** zu berücksichtigen.

6.3.1.1 Materialkosten

Materialkosten sind der bewertete, sachzielbezogene Verbrauch von Material. Die Materialkosten berechnen sich durch folgende Formel:

Materialkosten =

$\sum$ **Verbrauchsmengen an Material x Wertansatz pro Mengeneinheit**

(1) Materialarten

Nach der Lehre von den betrieblichen Produktionsfaktoren unterscheidet man zunächst folgende Materialarten:

- **Fertigungsstoffe:** Sie gehen als Hauptbestandteile unmittelbar in die Erzeugnisse ein ($\rightarrow$ Einzelkosten; z. B. Batterien als Teile von Kfz-Motoren).

- **Hilfsstoffe:** Sie gehen als Bestandteile unmittelbar in die Erzeugnisse ein, sind aber von geringem Wert und werden daher nicht gesondert als Einzelkosten erfasst ($\rightarrow$ Gemeinkosten; z. B. Klebematerial).

- **Betriebsstoffe:** Sie gehen nicht in die Erzeugnisse ein, werden aber bei der Produktion verwendet und verbraucht ($\rightarrow$ Gemeinkosten; z. B. Energie).

(2) Verbrauchsmengen

Die Ermittlung der Verbrauchsmengen erfolgt nach verschiedenen Methoden:

- **Zugangsmethode (Festwertmethode):** Der Verbrauch wird zum Zeitpunkt des Materialzugangs erfasst. Die Grundlage bilden hier z. B. die Lieferscheine. Der Verbrauch wird somit durch die Zugänge innerhalb einer Periode ermittelt, d. h. der tatsächliche Verbrauch von Produktionsfaktoren wird nicht erfasst. Der Einsatz der Methode ist daher nur für unbedeutende Materialien sinnvoll.

- **Inventurmethode (Befundrechnung):** Mit Hilfe eines nachträglichen Bestandsvergleiches mit dem Lager wird der Verbrauch ermittelt. Eine

---

[1] Vgl. Schultz 2011, S. 140.

Zurechnung des Verbrauchs auf einzelne Verwaltungsprodukte kann ebenso wenig erkannt werden, wie Schwund durch Diebstahl oder Verderb.

Verbrauch = Anfangsbestand + Zugänge − Endbestand

- **Skontrationsmethode** (Fortschreibungsrechnung): Der Materialverbrauch wird unmittelbar durch Materialentnahmescheine erfasst, durch die eine Fortschreibung (Skontration) des Lagerbestandes im Rahmen einer Lagerbuchführung möglich ist.

Verbrauch = Abgang 1 + Abgang 2 + Abgang 3 + ...

- **Retrograde Methode** (Rückrechnung): Ausgehend von der Produktionsmenge wird mittels Stücklisten ein „geplanter" Verbrauch (Soll-Verbrauch) ermittelt.

Verbrauch = Produzierte Stückzahl x Soll-Verbrauchsmenge pro Stück

(3) Ermittlung der Werte der Verbrauchsmengen
Die Bewertung der Verbrauchsmengen erfolgt in unterschiedlicher Form:

Anschaffungskosten: Die Verwendung der Anschaffungskosten ist möglich, wenn eine eindeutige Zuordnung dieser Werte zu den entsprechenden Beschaffungsmengen möglich ist. Dort wo dies nicht möglich ist (z. B. bei Rohstoffen oder Massengütern), muss auf **Verbrauchsfolgeverfahren** (fiktive Anschaffungskosten) zurückgegriffen werden, mit denen eine Zuordnung der verbrauchten Mengen zu den dazugehörigen Preisen erfolgt[1]:

- **Fifo-Verfahren** (First in first out): die zuerst gekauften Materialien werden zuerst verbraucht

- **Lifo-Verfahren** (Last in first out): die zuletzt gekauften Materialien werden zuerst verbraucht

- **Hifo-Verfahren** (Highest in first out): die am teuersten gekauften Materialien werden zuerst verbraucht

- **Lofo-Verfahren** (Lowest in first out): die am billigsten gekauften Materialien werden zuerst verbraucht

Wiederbeschaffungswert: Wenn die Preise zukünftig steigen werden, könnten unter dem Gesichtspunkt der Substanzerhaltung statt der Anschaffungskosten die Wiederbeschaffungswerte Verwendung finden.

---

[1] Vgl. Kap. 4.4.3.

Feste Verrechnungspreise: Bei Preisschwankungen kann auf – an den durchschnittlichen Anschaffungskosten orientierte – Festpreise (bei leichten Schwankungen) oder auf Tageswerte (bei starken Schwankungen) zurückgegriffen werden.

6.3.1.2 Personalkosten

Unter Personalkosten (Arbeitskosten) werden die Kosten verstanden, die durch den Produktionsfaktor Arbeit unmittelbar oder mittelbar entstanden sind. Sie spiegeln den Einsatz menschlicher Arbeitskraft wider und können direkt aus der Lohn- und Gehaltsbuchhaltung in die Kostenrechnung übernommen werden. Personalkosten setzen sich aus verschiedenen Komponenten zusammen:

Personalkosten =
Lohnkosten + Gehaltskosten + Arbeitgeberanteile zur Sozialversicherung (gesetzliche Sozialkosten) + freiwillige Sozialkosten + sonstige Personalkosten

Grundsätzlich werden die Personalkosten in Personalbasiskosten und Personalnebenkosten unterschieden:

(1) Personalbasiskosten

a) Lohnkosten

Löhne sind das vertragsmäßige Entgelt, das Arbeiter erhalten.

Lohnkosten = Summe der Löhne der Arbeiter

In Bezug auf die Verrechenbarkeit sind zu differenzieren:

- **Fertigungslöhne:** Sie stehen in unmittelbarem Zusammenhang mit der Fertigung (z. B. Tätigkeiten am Fließband, Montage) und sind daher Kostenträger-Einzelkosten. Sie werden als Zeitlohn oder leistungsabhängig als Akkordlohn (Stücklohn) gezahlt. Akkordlöhne können als variable Kosten direkt einem Produkt (Kostenträger) zugerechnet werden. Ergänzend zu einem Grundlohn können auch leistungsabhängige Prämienlöhne (z. B. bei der Erfüllung von Zielvorgaben) gezahlt werden.

- **Hilfslöhne:** Sie werden für betriebliche Nebentätigkeiten bzw. für unterstützende Dienste im Fertigungswesen (z. B. Arbeitsvorbereitung, Lager-, Transport-, Reinigungswesen) bezahlt und sind daher Gemeinkosten. Sie lassen sich Kostenträgern nicht direkt zurechnen. Sie werden meist als Zeitlöhne berechnet.

b) Gehaltskosten

Gehaltskosten = Summe der Gehälter (Angestellte und Beamte)

Gehälter sind üblicherweise Zeitlöhne (Gehalt = Arbeitszeit x Geldbetrag je Zeiteinheit), die für Beschäftigte in Verwaltung und Vertrieb gezahlt werden. Gehälter werden meistens als Monatsgehälter berechnet und den Beschäftigten ausbezahlt. Sie haben keinen direkten Leistungsbezug. Nach der Verrechenbarkeit sind sie meist Kostenträger-Gemeinkosten.

Für den öffentlichen Dienst gelten folgende Besonderheiten: Als **Besoldung** werden die Amtsbezüge der Richter der staatlichen Gerichtsbarkeiten, Soldaten und Beamten bezeichnet. Diese laufenden Bezüge werden durch Sonderzahlungen (Familienzulagen, Amtszulagen etc.) ergänzt. Die Besoldung wird im Bundesbesoldungsgesetz bzw. in den Landesbesoldungsgesetzen geregelt. Bei Angestellten des öffentlichen Dienstes wird hingegen von **Vergütung** bzw. Entgelt gesprochen.

(2) Personalnebenkosten
Zu den Personalnebenkosten sind die Sozialkosten und sonstigen Personalnebenkosten zu zählen:

a) Sozialkosten
Sozialkosten sind Aufwendungen eines Betriebes für die Arbeitnehmer, die über die Löhne und Gehälter hinausgehen. Es gibt gesetzliche, tarifvertragliche und freiwillige Sozialkosten (Sozialleistungen). Die **gesetzlichen** Sozialkosten entstehen auf Grund von Leistungen, die durch Gesetzesvorschriften zu erbringen sind. Sie stehen in einem direkten Zusammenhang mit den Gehalts- und Lohnkosten. Dazu gehören der Arbeitgeberanteil zur Renten- und Krankenversicherung, zur Pflege-, Arbeitslosen- und Unfallversicherung sowie Beihilfen.

Freiwillige Sozialkosten können wie folgt eingeteilt werden:
- **Primäre** Sozialkosten, die direkt an einzelne Beschäftigte fließen (z. B. freiwillige Pensionszusagen) und

- **Sekundäre** Sozialkosten, die nur indirekt an einzelne Beschäftigte geleistet werden (z. B. als Zuschuss zum Kantinenessen, in Form von Aufwendungen für Betriebskindergärten, Sportanlagen etc.).

b) Sonstige Personalnebenkosten

Sie entstehen vor allem beim Personalwechsel z. B. in Form von Anzeigenkosten, Vorstellungskosten, Umzugskosten, Abfindungskosten, Trennungsgeld u. ä. sowie Fortbildungskosten.

Je nach Branche, Region und Betriebsgröße unterscheidet sich der Anteil der Personalnebenkosten an den gesamten Personalkosten. Darüber hinaus ist der Anteil der Personalkosten an den Gesamtkosten eines Betriebes in Dienstleistungsbetrieben deutlich höher als im produzierenden Gewerbe, insbesondere in Betrieben, die personalintensive Dienstleistungen erbringen.

6.3.1.3 Dienstleistungskosten

Dienstleistungskosten (Fremdleistungskosten) fallen an, wenn ein Betrieb die Leistungen von anderen (nichtstaatlichen) Betrieben in Anspruch nimmt, z. B. Steuerberatungskosten, Pachten, Mieten, Lizenzen, Wartungskosten, Versicherungskosten, Rechtsbeistand, Vermittlungsprovisionen, Gutachterkosten, Werkvertragskosten oder Dienstvertragskosten. Dienstleistungskosten können in der Kostenrechnung als Grundkosten einfach erfasst werden, indem sie direkt aus der Finanzbuchhaltung übernommen werden.

6.3.1.4 Öffentliche Abgaben

Falls öffentliche Abgaben zur Aufrechterhaltung des Betriebes gezahlt werden, besitzen sie Kostencharakter. Zu berücksichtigen sind:

- Gebühren als Entgelte für direkte Leistungen staatlicher Stellen (z. B. Gebühren für Müllabfuhr oder Kfz-Anmeldung, Umweltschutzabgaben)
- Beiträge, die sich aus Mitgliedschaften ergeben (z. B. Berufsgenossenschaften, Kammern, Verbände)
- Kostensteuern: Gewerbekapitalsteuer, Grundsteuer, Kraftfahrzeugsteuer und Versicherungssteuer. Umsatzsteuern sind hingegen ein „durchlaufender Posten" und werden in der Kostenrechnung nicht berücksichtigt
- Einfuhrzölle.

Gewinnabhängige Steuern (z. B. Körperschaftssteuer oder Einkommenssteuer) sind auf den Gewinn zu entrichten und stellen für den Betrieb weder Aufwand noch Kosten dar.

6.3.1.5 Kalkulatorische Kosten

Kalkulatorische Kosten sind eine wichtige Kostenart, die sich auf Geschäftsvorfälle beziehen, die entweder in der Finanzbuchhaltung überhaupt nicht (Zusatzkosten) oder in anderer Höhe als entsprechende Aufwandsart (Anderskosten) auftreten. „Sie haben die Aufgabe, die Genauigkeit der Kostenrechnung zu erhöhen, indem der tatsächliche Werteverbrauch und aperiodisch auftretende Verluste berücksichtigt werden"[1]. Folgende kalkulatorische Kostenarten sind zu berücksichtigen:

(1) Kalkulatorische Abschreibungen
Abschreibungen sind die buchmäßige Erfassung eines Werteverzehrs bzw. einer Wertminderung von Vermögensgegenständen. Die bilanziellen Abschreibungen der Finanzbuchhaltung (Absetzung für Abnutzung (AfA)) richten sich nach den handels- und steuerrechtlichen Vorschriften. Zu unterscheiden sind hier planmäßige Abschreibungen und außerplanmäßige Abschreibungen sowie steuerliche Sonderabschreibungen. In der Kostenrechnung werden hingegen nur planmäßige Abschreibungen als **Anderskosten** berücksichtigt. Als kalkulatorische Abschreibungen sollen sie den tatsächlichen betriebszielbezogenen Verzehr von langfristig nutzbaren Vermögensgegenständen (Anlagen, Maschinen, Geräte) abbilden. Ursachen für den Werteverzehr können sein[2]:

- Nutzungsbedingter Verschleiß durch Gebrauch (z. B. Maschine)
- Natürlicher Verschleiß (z. B. Korrosion)
- Technischer Fortschritt (z. B. neue Erfindungen)
- Wirtschaftliche Überholung (z. B. neue Mode)
- Zeitablauf (z. B. Patente).

Für die Ermittlung der kalkulatorischen Abschreibungen sind folgende Informationen erforderlich:

---

[1] Schultz 2011, S. 141.
[2] Vgl. Fischbach 2013, S. 44.

- Der **abzuschreibende Betrag** gibt an, welcher Betrag am Ende der Nutzungsdauer für eine Ersatzbeschaffung benötigt wird. Im Sinne der realen Substanzerhaltung können entweder der Wiederbeschaffungswert (bei einem künftigen Preisanstieg) oder die Anschaffungs- bzw. Herstellungskosten (bei stabilem Preis) angesetzt werden. Der abzuschreibende Betrag ist unter Umständen um einen am Ende der Nutzungsdauer zu erwartenden Rest- bzw. Schrottwert (Liquidationserlös) zu mindern.

- Zur Berechnung der kalkulatorischen Abschreibungen wird der abzuschreibende Betrag auf die **tatsächliche Nutzungsdauer** verteilt. Dabei ist die wirtschaftliche Nutzbarkeit eines Vermögensgegenstandes maßgeblich, die grundsätzlich kürzer als die technische Nutzungsdauer ist.

- Als **Abschreibungsverfahren** können die zeitabhängigen Abschreibungsverfahren (lineare, degressive und progressive Abschreibung) sowie die leistungsabhängige Abschreibung verwendet werden. Zwar kann in der Kostenrechnung das Abschreibungsverfahren frei gewählt werden, jedoch soll der Werteverzehr mit dem gewählten Verfahren möglichst exakt berechnet werden.[1]

(2) Kalkulatorische Zinsen

Falls bei der Verzinsung des Fremdkapitals (z. B. Kreditzinsen) andere Zinssätze als im Rahmen der Bilanzbewertung berücksichtigt werden, sind in der Kostenrechnung kalkulatorische Zinsen anzusetzen **(Anderskosten)**. Betriebe können zudem für zinslos zur Verfügung gestelltes Kapital bzw. für die Verzinsung des eingesetzten Eigenkapitals kalkulatorische Zinsen ansetzen; alternativ könnte der Betrieb das Kapital auf dem Kapitalmarkt anlegen. Somit drücken die kalkulatorischen Zinsen **Opportunitätskosten** aus (entgangene Verzinsung des Eigenkapitals). In diesem Fall stellen die kalkulatorischen Zinsen **Zusatzkosten** dar.

Zur Ermittlung der kalkulatorischen Zinsen wird vom betriebsnotwendigen Kapital ausgegangen, welches die Kapitalverwendung abbildet.

---

[1] Zu den Abschreibungsverfahren s. Kap. 4.4.3.

Abb. 57: Erfassung des betriebsnotwendigen Kapitals

Nicht abnutzbares Anlagevermögen + Abnutzbares Anlagevermögen	bewertet mit Bilanzwerten ermittelt mit Methode des Restwertes oder des Durchschnittswertes (s. unten)
= Betriebsnotwendiges Anlagevermögen + Betriebsnotwendiges Umlaufvermögen	ermittelt mit der Methode des Durchschnittswertes (Anfangsbestand + Endbestand)/2
= Betriebsnotwendiges Vermögen - Abzugskapital	zinsfrei zur Verfügung gestelltes Kapital (z. B. zinslos erhaltene Lieferantenkredite, Anzahlung von Kunden)
= Betriebsnotwendiges Kapital	

Das abnutzbare Anlagevermögen kann mit Hilfe von zwei Methoden berechnet werden:

- Bei der **Restwertverzinsung** werden die Zinsen von den kalkulatorischen Restwerten der Anlagegüter zum Ende der jeweiligen Abrechnungsperiode ermittelt, d. h. die kalkulatorischen Zinsen sinken im Zeitablauf wegen des abnehmenden Restwertes.

- Bei der **Durchschnittsmethode** sind die kalkulatorischen Zinsen während der gesamten Nutzungsdauer eines Anlagegutes konstant, da – unter Annahme der linearen Abschreibung – der halbe Anschaffungs- bzw. Wiederbeschaffungswert im Betrieb gebunden ist.

Die **Berechnung der kalkulatorischen Zinsen** erfolgt durch Multiplikation des betriebsnotwendigen Kapitals mit dem kalkulatorischen Zinssatz:

**Kalkulatorische Zinsen =
Betriebsnotwendiges Kapital x Kalkulatorischer Zinssatz**

Der kalkulatorische Zinssatz sollte sich am Zinsniveau langfristiger Kapitalanlagen oder an günstigsten Fremdkapitalzinssätzen orientieren.

(3) Kalkulatorische Wagniskosten

Mit kalkulatorischen Wagniskosten wird nicht das allgemeine Risiko eines Betriebes (z. B. Rückgang der gesamtwirtschaftlichen Nachfrage, Inflation) erfasst. Hierfür stellt bereits der Gewinn eine Art Risikoprämie für das eingesetzte Kapital dar. Kalkulatorische Wagniskosten stellen **Anderskosten** dar und werden für bestimmte, spezielle (Einzel-)Wagnisse ermittelt, die direkt mit der betrieblichen Leistungserstellung verbunden sind. Hierzu zählen z. B. folgende Wagnisarten:

- Vorrats- und Beständewagnis (z. B. Schwund, Diebstahl)
- Produktionswagnis (z. B. Ausschuss, Arbeitsfehler)
- Entwicklungswagnis (z. B. fehlgeschlagene Entwicklungsprojekte)
- Vertriebswagnis (z. B. Zahlungsausfall, Transportschaden)
- Gewährleistungswagnis (z. B. Garantieverpflichtung, Vertragsstrafe).

Diese Wagnisse sind in der Regel vorhersehbar und aufgrund von Erfahrungswerten quantitativ einschätzbar. Die kalkulatorischen Wagnisse können als aufwandsgleiche Kosten (Fremdversicherungen, z. B. Feuer- oder Haftpflichtversicherung) und/oder zu Opportunitätskosten bewertet werden.

(4) Kalkulatorischer Unternehmerlohn
Bei Einzelunternehmen und Personengesellschaften (OHG, KG) erhalten die Eigner in ihrer Funktion als Geschäftsführer zwar einen Gewinnanteil, jedoch kein eigenes Gehalt. Somit kann ein kalkulatorischer Unternehmerlohn (Zusatzkosten) für die Arbeitsleistung des Kapitaleigners im eigenen Betrieb angesetzt werden. Der kalkulatorische Unternehmerlohn sollte sich an dem Entgelt für eine vergleichbare Leistung orientieren, das ein Eigner in einem anderen Betrieb verdienen würde. Diese kalkulatorischen Kosten sind **Zusatzkosten** und oftmals nur schwer zu ermitteln und werden in der Kostenrechnung nur selten herangezogen.

(5) Kalkulatorische Mieten
Werden in Einzelunternehmen oder Personengesellschaften Wirtschaftsgüter (z. B. Räume, Gebäude, Fahrzeuge, Geräte) aus dem Privatbesitz des Eigners unentgeltlich zur Verfügung gestellt, so ist in der Kostenrechnung eine kalkulatorische Miete anzusetzen. Sie werden den **Zusatzkosten** zugeordnet. Die Höhe der kalkulatorischen Miete orientiert sich an den Opportunitätskosten, d. h. es wird ein Betrag angesetzt, der sich an möglichen Mieteinnahmen bei Vermietung des Wirtschaftsgutes oder an den Mietzahlungen für ein vergleichbares Objekt orientiert.

6.3.2 Funktionale Kostengliederung

Eine weitere Kostenartengliederung orientiert sich an den betrieblichen Grundfunktionen.

Abb. 58: Funktionale Kostengliederung

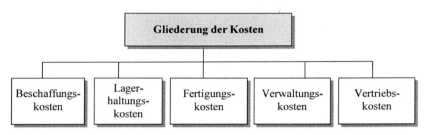

Diese Form der Systematisierung lässt sich weiter differenzieren. Sie dient dann z. B. der Aufteilung der Kostenarten bei einer nach Funktionen gegliederten Kostenstellenrechnung.

6.3.3 Verrechnungsorientierte Kostengliederung

Diese Kostengliederung orientiert sich an der Art der Verrechnung der Kosten auf die Kostenstellen und Kostenträger:

- **Einzelkosten** sind Kosten, die einer Bezugsgröße direkt zugerechnet werden können, z. B. den einzelnen Kostenstellen oder den einzelnen Verwaltungsprodukten (Kostenträgern). Man unterscheidet deshalb zwischen Kostenträger-Einzelkosten (z. B. Materialkosten) und Kostenstellen-Einzelkosten (z. B. Gehalt des Abteilungsleiters, Fortbildungskosten eines Beschäftigten).

- **Echte Gemeinkosten** sind Kosten, die einem Kostenträger oder einer Kostenstelle nicht direkt, sondern nur anteilig zugerechnet werden können. Kostenstellen-Gemeinkosten sind zum Beispiel Verwaltungskosten, Telefongebühren, Stromkosten, Versicherungskosten. Sie müssen im Wege einer Kostenschlüsselung zugeordnet werden. Zu beachten ist, dass sämtliche Kostenstellen-Einzelkosten und Kostenstellen-Gemeinkosten die sogenannten **Kostenträger-Gemeinkosten** bilden, d. h. sie werden zunächst im Rahmen der Kostenstellenrechnung erfasst und mit Hilfe eines geeigneten Kalkulationsverfahrens (z. B. anhand von Zuschlagssätzen oder Verrechnungssätzen) in der Kostenträgerrechnung den Kostenträger-Einzelkosten zugerechnet. Auf diese Weise lassen sich die Gesamtkosten eines Kostenträgers berechnen.

- **Unechte Gemeinkosten** können hingegen einer Bezugsgröße direkt zugerechnet werden und sind eigentlich Einzelkosten; sie werden jedoch aus Gründen der abrechnungstechnischen Vereinfachung wie Gemeinkosten behandelt.

6.3.4 Beschäftigungsabhängige Kostengliederung

Die Kostenhöhe der einzelnen Kostenarten hängt von einer Vielzahl von Einflussgrößen ab.

Die sicherlich wichtigste Einflussgröße ist der Beschäftigungsgrad, der das Verhältnis zwischen der eingesetzten und der vorhandenen Kapazität angibt. Die Kapazität kann z. B. durch die vorhandenen Arbeitsstunden der Beschäftigten oder die mögliche Ausbringungsmenge ausgedrückt werden.

Man unterscheidet insbesondere **fixe Kosten (K_f)** und **variable Kosten (K_v)**. Die **Gesamtkosten (K)** der Leistungserstellung ergeben sich als Addition dieser beiden Größen:

$$K = K_f + K_v$$

Kosten reagieren auf eine Änderung des Beschäftigungsgrades unterschiedlich. Dies kann durch den **Reagibilitätsgrad (R)** charakterisiert werden:

Reagibilitätsgrad = prozentuale Kostenänderung / prozentuale Beschäftigungsänderung

(1) Fixe Kosten

Kosten, die auf eine Veränderung des Beschäftigungsgrades nicht reagieren, was einem Reagibilitätsgrad von Null entspricht, werden als **Fixkosten** bezeichnet. Da diese sehr stark von der zu Grunde gelegten Zeitperiode bestimmt werden, nennt man sie auch "zeitabhängige Kosten". Denn grundsätzlich kann festgestellt werden, dass fixe Kosten nur über einen bestimmten Betrachtungszeitraum fix sind. Je länger dieser Betrachtungszeitraum ist, desto größer ist die Wahrscheinlichkeit, dass z. B.

bei starker Nichtauslastung der vorhandenen Kapazität (Unterbeschäftigung) Maßnahmen zur Kostenreduktion ergriffen werden. So sind beispielsweise die Kosten der Kostenart "Miete" bei kurzfristiger Betrachtung fix, nach Ablauf einer bestimmten Kündigungsfrist jedoch abbaubar.

Fixe Kosten sind von der Beschäftigung unabhängig (z. B. Gehälter, Zinsen, Versicherungsbeiträge, Mieten). Darüber hinaus hat sich gezeigt, dass bestimmte Kostenarten nur innerhalb bestimmter Beschäftigungsgrenzen absolut fix sind, sich dann aber ändern. Denn die Breite des betrachteten Beschäftigungsintervalls spielt für die Analyse der Fixkosten eine wichtige Rolle. Bleiben die Kosten innerhalb des gesamten Beschäftigungsintervalls konstant, so nennt man sie "**absolut fixe Kosten**" oder "Stillstandskosten". Kosten, die nur innerhalb bestimmter Beschäftigungsintervalle konstant bleiben, werden "intervall-fixe Kosten" oder "**sprungfixe Kosten**" genannt. Wird die Beschäftigungsgrenze überschritten, steigen die Kosten sprunghaft an. Sind zum Beispiel die Personalkapazitäten in einem Betrieb vollständig ausgelastet, muss zusätzliches Personal beschafft werden, wodurch die fixen Kosten (Gehälter) sprunghaft ansteigen.

Fixkosten (K_f) sind also bei zeitraumbezogener Betrachtungsweise konstant. Bezieht man sie jedoch auf die produzierten Leistungseinheiten x (fixe Durchschnittskosten: K_f/x), so nimmt der Anteil der Fixkosten pro Leistungseinheit mit zunehmender Ausbringungsmenge ab. Hier wird von der **Fixkostendegression** gesprochen.

Abb. 59: Beispiel für die Fixkostendegression

Ausbringungsmenge x	Fixe Kosten K_f	Fixe Durchschnittskosten $k_f = K_f/x$
50	3.000	60
100	3.000	30
150	3.000	20
200	3.000	15

Im Zusammenhang mit den fixen Kosten und den unterschiedlichen Kapazitätsauslastungen ergibt sich eine weitere Kostenunterscheidung, nämlich die in Leerkosten und Nutzkosten. Unter **Leerkosten** ist der Teil der fixen Kosten zu verstehen, der auf die nichtgenutzte Kapazität entfällt, während die **Nutzkosten** den Fixkostenanteil an der genutzten Kapazität enthalten. Bei einem Beschäftigungsgrad von Null sind somit alle Fixkosten gleich Leerkosten; bei einem Beschäftigungsgrad von 100 % sind alle Fixkosten gleich Nutzkosten.

Abb. 60: Nutzkosten und Leerkosten

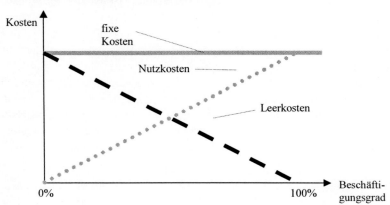

(2) Variable Kosten
Variable Kosten ändern sich in Abhängigkeit von der Beschäftigung (z. B. Benzinverbrauch eines Autos, Materialkosten bei der Produktion). Je nach Art der Veränderung lassen sich folgende **Kostenverläufe** unterscheiden:

a) Proportionaler (linearer) Verlauf
Bei einem proportionalen Kostenverlauf steigen die Kosten mit zunehmender Beschäftigung gleichmäßig an. Beispiel: Gebühren für Stücklizenzen. D. h., wenn sich z. B. die Ausbringung verdoppelt, dann verdoppeln sich auch die variablen Gesamtkosten. Zudem bleiben die variablen Durchschnittskosten und Grenzkosten konstant. Der Reagibilitätsgrad beträgt 1.

Abb. 61: Beispiel für proportionale Kosten

Ausbringungs-menge x	variable Gesamtkosten K_v	variable Durchschnittskosten $k_v = K_v/x$
1	40	40
2	80	40
3	120	40
4	160	40

b) Progressiver Verlauf
Die Gesamtkosten steigen in stärkerem Maße als die Beschäftigung, d. h. die variablen Kosten erhöhen sich überproportional zum Beschäftigungsanstieg. Beispiel: Steigende Benzinkosten aufgrund zunehmender Geschwindigkeit. Die variablen Durchschnittskosten und die Grenzkosten steigen ebenfalls an. Der Reagibilitätsgrad ist größer als 1.

Abb. 62: Beispiel für progressive Kosten

Ausbringungs-menge x	variable Gesamtkosten K_v	variable Durchschnittskosten $k_v = K_v/x$
1	32	32
2	68	34
3	108	36
4	152	38

c) Degressiver Verlauf
Die variablen Gesamtkosten steigen in geringerem Maße als die Beschäftigung, d. h. die variablen Gesamtkosten erhöhen sich unterproportional zum Beschäftigungsanstieg. Beispiel: Materialkosten je Stück sinken aufgrund eines Mengenrabatts des Lieferanten. Folglich sinken die variablen Durchschnittskosten und die Grenzkosten. Der Reagibilitätsgrad ist kleiner als 1.

Abb. 63: Beispiel für degressive Kosten

Ausbringungs-menge x	variable Gesamtkosten K_v	variable Durchschnittskosten $k_v = K_v/x$
1	40	40
2	76	38
3	108	36
4	136	24

Abb. 64: Kostenverläufe

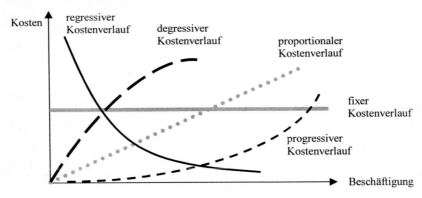

Darüber hinaus sind **regressive Kostenverläufe** denkbar, diese sind jedoch in der Praxis nur selten anzutreffen, d. h. die variablen Gesamtkosten sinken mit zunehmender Beschäftigung. Der Verlauf der Regression kann dabei linear, unter- oder überproportional sein. Beispiel: Die Heizkosten eines Raumes sinken mit zunehmender Anzahl an Personen, die sich im diesem Raum aufhalten. Der Reagibilitätsgrad ist in diesem Fall kleiner als 0.

Viele Kostenarten sind weder als völlig fix noch als völlig variabel anzusehen. Diese Kostenarten bezeichnet man als **Mischkosten**, weil sie aus fixen und variablen Elementen bestehen. Beispiel für eine solche Mischkostenart sind etwa die Telefonkosten, wenn sie sich aus einer fixen Grundgebühr und den variablen Kosten pro Gesprächseinheit zusammensetzen.

Eine weitere wichtige Kostengröße, mit der man die Verhaltensweise von Kostenarten in Abhängigkeit von der Beschäftigung beschreiben kann, sind die sogenannten **Grenzkosten (K')**. Sie „[...] entsprechen der Zunahme (Abnahme) der Gesamtkosten bei Erhöhung (Verringerung) der Ausbringung um eine Einheit. Mathematisch stellen sie das Steigungsmaß der Gesamtkostenkurve dar und werden durch Differenziation dieser Funktion berechnet."[1] Bei einem linearen (Gesamt-)Kostenverlauf, wie er in der Praxis oftmals unterstellt wird, sind die Grenzkosten identisch mit den variablen Durchschnittskosten (**K' = k_v**).

6.4 Kostenstellenrechnung

6.4.1 Zwecke und Funktionsweise der Kostenstellenrechnung

In der Kostenstellenrechnung werden die in der Kostenartenrechnung erfassten Kostenträger-Gemeinkosten möglichst verursachungsgerecht auf betriebliche Teilbereiche verteilt, d. h. sie dokumentiert, wo die Kosten innerhalb einer Periode angefallen sind. Im Gegensatz zu den Kostenträger-Einzelkosten können diese Kosten nicht direkt einem Verwaltungsprodukt (Kostenträger) zugerechnet werden. In der Regel werden auf den Kostenstellen keine Erlöse erfasst, da diese direkt den Verwaltungsprodukten zuordenbar sind.

Die Kostenstellenrechnung wird auch als Betriebsabrechnung bezeichnet und verfolgt folgende Zielsetzungen:

- verursachungsgerechte Zuordnung der Kostenträger-Gemeinkosten zu den Kostenstellen

- Darstellung von Leistungsbeziehungen zwischen den Kostenstellen bzw. Verrechnung von innerbetrieblichen Leistungen

- Kontrolle der Wirtschaftlichkeit (Kostenkontrolle) der betrieblichen Teilbereiche; in diesem Fall sind auch die Kostenträger-Einzelkosten den Kostenstellen zuzuordnen (z. B. Zeitvergleiche, Betriebsvergleiche)

- Ermittlung von relevanten Kosten für Planungszwecke und Überwachung der Einhaltung von kostenstellenbezogenen Budgets (Soll-Ist-Vergleich)

- Vorbereitung der Kalkulation bzw. Kostenträgerrechnung durch die Bildung von Kalkulationssätzen. In diesem Fall bildet die

---
[1] Haberstock 2008, S. 35.

Kostenstellenrechnung das Bindeglied zwischen der vorgelagerten Kostenartenrechnung und der nachgelagerten Kostenträgerrechnung.

6.4.2 Kostenstellen und Kostenstellentypen

Kostenstellen sind Abrechnungseinheiten, d. h. betriebliche Bereiche, die rechnungstechnisch eindeutig abgegrenzt werden. Dies können z. B. Arbeitsplätze, Stellen, Teams oder Abteilungen sein.

Um eine Kostenstellenrechnung durchzuführen, muss ein Betrieb zunächst in Kostenstellen untergliedert werden, für welche die Kostenträger-Gemeinkosten geplant, erfasst und kontrolliert werden[1]. Bei der Bildung von Kostenstellen sollten u. a. folgende Grundsätze beachtet werden:

- Grundsatz der Wirtschaftlichkeit
- organisatorisch selbstständiger Verantwortungsbereich
- klare abrechnungstechnische Abgrenzung
- möglichst verursachungsgerechte Zuordnung von Kosten, Existenz von genauen Maßgrößen für die Kostenverursachung.

Sämtliche Kostenstellen eines Betriebes werden i. d. R. in einem **Kostenstellenplan** zusammengefasst.

Die Abgrenzung der Kostenstellen kann nach verschiedenen Aspekten erfolgen, die auch miteinander kombiniert werden können. So werden die Kostenstellen in der Praxis überwiegend nach betrieblichen Funktionsbereichen (z. B. Fertigungs-, Vertriebs-, Verwaltungskostenstellen), Verantwortungsbereiche (z. B. Abteilungen, Fachbereiche, Teams) und räumlichen Gesichtspunkten (z. B. dezentrale Servicedienste) gebildet.

Aufgrund der ausgeprägten Heterogenität des Leistungssortiments kann in öffentlichen Organisationen die Kostenstellenbildung nicht nur ein Kriterium berücksichtigen[2]. Die Einteilung der Kostenstellen nach betrieblichen Funktionsbereichen ist im öffentlichen Sektor nur dann sinnvoll, wenn – wie im Industriesektor – Produkte in Fertigungsprozessen hergestellt werden (z. B. Wasserversorgungsbetriebe). In öffentlichen Betrieben ist insbesondere das Kriterium „Verantwortungsbereiche" bei der Kostenstellenbildung maßgeb-

---

[1] Vgl. Hummel/Männel 1990, S. 190.
[2] Vgl. Plancke 2012, S. 90.

lich. Dabei kann in Anlehnung an den Organisationsaufbau die Kostenstellenleitung eindeutig zugeordnet werden.

Des Weiteren können Kostenstellen nach dem Leistungsaspekt gegliedert werden:

- **Allgemeine Kostenstellen:**
  Kostenstellen, die nicht unmittelbar mit der betrieblichen Leistungserstellung in Verbindung stehen, sondern in erster Linie die Voraussetzungen für die Leistungserstellung bilden (z. B. Kantine, Fuhrpark, Telefonzentrale, Energie- und Wasserversorgung).

- **Hauptkostenstellen:**
  Kostenstellen, die unmittelbar mit der Leistungserstellung zu tun haben (z. B. Leistungsabteilung, Vertrieb) und deren Kosten deshalb nicht auf andere Kostenstellen, sondern direkt auf die Kostenträger verrechnet werden.

- **Hilfskostenstellen:**
  Kostenstellen, die ihre innerbetriebliche Leistung nur für eine oder wenige andere Kostenstellen erbringen (z. B. Reparaturwerkstatt, Werbung, Lager).

- **Nebenkostenstellen:**
  Kostenstellen, in denen Nebenprodukte hergestellt werden (z. B. Verarbeitung von Abfallstoffen).

Nach abrechnungstechnischen Gesichtspunkten können die Kostenstellen eines Betriebes zudem in Vor- und Endkostenstellen unterteilt werden:

- **Vorkostenstellen:**
  Kostenstellen (interne Lieferanten), deren Kosten im Zuge der Innerbetrieblichen Leistungsverrechnung (ILV) vollständig auf andere Kostenstellen (interne Empfänger) verteilt werden können. Sie gelten als Servicekostenstellen, da sie materielle oder immaterielle Leistungen (z. B. Kantine, Reinigung, Controlling, Leitung Fuhrpark) für andere Betriebsbereiche erbringen und folglich nur mittelbar zur Erstellung der (externen) Verwaltungsprodukte (Kostenträger) beitragen. Die Kosten der Vorkostenstellen können nicht direkt den Kostenträgern zugeordnet werden und müssen zunächst vollständig auf die Endkostenstellen umgelegt werden. Die Allgemeinen Kostenstellen und Hilfkostenstellen können den Vorkostenstellen zugeordnet werden.

- **Endkostenstellen:**
  Kostenstellen, deren Kosten direkt auf die erstellten Verwaltungsprodukte (Kostenträger) verteilt werden und somit unmittelbar zur Verwertung der Kostenträger beitragen. Die Kosten können dem Leistungsabnehmer in Rechnung gestellt werden. Die Haupt- und Nebenkostenstellen lassen sich i. d. R. den Endkostenstellen zuordnen.

6.4.3 Aufbau und Funktionsweise des Betriebsabrechnungsbogens

Mit Hilfe des Betriebsabrechnungsbogens (BAB) wird die Kostenstellenrechnung in Form einer Tabelle durchgeführt. Dessen grundsätzlicher Aufbau sowie seine Funktionsweise werden im Folgenden kurz beschrieben.

Abb. 65: Aufbau und Ablauf des Betriebsabrechnungsbogens

Kostenstellen	Vorkostenstellen (VKST)					Endkostenstellen (EKST)			
Kostenarten	1	2	3	4	5	1	2	3	4
(Einzelkostenausweis, z. B. Lohn- und Materialeinzelkosten)									
Primäre Gemeinkosten: Kostenstelleneinzelkosten + Kostenstellengemeinkosten = ∑ **Primäre Gemeinkosten**	**Schritt I:** Zurechnung der primären (Kostenträger-)Gemeinkosten zu den Kostenstellen								
Sekundäre Gemeinkosten: ./. Entlastungen der sekundären Kostenstellenkosten + Belastungen mit sekundären Kostenstellenkosten	**Schritt II:** Innerbetriebliche Leistungsverrechnung (ILV)								
= ∑ (EKST)						**Schritt III:** Ermittlung der Kalkulationssätze für die EKST			
Kalkulationsbasis: Ist-Kalkulationssatz Normal-Kalkulationssatz									
Kostenstellenabweichung (Normal-EKST ./. Ist-EKST)						**Schritt IV:** Kostenkontrolle in der Normal-Kostenrechnung			

In der Kopfzeile der Spalten des BAB werden die Kostenstellen – getrennt in Vorkostenstellen und Endkostenstellen – angeordnet. In den Zeilen der ersten Spalte werden ferner die Kostenarten sowie die angefallenen Gesamtkosten abgebildet. Jeder Kostenart lassen sich somit Gesamtbeträge zuordnen, die im Regelfall aus der Buchführung entnommen werden oder kalkulatorische Anders- oder Zusatzkosten sind. Darüber hinaus können im BAB den Kostenstellen auch die Kostenträger-Einzelkosten zugeordnet werden. Dies ist erforderlich zur Durchführung von Wirtschaftlichkeitskontrollen, zur Budgetkontrolle (Soll-Ist-Vergleich) sowie zur Ermittlung von Zuschlagssätzen im Rahmen der Kostenträgerrechnung. Die Kostenträger-Einzelkosten werden jedoch zur Durchführung der eigentlichen Kostenstellenrechnung nicht benötigt, da zu diesem Zweck zunächst nur die Kostenträger-Gemeinkosten relevant sind, die aus den Kostenstellen-Einzelkosten und den Kostenstellen-Gemeinkosten bestehen.

Die Kostenstellenrechnung vollzieht sich in vier Schritten:

1. Schritt: Zuordnung der (primären) Gemeinkosten
Die primären Kostenträger-Gemeinkosten werden in dem BAB auf die Kostenstellen verteilt. Direkt zurechenbare Kosten (Kostenstellen-Einzelkosten) sind i. d. R. durch Belege dokumentiert (z. B. Gehälter, Fortbildungskosten, Leasing). Nicht direkt zurechenbare Kosten (Kostenstellen-Gemeinkosten) müssen mit Hilfe geeigneter Verteilerschlüssel den Kostenstellen zugeordnet werden.

Abb. 66: Schlüsselgrößen bei der Zurechnung von primären Kostenträger-Gemeinkosten

Kostenart	Schlüsselgröße	Zurechnung
Gehalt	Gehaltslisten	direkt
Hilfs- und Betriebsstoffe	Materialentnahmeschein	direkt
Heizungskosten	Verbrauch lt. Zähler	direkt
Kalk. Abschreibung	Werte gem. Anlagenbuchhaltung	direkt
Büromaterial	Anzahl Vollzeitäquivalente	indirekt
Miete	Quadratmeter Nutzfläche	indirekt
Leasing für PKW	Gefahrene Kilometer	indirekt

Es handelt sich hier um Kosten, die von mehreren Kostenstellen verursacht werden. Für die möglichst verursachungsgerechte Verteilung der Kosten müssen **Mengengrößen** (Anzahl der Vollzeitäquivalente, genutzte Fläche, gefahrene Kilometer), **Zeitgrößen** (z. B. Arbeitszeit) oder **Wertgrößen** (z. B. Wert der Einrichtung, Wert des Lagerbestandes) als Schlüsselgrößen verwendet werden (vgl. hierzu Abb. 66).

2. Schritt: Innerbetriebliche Leistungsverrechnung (ILV)

Die Innerbetriebliche Leistungsverrechnung (ILV) umfasst die Sekundärkostenumlage. Sekundärkosten sind Kostenträger-Gemeinkosten, die innerhalb eines Betriebes entstanden sind und auf andere Kostenstellen umgelegt werden. Aufgabe der ILV ist es, die in den Vorkostenstellen angefallenen Kostenträger-Gemeinkosten möglichst verursachungsrecht auf die Endkostenstellen umzulegen, so dass auf den Vorkostenstellen keine Kosten mehr verbleiben. Nur die auf den Endkostenstellen verbleibenden Kosten dürfen an die Kostenträger verrechnet werden.

Zur Durchführung der ILV können verschiedene Verfahren angwandt werden, die im Folgenden exemplarisch dargestellt werden:

Abb. 67: Zuordnung der primären Kosten

Kostenstellen		Vorkostenstellen			Endkostenstellen			
Kostenarten und Bezugsgrößen	Primäre Kosten	VK 1	VK 2	VK 3	EK 1	EK 2	EK 3	...
Kostenträger-Einzelkosten (statistischer Ausweis)	*160.000 €*	-	-	-	*50.000 €*	*30.000 €*	*45.000 €*	...
Kostenstellen-Einzelkosten (direkt) Personalkosten	32.000 €	5.000 €	2.500 €	4.500 €	6.000 €	4.000 €	7.000 €	...
EDV-Wartung	30.000 €		30.000 €					...
Kalkulatorische Abschreibungen	35.000 €	10.000 €	5.000 €	20.000 €				...
...		...	...	...	...	...	...	...
Kostenstellen-Gemeinkosten (indirekt) Energiekosten (m²)					4.000 €	3.000 €	2.500 €	...
Mietkosten (m²)	25.000 €	926 €	3.704 €	2.778 €	7.407 €	5.556 €	4.630 €	...
Büromaterial (Anzahl VZÄ)	9.500 €	354 €	708 €	885 €	1.771 €	2.125 €	2.656 €	...
Grundsteuer (Anzahl VZÄ)	4.500 €	104 €	208 €	260 €	521 €	625 €	781 €	...
...		...	...	...	...	...	...	...
Primäre Kosten	**167.000 €**	**18.000 €**	**15.000 €**	**62.000 €**	**25.000 €**	**19.500 €**	**21.500 €**	...

(1) Anbauverfahren (Blockverfahren):
Das Anbauverfahren verrechnet jede Vorkostenstelle direkt an eine oder mehrere Endkostenstellen und vernachlässigt somit die Leistungsbeziehungen zwischen den Vorkostenstellen. Aus diesem Grund handelt es sich um ein sehr ungenaues Verfahren.

(2) Stufenleiterverfahren (Treppenverfahren):
Beim Stufenleiterverfahren werden die Vorkostenstellen so angeordnet, dass jede Kostenstelle zwar an die nachfolgenden Kostenstellen Sekundärkosten umlegt, jedoch selbst keine Kosten von den empfangenden Kostenstellen erhält. Dieses Verfahren wird in der traditionellen Betriebsabrechnung häufig eingesetzt. Da die Leistungsbeziehungen zwischen den Kostenstellen nur einseitig berücksichtigt werden, ist das Verfahren ebenfalls ungenau.

Das folgende Beispiel zeigt exemplarisch den Ablauf der ILV:

Abb. 68: Innerbetriebliche Leistungsverrechnung (ILV)

Kostenstellen	Vorkostenstellen (VK)			Endkostenstellen (EK)		
Kostenarten	VK 1	VK 2	VK 3	EK 1	EK 2	EK 3
Primäre Gemeinkosten	18.000 €	15.000 €	62.000 €	25.000 €	19.500 €	21.500 €
Umlage VK 1 (gem. Durchschnittsprinzip; LE = Leistungseinheit)	-18.000 €	1 LE x 3.600 € je LE = 3.600 €	1 LE x 3.600 € je LE = 3.600 €	1 LE x 3.600 € je LE = 3.600 €	1 LE x 3.600 € je LE = 3.600 €	1 LE x 3.600 € je LE = 3.600 €
Umlage VK 2 (gem. Verursachungsprinzip; Bezugsgröße = Arbeitsstunden)		-18.600 €	500 Std. x 6,20 € je Std. = 3.100 €	1.000 Std. x 6,20 € je Std. = 6.200 €	800 Std. x 6,20 € je Std. = 4.960 €	700 Std. x 6,20 € je Std. = 4.340 €
Umlage VK 3 (gem. Verursachungsprinzip; Bezugsgröße = VZÄ)			-68.700 €	20 VZÄ x 1.374 € je VZÄ = 27.480 €	10 VZÄ x 1.374 € je VZÄ = 13.740 €	20 VZÄ x 1.374 € je VZÄ = 27.480 €
Sekundäre Kosten	0 €	3.600 €	6.700 €	37.280 €	22.300 €	35.420 €
Kostenträger-Gemeinkosten	0 €	0 €	0 €	62.280 €	41.800 €	56.920 €

(3) Gleichungsverfahren (mathematisches Verfahren):
Die Verrechnungssätze aller Vorkostenstellen werden anhand linearer Gleichungen ermittelt. Mit dem Gleichungsverfahren können wechselseitige Leistungsbeziehungen zwischen den Vorkostenstellen genau erfasst werden (z. B. zwischen der Leitung und der Kantine).

(4) Kostenträgerverfahren
Dieses Verfahren kann verwendet werden, wenn mehrere Vorkostenstellen innerbetriebliche Leistungen erstellen, die marktgängig oder marktähnlich sind (z. B. Kantine, Hausdruckerei). Die Leistungen können als eigenständige Kostenträger kalkuliert werden. Die Kosten werden mittels Verrechnungspreisen gemäß der tatsächlichen Leistungsabnahme auf die anderen Kostenstellen verrechnet. Verrechnungspreise sind zum Beispiel Durchschnittspreise, Marktpreise oder Verhandlungspreise.

3. Schritt: Ermittlung der Kalkulationssätze
Mit der ILV werden die Kostenträger-Gemeinkosten (primäre und sekundäre Kosten) der Vorkostenstellen vollständig den Endkostenstellen zugerechnet. Diese werden in einem weiteren Schritt mit Hilfe von Kalkulationssätzen an die Kostenträger des Betriebes verrechnet. Dieser Schritt verbindet somit die Kostenstellen- und Kostenträgerrechnung. Ein Kalkulationsverfahren stellt die Zuschlagskalkulation dar. Weitere Kalkulationsverfahren werden im Kapitel Kostenträgerrechnung erläutert. Der Kalkulationssatz (Zuschlagssatz in %) wird als das Verhältnis von Kostenträger-Gemeinkosten einer Endkostenstelle und einer Bezugsgröße definiert:

Kalkulationssatz =

Kostenträger-Gemeinkosten einer Endkostenstelle / Bezugsgröße

Zwischen einer Bezugsgröße und den zu verrechnenden Kostenträger-Gemeinkosten sollte eine eindeutige Beziehung bestehen. Als Bezugsgrößen kommen z. B. die ausgewiesenen **Kostenträger-Einzelkosten, Mengeneinheiten** (z. B. Leistungsmengen) oder **Zeiteinheiten** (z. B. Arbeitszeiten) in Betracht.

Beispiel:
Die Kostenträger-Gemeinkosten der Endkostenstelle EK 1 betragen **62.280 €** die Einzelkosten (z. B. Lohneinzelkosten) **50.000 €**.

Zuschlagssatz: 62.280 € / 50.000 € = 124,56 %

Verursacht ein Kostenträger in der EK 1 z. B. Kostenträger-Einzelkosten in Höhe von 10.000 €, so sind diesem Kostenträger (10.000 € x 124,56 % = **12.456 €**) Kostenträger-Gemeinkosten hinzuzurechnen.

Abb. 69: Zuschlagskalkulation

	Verwaltungsprodukte (Kostenträger)				
	A	B	C	D	Summe
Kostenträger-Einzelkosten	10.000 €	15.000 €	2.500 €	22.500 €	50.000 €
Kalkulationssatz	124,56%	124,56%	124,56%	124,56%	--
Kostenträger-Gemeinkosten	12.456 €	18.684 €	3.114 €	28.026 €	62.280 €

Alternativ können auch **Verrechnungssätze** verwendet werden, die z. B. Personalkapazitäten (Arbeitsstunden) zu Grunde legen.

Beispiel:

Die EK 1 verfügt über eine monatliche **Kapazität** von 1.600 Personalstunden.

Verrechnungssatz: 62.280 € / 1.600 Std. = **38,93 € je Std.**

Sofern eine Zuordnung der Arbeitsstunden zu den Kostenträgern möglich ist, können die Kostenträger-Gemeinkosten folgendermaßen verteilt werden:

Abb. 70: Kalkulation mit Stundensätzen

	Verwaltungsprodukte (Kostenträger)				
	A	B	C	D	Summe
Berechnungsgrundlage	400 Std. x 38,93 €	200 Std. x 38,93 €	700 Std. x 38,93 €	300 Std. x 38,93 €	
Kostenträger-Gemeinkosten	15.570 €	7.785 €	27.247 €	11.678 €	62.280 €

4. Schritt: Kostenkontrolle

Die Zuschlagssätze und Verrechnungssätze werden i. d. R. nur einmal pro Periode (z. B. Monat, Quartal, Jahr) ermittelt. Bei der Ist-Kostenrechnung ist eine Zurechnung der Kostenträger-Gemeinkosten der Endkostenstellen zu den Kostenträgern jedoch erst nach Abschluss der Periode möglich. Aus diesem Grund wird im Rahmen der Vorkalkulation mit **Normalkosten** (z. B. Durchschnittswerten) gerechnet. Nach dem Periodenabschluss muss daher ein Abgleich durchgeführt werden, um eventuelle „Verrechnungsfehler" zu identifizieren und künftig zu vermeiden[1]:

- **Unterdeckung:** *Normal-Gemeinkosten < Ist-Gemeinkosten*, d. h. es wurden auf die Kostenträger weniger Gemeinkosten verrechnet als tatsächlich angefallen sind.

- **Überdeckung:** *Normal-Gemeinkosten > Ist-Gemeinkosten*, d. h. es wurden auf die Kostenträger mehr Gemeinkosten verrechnet als tatsächlich angefallen sind.

6.5 Kostenträgerrechnung

6.5.1 Zwecke und Arten der Kostenträgerrechnung

Die Kostenträgerrechnung hat die Aufgabe, die angefallenen Kostenträger-Einzelkosten und Kostenträger-Gemeinkosten möglichst verursachungsgerecht auf die Verwaltungsprodukte (Kostenträger) zu verteilen. Folglich beantwortet die Kostenträgerrechnung die Frage, wofür Kosten in welcher Höhe innerhalb einer Periode angefallen sind. Die relevanten Informationen erhält die Kostenträgerrechnung aus der Kostenartenrechnung (Kostenträger-Einzelkosten) sowie aus der Kostenstellenrechnung (Kostenträger-Gemeinkosten). Kostenträger sind Dienstleistungen bzw. Güter eines Betriebes, die i. d. R. für den Absatz bestimmt sind. Bei der Definition von Kostenträgern sind folgende Grundsätze zu beachten:

- der Leistungsempfänger (Kunde) ist identifizierbar
- dauerhafte Erstellung des Produktes
- angemessenes Bedeutungsniveau des Produktes
- Quantifizierbarkeit, d. h. Kosten, Erlöse und Leistungsmengen können zugeordnet werden

---
[1] Vgl. Fischbach 2013, S. 77 f.

- Messbarkeit der Qualität
- eindeutige Zuordenbarkeit der Verantwortlichkeit.

Zugleich dient die Kostenträgerstückrechnung der Ermittlung von betrieblichen Herstellkosten, die gemäß den Vorgaben des Handels- und Steuerrechts zur Bewertung der (Lager-)Bestände an fertigen und unfertigen Erzeugnissen sowie der selbst erstellten Anlagen und Einrichtungen (Eigenleistungen) verwendet werden. Dieser Aspekt wird im Folgenden vernachlässigt, da insbesondere der Dienstleistungsaspekt von öffentlichen Organisationen im Mittelpunkt stehen soll und Dienstleistungen grundsätzlich nicht lagerfähig sind.

In der Kostenrechnung setzen sich die **Herstellkosten** aus den Materialkosten und den Fertigungskosten zusammen. Diese unterscheiden sich deutlich von den „**Herstellungskosten**", deren Bestandteile in § 255 Absatz 2 HGB geregelt sind. Die **Selbstkosten** werden in der Regel über die Addition der Herstellkosten, Verwaltungskosten und Vertriebskosten definiert. Diese Definition ist vor allem für das produzierende Gewerbe (z. B. Fertigungsindustrie) relevant und soll mit Blick auf den öffentlichen Sektor vernachlässigt werden.

Die Kostenträgerrechnung unterteilt sich in:

- eine stückbezogene **Kostenträgerstückrechnung** (Kalkulation), welche die Selbstkosten der Kostenträger je Leistungseinheit ermitteln soll. Die Stückkosten dienen als Grundlage für **preispolitische Entscheidungen** bei den abzusetzenden Verwaltungsprodukten (Vorkalkulation). Zu beachten ist, dass in öffentlichen Organisationen die **Entgelte** bzw. **Gebühren** i. d. R. in Gebührenordnungen festgelegt werden. Ziel ist es, die Produkte kostendeckend zu erbringen. In Abhängigkeit vom Zeitpunkt der Durchführung der Kalkulation lassen sich die **Vorkalkulation** (vor der Leistungserstellung; dient der Preisermittlung), **Zwischenkalkulation** (während der Leistungserstellung; dient der Kosten- bzw. Budgetkontrolle) und **Nachkalkulation** (nach der Leistungserstellung; dient der Preisbeurteilung bzw. der künftigen Vermeidung von Kalkulationsfehlern) unterscheiden[1].

---

[1] Vgl. Fischbach 2013, S. 82 f.

- eine periodenbezogene **Kostenträgerzeitrechnung** (kurzfristige Erfolgsrechnung), die den Periodenerfolg von Kostenträgern ermitteln soll und somit Informationen über das kalkulatorische Betriebsergebnis liefert.

6.5.2 Kalkulationsverfahren

Im Folgenden werden die grundsätzlichen Funktionsweisen ausgewählter Kalkulationsverfahren vorgestellt:

(1) Divisionskalkulation
Die Divisionkalkulation ist ein einfaches Kalkulationsverfahren und eignet sich für Einprodukt-Betriebe (z. B. Kieswerk, Gaswerk, Elektrizitätswerk). Dabei dürfen keine Veränderungen in den Lagerbeständen auftreten. In diesem Fall ist grundsätzlich keine Kostenrechnung erforderlich, da alle Kosten nur für einen Kostenträger anfallen. Die Stückkosten (Selbstkosten) werden berechnet, indem die Gesamtkosten durch die Leistungsmengen einer Periode dividiert werden.

Beispiel:
Die monatlichen Gesamtkosten eines kommunalen Kindergartens liegen bei 100.000 €. Die Selbstkosten der Dienstleistung „Kinderbetreuung" betragen bei 100 zu betreuenden Kindern 1.000 € je Kind monatlich.

Die Divisionskalkulation kann für eine Produktionsstufe (einstufiges Verfahren), aber auch für mehrere hintereinander geschaltete Produktionsstufen (mehrstufiges Verfahren) angewandt werden.

(2) Äquivalenzziffernkalkulation
Eine modifizierte bzw. verfeinerte Form der Divisionskalkulation stellt die Äquivalenzziffernkalkualtion dar. Das Verfahren eignet sich, wenn mehrere Sorten, d. h. artgleiche Verwaltungsprodukte (z. B. Beratungen, Bearbeitung von Leistungsanträgen) geleistet werden. Zwischen den Sorten besteht ein festes Kostenverhältnis, das durch Äquivalenzziffern ausgedrückt werden kann. Die Äquivalenzziffern geben an, in welchem Verhältnis die einzelnen Sorten an der Kostenverursachung beteiligt sind. Bei der Ermittlung der Äquivalenzziffern werden Bezugsgrößen (z. B. Arbeitszeit, Materialverbrauch) verwendet.

Die Äquivalenzziffernkalkualtion vollzieht sich in vier Schritten:

1. Schritt: Zuordnung von Äquivalenzziffern

Zunächst muss eine Basissorte definiert werden, i. d. R. die volumenreichste Sorte. Diese Basissorte wird mit der Äquivalenzziffer 1,0 gewichtet. Für die anderen Sorten werden anschließend höhere oder niedrigere Äquivalenzziffern ermittelt, welche die Kostenverhältnisse der Sorten zur Basissorte ausdrücken.

Beispiel:
In einer öffentlichen Organisation werden drei „Sorten" geleistet:
(1) Sorte A, (2) Sorte B und (3) Sorte C. Die Gesamtkosten betragen 40.000 €. Eine Analyse ergibt, dass der Zeitaufwand für die Erstellung der Sorte B 10 % niedriger ist als bei der Sorte A (= Basissorte). Die Sorte C ist hingegen 20 % (zeit-)aufwändiger als die Sorte A.

Sorten	Menge	ÄZ
A	410	1,0
B	300	0,9
C	100	1,2

2. Schritt: Bildung von Rechnungseinheiten

Die Rechnungseinheiten werden durch die Multiplikation der Äquivalenzziffern mit den jeweiligen Leistungsmengen ermittelt.

Sorten	Rechnungseinheiten (RE)	
A	410 x 1,0	410 RE
B	300 x 0,9	270 RE
C	100 x 1,2	120 RE
	Summe	**800 RE**

3. Schritt: Ermittlung der Kosten je Rechnungseinheit

Die Kosten je Rechnungseinheit werden mittels Division der Gesamtkosten durch die Summe der Rechnungseinheiten (RE) ermittelt:

Gesamtkosten / Summe der RE = 40.000 € / 800 RE = 50 €/RE

4. Schritt: Kostenzuordnung auf die Sorten
Die Stückkosten werden durch die Multiplikation der Äquivalenzziffern mit den Kosten je Rechnungseinheit berechnet:

Sorten	Menge	Kosten je Stück (in €)	Gesamtkosten (Menge x Kosten je Stück)	
A	410	1,0 x 50 = 50	410 x 50 =	20.500 €
B	300	0,9 x 50 = 45	300 x 45 =	13.500 €
C	100	1,2 x 50 = 60	100 x 60 =	6.000 €
			Gesamtkosten	40.000 €

(3) Zuschlagskalkulation
Grundlage für die Zuschlagskalkulation ist die Trennung in Kostenträger-Einzelkosten und Kostenträger-Gemeinkosten, wie sie bereits im Rahmen der Kostenstellenrechnung erörtert wurde.

Folgende Verfahren der Zuschlagskalkulation können angewendet werden:

- Bei der **summarischen Zuschlagskalkulation** werden die sämtlichen Kostenträger-Gemeinkosten mit einem einzigen Zuschlagssatz auf die Kostenträger verteilt. Rechnerisch ermittelt wird der Zuschlagssatz folgendermaßen:

Zuschlagssatz = Summe Gemeinkosten / Summe Einzelkosten

Beispiel:
Die Kostenträger-Gemeinkosten der Endkostenstelle EK 1 betragen **62.280 €**, die Kostenträger-Einzelkosten betragen **50.000 €**.

Zuschlagssatz = 62.280 € / 50.000 € = 124,56 %, d. h. je 1 € Einzelkosten müssen rd. 1,25 € Gemeinkosten zugeschlagen werden.

Kostenträger / Kostenarten	A	B	C	D
Einzelkosten	10.000 €	15.000 €	2.500 €	22.500 €
Gemeinkostenzuschlag $\sum$ 62.280 €	124,56 % bzw. 12.456 €	124,56 % bzw. 18.684 €	124,56 % bzw. 3.114 €	124,56 % bzw. 28.026 €
Gesamtkosten	22.456 €	33.684 €	5.614 €	50.526 €
Leistungsmengen	50 ME	45 ME	25 ME	20 ME
Stückkosten	449 €	749 €	225 €	1.526 €

- Bei der **elektiven Zuschlagskalkulation** werden nicht die gesamten Kostenträger-Einzelkosten als Basis für die Gemeinkostenzuschläge verwendet, sondern einzelne Arten von Einzelkosten (z. B. Materialeinzelkosten).

- Bei der **differenzierenden Zuschlagskalkulation** werden die Kostenträger-Gemeinkosten mit Hilfe mehrerer Zuschlagssätze verrechnet. Dabei werden solche Bezugsgrößen verwendet, die eine möglichst enge Beziehung zur Gemeinkostenentwicklung aufweisen. So kann für jede Gemeinkostenart ein separater Zuschlagssatz gebildet werden.

In der Realität lassen sich oftmals kaum Bezugsgrößen finden, die der geforderten Proportionalität zwischen Einzel- und Gemeinkosten entsprechen. Aufgrund des hohen Gemeinkostenanteils in öffentlichen Organisationen können sich sehr hohe Zuschlagssätze ergeben. Aus diesem Grund ist die Zuschlagskalkulation kritisch zu bewerten.

Die Genauigkeit der Zuschlagskalkulation kann durch eine Orientierung an Arbeitsplätzen bzw. Arbeitszeiten erhöht werden. Dieses Verfahren ist in öffentlichen Organisationen weit verbreitet.

Beispiel:
Die Kostenträger-Gemeinkosten der EK 1 betragen 62.280 €. Angenommen, EK 1 verfügt über eine monatliche Kapazität von 1.600 Personalstunden, so kann folgender Stundensatz zu Grunde gelegt werden:

62.280 € / 1.600 Std. = 38,93 € je Std.

Die Personalstunden bzw. der zeitliche Arbeitsaufwand kann den Verwaltungsprodukten (z. B. mittels Schätzung, Erhebungen) zugeordnet werden.

Die Kostenträger-Gemeinkosten werden dann wie folgt auf die Kostenträger verteilt:

Kostenträger \ Kostenarten	A	B	C	D
Einzelkosten	10.000 €	15.000 €	2.500 €	22.500 €
Gemeinkostenzuschlag	400 Std. x 38,93 €/Std.	200 Std. x 38,93 €/Std.	700 Std. x 38,93 €/Std.	300 Std. x 38,93 €/Std.
∑ 62.280 €	15.572 €	7.786 €	27.251 €	11.675 €
Gesamtkosten	**25.572 €**	**22.786 €**	**29.751 €**	**34.175 €**
Leistungseinheiten	50 ME	45 ME	25 ME	20 ME
Stückkosten	**511 €**	**506 €**	**1.190 €**	**1.709 €**

6.5.3 Kostenträgerzeitrechnung

Mit der Kostenträgerzeitrechnung werden die gesamten Kosten einer Periode je Kostenträger ermittelt. Sie ist eine kurzfristige Erfolgsrechnung und dient dazu, durch die Gegenüberstellung von Erlösen und Kosten das Betriebsergebnis einer Periode zu ermitteln. Das Betriebsergebnis bildet die ordentliche Tätigkeit eines Betriebes ab[1]. Das Betriebsergebnis wird üblicherweise monatlich ermittelt und für die laufende Überwachung eines Betriebes herangezogen. Die Kostenträgerzeitrechnung weist im Vergleich zur Gewinn- und Verlustrechnung folgende Vorteile auf[2]:

In der kurzfristigen Erfolgsrechnung

- werden keine neutralen Aufwendungen und Erträge berücksichtigt, wodurch die Aussagekraft erhöht und Periodenvergleiche möglich sind;
- wird der tatsächliche Ressourcenverbrauch durch die Berücksichtigung von kalkulatorischen Kosten erfasst;

---
[1] Vgl. Schultz 2011, S. 188.
[2] Vgl. ebd, S. 189.

- sind handels- und steuerrechtliche Bestimmungen irrelevant. Der Werteverlust von Gütern und Dienstleistungen kann sich an den tatsächlichen Gegebenheiten ausrichten.

Demzufolge ermöglicht die kurzfristige Erfolgsrechnung einen realistischeren Einblick in die betriebliche Erfolgssituation.

Die Kostenträgerzeitrechnung kann mit Hilfe von zwei Verfahren durchgeführt werden, die auch in der Gewinn- und Verlustrechnung angewendet werden:

(1) Gesamtkostenverfahren

Alle Kosten einer Periode werden nach Kostenarten gegliedert den gesamten Leistungen bzw. Erlösen dieser Periode gegenübergestellt. Das Verfahren eignet sich damit nur in Einprodukt-Betrieben und hat in der Praxis eine geringe Bedeutung. Obwohl dieses Verfahren rechnerisch einfach ist, ist eine Analyse des Erfolges einzelner Kostenträger bzw. deren Beitrag zum (kalkulatorischen) Betriebsergebnis nicht möglich, da die Gesamtkosten nicht nach Kostenträgern aufgegliedert werden. Darüber hinaus müssen beim Gesamtkostenverfahren die Bestandsveränderungen bei den unfertigen und fertigen Erzeugnissen sowie die aktivierten Eigenleistungen berücksichtigt werden. Da diese monatlich erfasst werden müssen, kann ein hoher Erfassungsaufwand entstehen.

	Umsatzerlöse der Periode
+	Bestandsmehrungen an fertigen und unfertigen Erzeugnissen (bewertet zu Herstellkosten)
+	andere aktivierte Eigenleistungen (bewertet zu Herstellkosten)
=	**Leistungen der Periode**
-	gesamte Kosten der Periode (gegliedert nach Kostenarten)
-	Bestandsminderungen an fertigen und unfertigen Erzeugnissen (bewertet zu Herstellkosten)
=	**(kalkulatorisches) Betriebsergebnis**

(2) Umsatzkostenverfahren

Die Kosten einer Periode werden nicht nach Kostenarten, sondern nach den Kostenträgern angeordnet und mit den jeweiligen Umsatzerlösen verrechnet. Auf diese Weise kann ermittelt werden, welche Kostenträger welchen Anteil am Gesamtumsatz haben. Der Betriebserfolg wird folglich transparenter. Die Bestandsveränderungen müssen beim Umsatzkostenverfahren – im Gegensatz zu dem Gesamtkostenverfahren – nicht berücksichtigt werden, weil von vorneherein nur die abgesetzten Kostenträger berücksichtigt werden.

Umsatzerlöse der Periode (gegliedert nach den einzelnen Produkten)
- Selbstkosten der in der Periode abgesetzten Produkte
 (gegliedert nach den einzelnen Produkten)

= **(kalkulatorisches) Betriebsergebnis**

6.6 Teilkostenrechnung

6.6.1 Zwecke und Funktionsweise der Teilkostenrechnung

In der Vollkostenrechnung müssten die Stückkosten mit zunehmender Menge sinken (Kostendegression), was durch den abnehmenden Anteil an Fixkosten bedingt ist. So können die Kosten nur dann langfristig gedeckt werden, wenn eine geplante Stückzahl erreicht wird. Bei einer zu geringen Menge kommt es hingegen zu einer Unterdeckung der Kosten bzw. zu Verlusten. Für die Kostensteuerung sind daher langfristig eine Vollkostenrechnung, eine Leistungsrechnung sowie ein Fixkostencontrolling relevant.

Im öffentlichen Sektor ist dieser Aspekt weniger bedeutsam als in privatwirtschaftlichen Betrieben, obwohl schätzungsweise 80 % der Kosten fix sind. Da öffentliche Organisationen oftmals „natürliche" Monopole darstellen und somit kein „Markt" existiert, besteht bei Verlusten grundsätzlich die Verpflichtung zum Nachtrag von Haushaltsmitteln, sofern die Leistungserstellung gesetzlich vorgeschrieben ist (z. B. die Zahlung von Sozialleistungen).

Die Durchführung der Teilkostenrechnung setzt die strikte Trennung zwischen fixen (beschäftigungsunabhängigen) und variablen (beschäftigungsabhängigen) Kosten voraus.

In der Teilkostenrechnung werden den Kostenträgern nur die variablen Kosten zugerechnet. Die fixen Kosten werden nicht in die Kostenträgerstückrechnung (Kalkulation) einbezogen. Hingegen werden bei der Vollkostenrechnung die anfallenden Einzel- und Gemeinkosten bei der Kalkulation berücksichtigt, d. h. alle Kosten werden auf die Kostenträger verrechnet.

Fixe Kosten können in einem geringen Zeitraum nicht verändert werden, d. h. sie sind kurzfristig nicht entscheidungsrelevant. Jedoch können für die fixen Kosten sehr unterschiedliche Zeiträume bestehen. So müssen bei der Auflösung von Verträgen (z. B. Mieten, Wartung, Arbeitsverhältnisse, Leasing) bestimmte Fristen eingehalten werden. Fixkosten sind unveränderliche Kostenbestandteile, die bei einer zu geringen Beschäftigung hohe Leerkosten verursachen. Sinkt die Beschäftigung dauerhaft, so sollte ein Betrieb vesuchen, die fixen Kosten zu senken, z. B. durch die Veräußerung des Anlagevemögens oder die Kündigung langfristiger Verträge[1].

Für langfristige Planungen und Entscheidungen liefert die Vollkostenrechnung die richtigen Informationen. Als kurzfristig entscheidungsrelevant gelten jedoch ausschließlich die variablen Kosten (K_v). Hier stellt die Teilkostenrechnung das geeignete Rechnungssystem dar. Zu beachten ist, dass die fixen Kosten (K_f) in der Teilkostenrechnung nicht vernachlässigt werden. Diese Kosten werden zu einem späteren Zeitpunkt „en bloc" den Kostenträgern eines Betriebes zugeordnet, um den Betriebserfolg zu berechnen.

6.6.2 Verfahren der Teilkostenrechnung

Nach Art und Inhalt der Kostenzurechnung werden folgende Verfahren der Teilkostenrechnung unterschieden:

(1) Deckungsbeitragsrechnung
Der Deckungsbeitrag ist eine periodenbezogene Größe und drückt aus, was vom (Verkaufs-)Erlös nach Abzug der variablen Kosten übrig bleibt und folglich zur Deckung der fixen Kosten sowie gegebenenfalls zur Gewinnerzielung zur Verfügung steht. Berücksichtigt wird dabei die abgesetzte Menge (Verkaufserlöse) und nicht die produzierten Leistungsmengen.

---

[1] Vgl. Fischbach 2013, S. 115.

Der Deckungsbeitrag (DB) kann für eine Kostenträgerart ermittelt werden:

DB = Erlöse (E) – variable Kosten (K_v)

Zudem kann für eine einzelne Leistungseinheit der Stückdeckungsbeitrag (db) berechnet werden:

db = Stückerlös (e) – variable Stückkosten (k_v)

Mit Hilfe des Deckungsbeitrages können einzelne Kostenträger dahingehend beurteilt werden, ob sie im Sortiment eines Betriebes verbleiben sollen (DB > 0) oder aus dem Sortiment entfernt bzw. die Absatzpreise erhöht werden sollen (DB < 0). Im Falle eines negativen DB würde mit jeder verkauften Leistungseinheit ein Verlust für den Betrieb entstehen. Hingegen sind Produkte, die für den Betrieb Imageträger darstellen, die eine hohe Komplementarität zu anderen Produkten aufweisen, deren Markteinführung eine Niedrigpreisstrategie erfordert oder die aufgrund von gesetzlichen Verpflichtungen (z. B. Gewährleistungsansprüche bei Produkten) zur Verfügung gestellt werden müssen, ggf. nicht aus dem Sortiment zu entfernen.

a) Einstufige Deckungsbeitragsrechnung

In einem **Einprodukt-Betrieb** kann der kalkulatorische Betriebserfolg wie folgt berechnet werden:

Betriebserfolg = DB – fixe Kosten (K_f), d. h.
Erlöse (E) – variable Kosten (K_v) – fixe Kosten (K_f)

Der (kalkulatorische) Betriebserfolg in einem **Mehrprodukt-Betrieb** lässt sich berechnen, indem für jedes Produkt zunächst der Deckungsbeitrag ermittelt wird und anschließend alle Deckungsbeiträge zu einem Gesamtdeckungsbeitrag zusammengefasst werden. Die gesamten fixen Kosten werden dann in einer Summe (en bloc) von diesem Gesamtdeckungsbeitrag abgezogen.

An der einstufigen Deckungsbeitragsrechnung ist die undifferenzierte, d. h. wenig verursachungsgerechte Zuordnung der Fixkosten zu kritisieren. Diesen Aspekt berücksichtigt die mehrstufige Deckungsbeitragsrechnung.

Abb. 71: Einstufige Deckungsbeitragsrechnung

Produkt	A	B	C	D	Summe
Erlöse	1.300	800	1.500	700	4.300
./. variable Kosten	800	1.000	500	900	3.200
= DB	500	-200	1.000	-200	1.100
./. fixe Kosten					800
= Betriebserfolg					300

b) Mehrstufige Deckungsbeitragsrechnung

Bei der mehrstufigen Deckungsbeitragsrechnung werden bei der Ermittlung des Betriebserfolges die fixen Kosten nicht in der Summe, sondern in mehreren Stufen zugerechnet. Die Zerlegung der fixen Kosten kann nach den Kriterien Produkte (z. B. Patent- und Lizenzgebühren), Produktgruppen (z. B. Abschreibungen, Werbung), Bereiche (z. B. Gehalt des Abteilungsleiters, Raumkosten), Betrieb (z. B. Fuhrpark, Gebäudeversicherung, Mitgliedsbeiträge) erfolgen. Anschließend werden die fixen Kosten den jeweiligen Deckungsbeiträgen stufenweise zugeordnet. Anhand der Differenzierung der fixen Kosten kann dem Verursachungsprinzip besser Rechnung getragen werden.

Abb. 72: Mehrstufige Deckungsbeitragsrechnung

Produkte	A	B	C	D	Summe
Erlöse	1.300	800	1.500	700	4.300
./. variable Kosten	800	1.000	500	900	3.200
= DB I	500	-200	1.000	-200	1.100
./. produktfixe Kosten	50	50	200	100	400
= DB II	450	-250	800	-300	700
DB II je Produktgruppe	200		500		700
./. produktgruppen-fixe Kosten	100		200		300
= DB III	100		300		400
./. sonstige Fixkosten	100				100
= Betriebserfolg					300

Aufgrund der differenzierten Zurechnung der fixen Kosten wird ersichtlich, in welchem Umfang die einzelnen Teilbereiche die ihnen zurechenbaren Kosten decken können. Dadurch können die Stärken (hohe Deckungsbeiträge) sowie die Schwächen (niedrige und negative Deckungsbeiträge) des betrieblichen Sortiments aufgezeigt werden. Darüber hinaus können die Teilbereiche – die hohe Fixkosten verursachen – identifiziert werden.[1] Die einstufige und die mehrstufige Deckungsbeitragsrechnung ermitteln im Gesamtergebnis immer den gleichen kalkulatorischen Betriebserfolg.

(2) Relative Einzelkostenrechnung
Die relative Einzelkostenrechnung nach RIEBEL orientiert sich am entscheidungsorientierten Kostenbegriff. Betriebliche Entscheidungen werden als Ursache von Kosten angesehen, die diesen nach dem Identitätsprinzip zuzurechnen sind. Diese Entscheidungen können sich auf vielfältige Zurechnungsobjekte beziehen (z. B. Anlagegüter, Kundenbesuche). Folglich sind nur Kosten sowie Leistungen (bzw. Erlöse) gegenüberzustellen, die sich auf dieselbe Entscheidung beziehen. Anstatt fixe und variable Kosten bzw. Einzel- und Gemeinkosten zu differenzieren, werden die Kosten als relative Einzelkosten betrachtet. Die aus der relativen Einzelkostenrechnung abgeleitete Deckungsbeitragsrechnung ähnelt der mehrstufigen Deckungsbeitragsrechnung. Die Kosten werden dabei auf verschiedene Hierarchieebenen aufgeteilt.

Alle Kosten werden bei diesem Ansatz einer kombinierten Kostenarten-, Kostenstellen- und Kostenträgerrechnung zugeführt. Der Deckungsbeitrag eines Objektes ist dabei die Differenz zwischen den relativen Einzelerlösen und relativen Einzelkosten des Objektes. Die relative Einzelkostenrechnung wird eher als eine Denkweise, als ein praxistaugliches Kostenrechnungssystem angesehen. Aufgrund der hohen Komplexität ist ihre praktische Anwendbarkeit sehr umstritten.

(3) Grenzkostenrechnung
Grenzkosten sind jene Kosten, die bei der Erstellung einer zusätzlichen Mengeneinheit zusätzlich anfallen oder bei Verzicht auf die Erstellung einer Mengeneinheit entfallen. Problematisch wird die Ermittlung der variablen Kosten bei einer Teilkostenrechnung auf der Grundlage von Grenzkosten.

Die Grenzkostenrechnung trennt zunächst Kostenträger-Einzelkosten und Kostenträger-Gemeinkosten.

---
[1] Vgl. Fischbach 2013, S. 129.

Kostenträger-Einzelkosten werden grundsätzlich als variabel angesehen. Bei den Gemeinkosten dagegen führt die Trennung in fixe und variable Kosten zu Schwierigkeiten, denn Gemeinkosten kann man keineswegs pauschal als fix betrachten. Es bedarf deshalb einer Kostenauflösung der Gemeinkosten in ihre fixen und variablen Bestandteile.

Bei der Kostenauflösung kann man von folgenden Richtlinien ausgehen:

1. Kostenstellen-Gemeinkosten führen in aller Regel zu fixen Kosten in Bezug auf den Kostenträger.
2. Kostenstellen-Einzelkosten erfordern eine Einzelbeurteilung hinsichtlich der fixen bzw. variablen Größen.

Die Ermittlung der Grenzkosten erfolgt nach der Formel:

$$\text{Grenzkosten} = \frac{\text{Kosten 2} - \text{Kosten 1}}{\text{Menge 2} - \text{Menge 1}}$$

Beispiel:
Die bisherige Produktionsmenge von 100 ME (= Menge 1) verursachte Kosten (= Kosten 1) in Höhe von 550 €. Bei einer Produktion von 110 ME (= Menge 2) ergeben sich Kosten in Höhe von 600 € (= Kosten 2).

$$\text{Grenzkosten} = \frac{\text{Kosten 2} - \text{Kosten 1}}{\text{Menge 2} - \text{Menge 1}} = \frac{600 - 550}{110 - 100} = 5 €/\text{Stück}$$

Die entsprechenden Fixkosten errechnen sich wie folgt:

$$\text{Fixkosten} = \text{Gesamtkosten} - (\text{Menge} \times \text{Grenzkosten})$$
$$= 550 - (100 \times 5) = 50 €$$
$$= 600 - (110 \times 5) = 50 €$$

6.6.3 Managemententscheidungen mit Hilfe der Teilkostenrechnung

Kurzfristige Entscheidungen mit Hilfe der Kostenrechnung beziehen sich zum Beispiel auf folgende Bereiche, die kurz erläutert werden:

(1) Optimales Produktionsprogramm
Die Teilkostenrechnung unterstützt die kurzfristige Planung des Produktionsprogrammes. Ziel ist es, das Programm gewinnoptimal auszurichten. Zu

diesem Zweck ist zu prüfen, ob in einem Betrieb Kapazitätsengpässe vorliegen[1]:

Abb. 73: Optimales Produktionsprogramm

	kein Engpass	ein Engpass	mehrere Engpässe
Beschreibung	Es können alle Produkte hergestellt werden. Für die Produktion sind ausreichende Kapazitäten (z. B. Maschinen, Personal, Rohstoffe, Räume) vorhanden (Unterbeschäftigung)	Es können nicht alle Produkte hergestellt werden, da ein Engpass (z. B. begrenzte Personalkapazität) vorliegt.	Es können nicht alle Produkte hergestellt werden, da mehrere Engpässe (z. B. begrenzte Personalkapazität, begrenzte Maschinenkapazität, begrenzte Raumkapazität) vorliegen.
Entscheidung	Alle Produkte mit **positivem Deckungsbeitrag** sind herzustellen.	Das Produktionsprogramm ist zu bestimmen, das bei einer begrenzten Kapazität den maximalen Erfolg erwirtschaftet. Die Reihenfolge wird entsprechend der **relativen Deckungsbeiträge** der einzelnen Produkte (das Produkt mit dem höchsten relativen Deckungsbeitrag wird zuerst produziert) festgelegt (**relativer Deckungsbeitrag** = Stückdeckungsbeitrag / benötigte Engpasseinheiten)	Das optimale Produktionsprogramm wird mit Hilfe von Maximierungsmodellen ermittelt. Zu diesem Zweck fließen sämtliche Kapazitätsbeschränkungen als Restriktionen ein, ggf. können grafische Lösungen verwendet werden.

---

[1] Vgl. Fischbach 2013, S. 135 ff.

(2) Kurzfristige Preisuntergrenzen (Zusatzaufträge)
Bei der Frage, ob ein Betrieb Zusatzaufträge annehmen soll, liefert die Teilkostenrechnung ebenfalls wichtige Informationen. Bei einem Zusatzauftrag handelt sich um einen Auftrag, der zusätzlich zum bestehenden Produktionsprogramm angenommen werden kann. Ziel eines erwerbswirtschaftlichen Betriebes ist es, einen möglichst hohen Gesamtdeckungsbeitrag zu erzielen sowie das Betriebsergebnis zu maximieren. Für die Preisverhandlungen mit dem Kunden ist die Preisuntergrenze eine wichtige Entscheidungsgrundlage, da oftmals ein Entgegenkommen des Betriebes erwartet wird[1].

- **Unterbeschäftigung (Unterschreitung der Kapazität)**
Ein Zusatzauftrag ist anzunehmen, wenn der erzielbare Verkaufserlös (e) die variablen Stückkosten (k_v) überschreitet (Stückdeckungsbeitrag (db) > 0). Die variablen Stückkosten stellen somit die Preisuntergrenze dar. Hingegen ist der Zusatzauftrag grundsätzlich abzulehnen, wenn der erzielbare Verkaufserlös unter den variablen Stückkosten liegt; ansonsten würde sich das Betriebsergebnis verschlechtern.

Sofern die variablen Kosten keinen proportionalen Verlauf aufweisen, gilt:

Preisuntergrenze = Grenzkosten

- **Überbeschäftigung (Überschreitung der Kapazität):**
In diesem Fall kann der Zusatzauftrag nur durch Verzicht auf andere Aufträge realisiert werden. Da auf deren Deckungsbeiträge verzichtet werden muss, sind Opportunitätskosten zu berücksichtigen. Dies bedeutet, dass der Zusatzauftrag zusätzlich zu den variablen Kosten diese Opportunitätskosten erwirtschaften muss. Die kurzfristige Preisuntergrenze wird – bei einem Engpass – folglich durch die Summe der variablen Kosten und die Opportunitätskosten bestimmt.

Damit ein Betrieb über einen längeren Zeitraum erfolgreich ist, müssen langfristig die gesamten anfallenden Kosten gedeckt werden. Aus diesem Grund ist die **langfristige Preisuntergrenze** über die Gesamtkosten ($K = K_f + K_v$) zu definieren.

(3) Eigenfertigung versus Fremdbezug (Make-or-Buy-Entscheidung)
Hier geht es um die Entscheidung, ob es gegebenenfalls günstiger ist,

---

[1] Vgl. Fischbach 2013, S. 139.

bestimmte Güter bzw. Dienstleistungen (z. B. EDV, Mahnwesen, Kantine, Kundendienst) selbst herzustellen oder von anderen Betrieben zu beziehen (Outsourcing). Wichtig ist die Frage, was der Betrieb bereit ist, maximal für diese Güter bzw. Dienstleistungen zu bezahlen. Relevant für diese Entscheidung ist der Vergleich der Kosten eines Fremdbezuges mit der Preisobergrenze der Eigenfertigung. Die Preisobergrenze wird durch die Kosten bestimmt, die bei Fremdbezug wegfallen würden. Dabei sind auch sogenannte Stilllegungskosten zu berücksichtigen, z. B. die vorübergehende oder dauerhafte Stilllegung von Maschinen, Entlassung von Beschäftigten etc.

Grundsätzlich sind Güter bzw. Dienstleistungen unter kostenrechnerischen Aspekten von anderen Betrieben zu beziehen, sofern folgende Regel gilt[1]:

Kosten des Fremdbezuges + Stilllegungskosten < Kosten der Eigenfertigung

Die Kosten des Fremdbezuges setzen sich aus dem Zukaufspreis (ggf. abzüglich Preisminderungen) sowie den internen Kosten des Fremdbezuges zusammen.

Darüber hinaus spielt in einem Betrieb die Beschäftigungssituation sowie die Veränderlichkeiten der Fixkosten eine wesentliche Rolle bei der Entscheidung von Eigenfertigung oder Fremdbezug. Zu beachten ist, dass bei Make-or-Buy-Entscheidungen nicht nur Kostenaspekte relevant sind, sondern auch qualitative Entscheidungskriterien (z. B. Know-how-Verlust des Betriebs, Veränderung der Betriebskultur, Zuverlässigkeit des Anbieters, Abhängigkeit zum Anbieter, technische Innovationskraft des Anbieters etc.).

(4) Gewinnschwellenanalyse (Break-Even-Analyse)
Die Break-Even-Analyse kann für jedes einzelne Produkt durchgeführt werden und ermittelt den Beschäftigungsgrad, ab welchem mit einem Produkt ein Gewinn erzielt wird. In dem zu ermittelnden Break-Even-Punkt entsprechen die Erlöse genau den angefallenen Kosten. Die Break-Even-Analyse erfordert die Aufspaltung der Kosten in fixe und variable Bestandteile.

Bei der Break-Even-Analyse wird von vereinfachenden Annahmen ausgegangen (keine sprungfixen Kosten, Verkaufspreise und variable Kosten sind konstant, keine Veränderungen der Lagerbestände, d. h. die Produktionsmenge und die Absatzmenge stimmen überein).

---

[1] Vgl. Reichmann/Pallocks 1995, S. 5.

Die **mengenmäßige Gewinnschwelle** lässt sich folgendermaßen berechnen:

Abkürzung	Bezeichnung	Abkürzung	Bezeichnung
G	Gewinn	e	Stückerlös
E	Erlöse	k_v	variable Stückkosten
K_f	fixe Kosten	db	Stückdeckungsbeitrag
K_v	variable Kosten	x	Menge

$$G = E - K_f - K_v = 0$$
$$= e \times x - K_f - k_v \times x = 0$$
$$x = K_f / (e - k_v)$$
$$= K_f / db$$

Die **wertmäßige Gewinnschwelle** drückt hingegen aus, bei welchem Erlös (E) ein Gewinn von Null erwirtschaftet wird:

$$E = K_f / (1 - (k_v / e))$$

Die dazugehörige Menge wird als Break-Even-Menge bezeichnet.

Abb. 74: Break-Even-Analyse

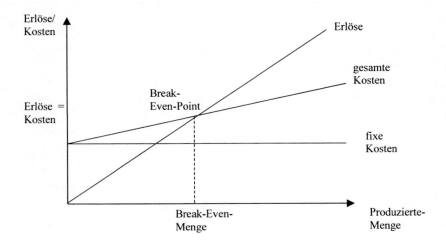

6.7 Plankostenrechnung

6.7.1 Ziele der Plankostenrechnung

Die Plankostenrechnung basiert auf prognostizierten (Plan-)Größen und dient der Lenkung bzw. Steuerung eines Betriebes. So werden künftige Kosten geplant, welche die Entscheidungsfindung unterstützen (z. B. Bewertung von Alternativen) sowie durch Soll-Ist-Vergleiche eine wirksame Kontrolle der Wirtschaftlichkeit ermöglichen. Um die Plankosten zu ermitteln, werden der Planwert (Prognosen für die Faktorpreise, z. B. Stundenlohn, Materialpreis) sowie die Planmenge (Beschäftigungsgrad) benötigt. Weitere Einflussfaktoren stellen die Faktorqualität (z. B. Fähigkeiten der Mitarbeiter) und die Betriebsgröße dar.

Für die Plankostenrechnung sind insbesondere folgende Begriffe von Bedeutung:

- Beschäftigungsgrad: Ist-Beschäftigung / vorhandene Kapazität
- Istkosten K^{IST}: Tatsächlich angefallene Kosten
- Plankosten K^{PLAN}: Geplante Kosten bei Plan-Beschäftigung
- Sollkosten K^{SOLL}: Geplante Kosten bei Ist-Beschäftigung.

Grundsätzlich können zwei Verfahren der Plankostenrechnung unterschieden werden:

Abb. 75: Plankostenrechnungssysteme

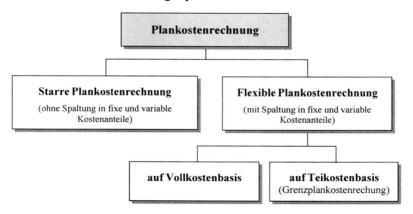

6.7.2 Starre Plankostenrechnung

Die starre Plankostenrechnung ist ein einfaches Verfahren, dass alle „starren" Kosteneinflussgrößen vorausplant, d. h. eventuelle Schwankungen dieser Einflussgrößen werden vernachlässigt. Ebenfalls wird nur ein Beschäftigungsgrad angenommen, d. h. die Plankosten werden nicht an eine meist abweichende Ist-Beschäftigung angepasst.

Zudem erfolgt bei der starren Plankostenrechnung keine Aufspaltung in variable und fixe Kosten. Dies bedeutet, dass Änderungen in der Beschäftigung unberücksichtigt bleiben. Folglich ist eine Kostenkontrolle kaum möglich, da die Abweichungen einzelner Kostenarten bei Beschäftigungsschwankungen nicht im Einzelnen bekannt sind. Das Verfahren wird in der betrieblichen Praxis selten eingesetzt, wenn überhaupt nur in Kostenstellen bzw. Betriebsbereichen ohne Beschäftigungsschwankungen.

6.7.3 Flexible Plankostenrechnung

Eine flexible Plankostenrechnung kann als Vollkostenrechnung oder als Teilkostenrechnung durchgeführt werden.

(1) Flexible Plankostenrechnung auf Vollkostenbasis

Bei der flexiblen Plankostenrechnung auf Vollkostenbasis ist die Beschäftigung die einzige flexible Kosteneinflussgröße. Für jede Kostenstelle werden die Plan-Beschäftigung (x^{PLAN}) sowie die Plankosten (K^{Plan}) festgelegt. Da die Plankosten an eine von der Plan-Beschäftigung abweichende Ist-Beschäftigung angepasst werden, müssen die Plankosten in variable (beschäftigungsabhängige) Kosten und fixe (beschäftigungsunabhängige) Kosten getrennt werden. Bei den variablen Kosten wird ein proportionaler Kostenverlauf angenommen:

$$K^{PLAN} = K_f^{PLAN} + K_v^{PLAN} = K_f^{PLAN} + k_v^{PLAN} * x^{PLAN}$$

Sollkosten entstehen, wenn die Plankosten an eine von der Plan-Beschäftigung abweichende Ist-Beschäftigung angepasst werden. Die Sollkostenfunktion lautet:

$$K^{SOLL} = K_f^{PLAN} + k_v^{PLAN} * x^{IST}$$

Die flexible Plankostenrechnung auf Vollkostenbasis ermöglicht über die Berücksichtigung der Sollkosten eine differenziertere Abweichungsanalyse als die starre Plankostenrechnung. Als nachteilig wird die Proportionalisierung der Fixkosten in der Kostenträgerrechnung angesehen, so dass die Planung und die Kostenzurechnung gegebenenfalls fehlerhaft sind. Darüber hinaus liefert sie keine entscheidungsrelevanten Informationen auf der Kostenträgerebene, die für kurzfristige Entscheidungen erforderlich wären.

Die Berücksichtigung von fixen und variablen Kostenbestandteilen ermöglicht die Einteilung der Gesamtabweichung in die Beschäftigungs-, Verbrauchs- und Preisabweichung und unterstützt somit eine Kostenkontrolle:

- **Beschäftigungsabweichungen** (= verrechnete Plankosten bei Ist-Beschäftigung – Sollkosten). Sofern die Ist-Beschäftigung von der Plan-Beschäftigung abweicht, erfolgt eine falsche Verrechnung der fixen Kosten:
  - bei $x^{IST} > x^{PLAN} \rightarrow$ Überdeckung, d. h. es sind zu hohe Fixkosten je Stück verrechnet worden
  - bei $x^{IST} < x^{PLAN} \rightarrow$ Unterdeckung, d. h. es sind zu geringe Fixkosten je Stück verrechnet worden
- **Verbrauchsabweichungen** (= Sollkosten – Istkosten (zu Planpreisen)). Sie zeigen den Mehr-/Minderverbrauch von Einsatzfaktoren an.
- **Preisabweichungen** (= Istkosten (zu Planpreisen) – Istkosten (zu Marktpreisen)). Sie zeigen die Wirkungen von Preisveränderungen auf die Istkosten an, z. B. wenn die Marktpreise der verbrauchten Einsatzfaktoren höher oder niedriger als die Planpreise sind.

Die **Gesamtabweichung** kann als Summe der Beschäftigungs-, Verbrauchs- und Preisabweichungen ermittelt werden.

(2) Flexible Plankostenrechnung auf Teilkostenbasis
Die flexible Plankostenrechnung auf Teilkostenbasis (**Grenzplankostenrechnung**) basiert auf denselben Annahmen wie die flexible Plankostenrechnung auf Vollkostenbasis. Allerdings werden bei diesem Verfahren nur die variablen Kosten auf die Kostenträger verrechnet. Betrachtet werden hier die Grenzkosten, d. h. Kosten, die entstehen, wenn eine Einheit zusätzlich hergestellt wird oder wenn eine Arbeitsstunde zusätzlich gearbeitet wird. Bei

proportionalen (linearen) Kostenfunktionen berechnen sich die Grenzkosten aus den variablen Stückkosten.

Die fixen Kosten werden im Rahmen der Grenzplankostenrechnung zunächst vernachlässigt, so dass eine Proportionalisierung dieser Kosten nicht stattfindet. Die fixen Kosten werden direkt in das Betriebsergebnis (kurzfristige Erfolgsrechnung) übernommen und nicht auf die Kostenträger verrechnet. Der Plandeckungsbeitrag lässt sich berechnen, indem von dem Grenzerlös (Planerlös je Stück) die Grenzkosten (variable Plankosten je Stück) subtrahiert werden.

Im Zuge der Abweichungsanalyse können in der Grenzplankostenrechnung Preis- und Verbrauchsabweichungen (Wirtschaftlichkeitskontrolle) analysiert werden. Beschäftigungsabweichungen sind irrelevant, da die Grenzplankostenrechnung keine fixen Kosten berücksichtigt. Die Grenzplankostenrechnung liefert somit wertvolle Informationen für kurzfristige Entscheidungen.

Den Kostenstellenleitern fehlt jedoch eine Übersicht über die Gesamtkosten. Damit der Fokus nicht ausschließlich auf der Reduktion der variablen Kosten liegt, werden in der betrieblichen Praxis die Plankostenrechnung oftmals parallel – auf Vollkosten- und Teilkostenbasis – durchgeführt[1].

6.8 Kostenmanagement

„Ziel des Kostenmanagements ist einerseits die operative Steuerung von Kosteneinflussgrößen (Gestaltungsparametern) zur möglichst zeitnahen und nachhaltigen Reduktion aktueller Kosten. Andererseits liegt das Ziel des Kostenmanagements auch in der optimalen, d. h. zielorientierten „strategischen" Gestaltung von Kostenparametern zur möglichst umfangreichen und nachhaltigen Reduktion zukünftiger Kosten"[2].

Ein effektives Kostenmanagement muss grundsätzlich drei Interventionsebenen berücksichtigen:

- **Kostenniveau:** Ziel ist es, die Kostenhöhe zu reduzieren (z. B. Gesamtkosten, Stückkosten).

---

[1] Vgl. Fischbach 2013, S. 165.
[2] Mussnig/Bleyer/Giermaier 2006, S. 551.

- **Kostenstruktur:** Ziel ist es, die Kostenstruktur zu flexibilisieren, d. h. die Abhängigkeit der Kosten von der Beschäftigung zu erhöhen bzw. die Fixkosten abzubauen.
- **Kostenverlauf:** Ziel ist es, die Kosten mittels bestimmter Kosteneinflussgrößen (z. B. Beschäftigung) im Zeitverlauf zu beeinflussen (z. B. Fixkostendegression).

Abb. 76: Interventionsebenen des Kostenmanagements[1]

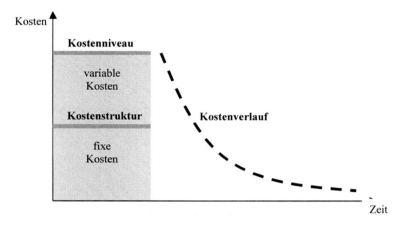

Je nach Interventionsebene können verschiedene Maßnahmen bzw. Verfahren zugeordnet werden, um diese Ziele zu erreichen:

---

[1] In Anlehnung an Mussnig/Bleyer/Giermaier 2006, S. 552.

Abb. 77: Maßnahmen zur Beeinflussung des Kostenniveaus

Maßnahmen	Kurzbeschreibung
Benchmarking	Benchmarking ist der kontinuierliche Vergleich von Produkten, Dienstleistungen, Prozessen oder Methoden mit anderen Betrieben bzw. Bereichen, um eine Leistungslücke zu schließen. Ziel ist es, sich mit den „Besten" zu vergleichen und Verbesserungsmöglichkeiten zu identifizieren und umzusetzen (z. B. Optimierung kostenintensiver Prozesse).
Zero Base Budgeting	Ausgangspunkt ist die Null-Basis-Planung. Für die mittel- bzw. langfristige Planung wird seitens des Managements eine vollständige und detaillierte Begründung des Mittelbedarfs gefordert. Die Bedarfe werden unter Berücksichtigung eines maximal zulässigen Budgets und der Betriebsziele bezüglich ihrer Wichtigkeit bewertet.
Target Costing	Das Target Costing zielt darauf ab, die Produktkosten in Bezug auf die Produktanforderungen bereits in einer frühen Phase des Produktlebenszyklus zu beeinflussen. Ausgehend von der Frage „Was darf ein Produkt aus Sicht des Kunden aufgrund der bestehenden bzw. künftigen Marktanforderungen kosten?" erfolgt die Festlegung der Zielkosten anhand einer retrograden Kalkulation.
Wertanalytische Ansätze	Alle Aktivitäten bzw. Funktionen, die für die Erstellung eines Produktes relevant sind, werden hinsichtlich ihres Beitrages zur Kundenerwartung analysiert. Bei einem zu geringen oder fehlenden Kundenwert, werden diese Funktionen eliminiert und folglich die Kosten reduziert.

Abb. 78: Maßnahmen zur Beeinflussung der Kostenstruktur

Maßnahmen	Kurzbeschreibung
Outsourcing	Unter Outsourcing wird die Auslagerung abgegrenzter Betriebsbereiche verstanden. Sofern die auszulagernden Leistungen bereits eine hohe Effizienz aufweisen, kann über Outsourcing allerdings nur eine geringe Kostenreduktion realisiert werden. Ein wesentlicher Vorteil wird jedoch in der möglichen Variabilisierung der Fixkosten gesehen. Dies ist jedoch von den Vertragsmodalitäten des Anbieters abhängig.
Vergütung	Flexibilisierung der Vergütung durch entsprechende Lohn- und Gehaltsformen, z. B. stückabhängiger Akkordlohn, Provisionszahlungen bei geringerem Fixgehalt, erfolgs- bzw. leistungsorientierte Vergütungsformen.
Verträge	Fixkosten können auf den Kunden übertragen werden (z. B. Entwicklungs- oder Montagekosten) sowie stückabhängige Kosten wie Transportversicherung, Lizenzen, d. h. Verzicht auf pauschalierte Kosten.

Abb. 79: Maßnahmen zur Beeinflussung des Kostenverlaufs

Maßnahmen	Kurzbeschreibung
Lernkurve	Die Erfahrungskurve basiert auf einem funktionalen Zusammenhang zwischen den kumulierten Produktmengen und den Stückkosten und beinhalt die Annahme, dass „… jeweils bei einer Verdoppelung der im Zeitablauf kumulierten Produktmenge mit einem Rückgang der wertschöpfungsbezogenen Stückkosten um einen konstanten Prozentsatz zu rechnen ist"[1].
Technischer Fortschritt	Der technische Fortschritt unterstützt die Produktion von Produkten zu niedrigeren Stückkosten. Diese können somit kostengünstiger und schneller in größeren Stückzahlen hergestellt werden.
Fixkostendegression	Die Fixkostendegression bezeichnet den positiven Effekt der Kostenentwicklung bei hohen Produktionsmengen, d. h. bei konstanter Kapazität werden die fixen Kosten mit zunehmender Beschäftigung auf eine größere Anzahl an Produkten verteilt. Dies führt zu sinkenden Stückkosten.
Betriebsgrößeneffekt	Kostensenkungen können sich durch eine entsprechende Betriebsgröße ergeben. Die kann z. B. durch Marktmacht, Vorteile beim Einkauf, durch gebündeltes Know-how in der Forschung und Entwicklung sowie durch Spezialisierung erfolgen.

Eine umfassende und wirkungsvolle Kostenkontrolle setzt voraus, dass die Maßnahmen des Kostenmanagements alle drei Handlungsebenen berücksichtigen und im Rahmen des Controlling auch ständig im Blick behalten werden. Kostenmanagement ist eine dauernde Aufgabe, die niemals endet. Das gilt für Verwaltungen genauso wie für Unternehmungen. In der Verwaltung geht es dabei um nicht weniger als das Gemeinwohl.

---

[1] Henderson 1984, S. 19.

6.9 Wiederholungsfragen

Lösungshinweise siehe Seite

59.	Erläutern Sie den wertmäßigen Kostenbegriff.	119
60.	Beschreiben Sie kurz die Ziele, die mit der Kosten- und Leistungsrechnung im öffentlichen Sektor verbunden sind.	119
61.	Welche Grundsätze sind bei der Bildung von Kostenarten zu beachten?	124
62.	Welche Kosten werden in der Kostenartenrechnung erfasst?	125
63.	Unterscheiden Sie die Begriffe Fertigungsstoffe, Hilfsstoffe und Betriebsstoffe.	126
64.	Nennen Sie die für die Erfassung und Bewertung des Materialverbrauchs relevanten Schritte.	127
65.	Welche Methoden können für die Erfassung des Materialvebrauchs verwendet werden?	126
66.	Erläutern Sie die Methoden zur Bewertung des Materialverbrauchs.	127
67.	Welche Personalkosten lassen sich unterscheiden?	128
68.	Worin unterscheiden sich direkte, indirekte, primäre und sekundäre Sozialkosten?	129
69.	Was sind Dienstleistungskosten? Nennen Sie Beispiele.	130
70.	Nennen Sie Beispiele für öffentliche Abgaben mit Kostencharakter.	130
71.	Was ist unter kalkulatorischen Kosten zu verstehen? Weshalb werden Sie in der Kostenrechnung berücksichtigt?	131
72.	Worin unterscheiden sich Anders- und Zusatzkosten? Nennen Sie Beispiele.	131
73.	Was versteht man unter Opportunitätskosten? Geben Sie ein Beispiel an.	132

74.	Worin unterscheidet sich die kalkulatorische Abschreibung von der bilanziellen Abschreibung?	131
75.	Wofür werden kalkulatorische Zinsen angesetzt?	132
76.	Wie wird das betriebsnotwendige Kapital berechnet?	133
77.	Woran sollte sich der kalkulatorische Zinsssatz orientieren?	133
78.	Geben Sie Beispiele für kalkulatorische Wagniskosten an.	133
79.	Was ist unter dem Begriff kalkulatorische Miete zu verstehen?	134
80.	Nennen Sie die wesentlichen betrieblichen Funktionen, die für eine Kostengliederung zu Grunde gelegt werden können.	135
81.	Definieren Sie die folgenden Begriffe: Einzelkosten, Gemeinkosten, fixe Kosten, variable Kosten, Reagibilitätsgrad.	135
82.	Was versteht man unter dem Begriff Fixkostendegression? Geben Sie ein Beispiel an.	137
83.	Worin unterscheiden sich Leerkosten und Nutzkosten? Nennen Sie Beispiele.	138
84.	Was sind Grenzkosten? Wann entsprechen diese den variablen Durchschnittskosten?	141
85.	Skizzieren Sie mögliche Kostenverläufe bei den variabeln Kosten.	140
86.	Geben Sie beispielhaft jeweils eine Kostenart an, die sich proportional, degressiv, progressiv, regressiv und fix verhält.	138f
87.	Was ist eine Kostenstelle?	141
88.	Nennen Sie die Kriterien für die Bildung von Kostenstellen.	143
89.	Nennen Sie kurz die wesentlichen Aufgaben der Kostenstellenrechnung.	141
90.	Wodurch unterscheiden sich Allgemeine Kostenstellen, Hilfskostenstellen und Hauptkostenstellen?	143
91.	Worin unterscheiden sich Vorkostenstellen und Endkostenstellen?	143
92.	Was ist unter primären und sekundären Kosten zu verstehen?	144
93.	Was versteht man unter einer Bezugsgröße? Geben Sie Beispiele an.	148

6 Kostenrechnung

94.	Skizzieren Sie den Aufbau eines Betriebsabrechnungsbogens (BAB).	146
95.	Erläutern Sie den Ablauf der Kostenstellenrechnung bzw. die einzelnen Arbeitsschritte des BAB.	144
96.	Wie werden im BAB die Kostenträger-Einzelkosten behandelt?	148
97.	Nennen und erläutern Sie kurz verschiedene Verfahren der Innerbetrieblichen Leistungsverrechnung (ILV).	145
98.	Nennen Sie Beispiele für innerbetriebliche Leistungen.	146
99.	Welchen Zweck verfolgt man mit der Bildung von Kalkulationssätzen?	148
100.	Erläutern Sie die Aufgabe der Kostenkontrolle im Rahmen der Betriebsabrechnung.	150
101.	Welchen Zwecken dient die Kostenträgerrechnung?	150
102.	Was ist ein Kostenträger?	150
103.	Welche Grundsätze sind bei der Bildung von Kostenträgern zu berücksichtigen?	151
104.	Was ist unter der Vor-, Zwischen- und Nachkalkulation zu verstehen?	151
105.	Welche Kalkulationsverfahren lassen sich unterscheiden?	152
106.	Erläutern Sie das Prinzip der Divisionskalkulation.	
107.	Beschreiben Sie das Verfahren der Äquivalenzziffernkalkulation anhand eines selbstgewählten Beispiels. Was gibt die Basissorte an?	152
108.	Was ist unter einem Zuschlagssatz zu verstehen?	154
109.	Unterscheiden Sie die summarische, elektive und differenzierende Zuschlagskalkulation.	154
110.	Worin unterscheiden sich die Kostenträgerstückrechnung und Kostenträgerzeitrechnung?	157
111.	Welchen Zweck verfolgt die kurzfristige Erfolgsrechnung?	157
112.	Welche Verfahren können bei der Kostenträgerzeitrechnung angewandt werden?	157

113.	Beschreiben Sie kurz die wesentlichen Merkmale der Teilkostenrechnung.	159
114.	Welche Vorteile weist die Teilkostenrechnung gegenüber der Vollkostenrechnung auf?	159
115.	Nennen Sie die Verfahren der Teilkostenrechnung.	160
116.	Worin unterscheiden sich die einstufige und die mehrstufige Deckungsbeitragsrechnung?	161
117.	Erläutern Sie anhand von zwei Beispielen, inwiefern die Teilkostenrechnung kurzfristige Managemententscheidungen unterstützen kann.	165
118.	Nennen und erläutern Sie wesentliche Gründe, weshalb ein Betrieb unter Umständen einzelne Produkte, die einen negativen Deckungsbeitrag aufweisen, nicht aus dem Sortiment entfernen kann.	166
119.	Was versteht man unter der Break-Even-Analyse? Worin unterscheidet sich die mengenmäßige und wertmäßige Gewinnschwelle? Welche Annahmen werden bei der Durchführung der Analyse getroffen?	167
120.	Erläutern Sie die Entscheidung bezüglich Eigenfertigung und Fremdbezug aus kostentheoretischer Sicht.	166
121.	Erläutern Sie kurz das Prinzip der relativen Einzelkosten.	
122.	Erläutern Sie kurz das Prinzip der Grenzkostenrechnung.	163
123.	Unterscheiden Sie kurz die starre Plankostenrechnung von der flexiblen Plankostenrechnung.	170
124.	Welche Nachteile sind mit der starren Plankostenrechnung verbunden?	169
125.	Definieren Sie die Begriffe Plankosten und Sollkosten.	169
126.	Was ist unter dem Begriff Beschäftigung zu verstehen? Geben Sie Beispiele an.	170
127.	Was ist unter der Grenzplankostenrechnung zu verstehen? Welche Vorteile und Nachteile sind mit diesem Verfahren verbunden?	171
128.	Definieren Sie die Beschäftigungs-, Verbrauchs- und Preisabweichung. Wie kann die Gesamtabweichung berechnet werden?	170

129. Was ist unter dem Begriff „Kostenmanagement" zu verstehen. 172

130. Nennen und erläutern Sie kurz die drei Interventionsebenen, die 173
für ein effektives Kostenmanagement maßgeblich sind.

131. Erläutern Sie beispielhaft für die Interventionsebenen „Kostenni- 174
veau" und „Kostenverlauf" jeweils eine geeignete Maßnahme.

132. Diskutieren Sie die folgende Aussage: „Ein Outsourcing trägt zur 175
Variabilisierung der Fixkosten bei!"

7 Übungsaufgaben und Aufgabenlösungen

7.1 Übungsaufgaben

Aufgabe 1: Buchung

Bei der **ALLGEMEINEN KREDITBANK (AKB)** wird ein kurzfristiger Kredit über 70.000,-- € aufgenommen. Hiervon werden 50.000,-- € auf das Girokonto bei der Hausbank überwiesen und die restlichen 20.000,-- € bar ausgezahlt.

Verbuchen Sie den Geschäftsvorfall.

Aufgabe 2: Abschreibung 1

Eine Anlage wird für 100.000,-- € angeschafft. Ihre planmäßige Nutzungsdauer beträgt 20 Jahre.

(1) Wie hoch ist der Restbuchwert bei linearer Abschreibung mit 5 % p. a. nach fünf Jahren?

(2) Wie hoch ist er bei geometrisch-degressiver Abschreibung nach fünf Jahren bei einem Abschreibungssatz von 10 % p.a.?

(3) Wie hoch ist der jährliche Abschreibungsbetrag, wenn im Anschluss an die 5-jährige degressive Abschreibung für weitere 15 Jahre linear auf Null abgeschrieben wird?

(4) Stellen Sie die Wertentwicklung (verbleibender Restbuchwert in Abhängigkeit von der Zeit) der Anlage im Zeitablauf nach beiden Abschreibungsmethoden grafisch dar.

Aufgabe 3: Abschreibung 2

Ein Wirtschaftsgut wird erworben:

- Preis 2.400,-- €
- 3 Jahre Laufzeit
- **lineare** Abschreibung.

(1) Wie hoch sind die jährlichen Abschreibungsbeträge?

(2) Welche jährlichen Abschreibungsbeträge müssten kalkuliert werden, wenn das Wirtschaftsgut am Ende seiner Laufzeit einen Restwert (z. B. Schrottwert des Materials) von 600,-- € hätte.

(3) Wie hoch sind die jährlichen Abschreibungsbeträge, wenn des Weiteren auf den Kaufpreis ein Rabatt von 10% gewährt wird?

Aufgabe 4: Abschreibung 3

(1) Es wird ein Wirtschaftsgut für 30.000,-- € angeschafft. Es soll **geometrisch-degressiv** abgeschrieben werden:

- Abschreibungssatz 20%,
- Nutzungsdauer 5 Jahre,
- danach Abschreibung in festen Jahresbeträgen über weitere 10 Jahre (ohne Restwert).

(2) Wann ist ein Abschreibungswechsel ökonomisch sinnvoll?

Aufgabe 5: Abschreibung 4

Eine Anlage, die für 80.000,-- € angeschafft wurde, kann wahlweise mit 10% p.a. linear oder mit 20% p.a. geometrisch-degressiv abgeschrieben werden.

a) Nach wie vielen Jahren der Nutzung ist der Restbuchwert nach der linearen Abschreibung erstmals niedriger als nach der geometrisch-degressiven Abschreibungsvariante?

b) Wie schlägt sich ein Verkauf der Anlage nach x Jahren zum Buchwert in der Bilanz nieder?

c) Was passiert in der Bilanz, wenn der Verkaufserlös um 1.000,-- € über dem Buchwert liegt?

Aufgabe 6: Abschreibung 5

Ein Dienstwagen soll nach seiner Fahrleistung (in km pro Jahr) abgeschrieben werden.

- Kaufpreis 60.000,-- €
- Gesamtleistung des Fahrzeuges 150.000 km
  - Fahrleistung 1. Jahr 20.000 km
  - Fahrleistung 2. Jahr 40.000 km
  - Fahrleistung 3. Jahr 30.000 km
  - Fahrleistung 4. Jahr 10.000 km
  - Fahrleistung 5. Jahr 50.000 km

Berechnen Sie die jährlichen Abschreibungsbeträge.

Aufgabe 7: Abschreibung 6

In Lummerland gelten besondere steuerliche Abschreibungsvorschriften. Unter anderem ist dort die arithmetrisch-degressive Abschreibung zulässig, was andernorts nicht der Fall ist.

Der Dampfkolbenwinkelfräser, den die staatliche **Lummer-Gebirgs-Bahn (LGB)** anzuschaffen beabsichtigt, soll nach dieser Methode, also arithmetrisch-degressiv, abgeschrieben werden.

Die Anschaffungskosten betragen 15.000,-- €, die planmäßige Nutzungsdauer ist mit 5 Jahren berechnet. Ein Restwert am Ende der Nutzungsdauer wird nicht angenommen.

Berechnen Sie die jährlichen Abschreibungsbeträge über die gesamte Laufzeit.

Aufgabe 8: Abschreibung 7

Zur Förderung einer schlecht entwickelten Region in Ost-Lummerland hat die Zentralregierung des Landes für eine begrenzte Zeit Sonderabschreibungen (Sonder-AfA) von jeweils 25 % auf die Anschaffungs- oder Herstellungskosten von Wirtschaftsgütern zugelassen und zwar jeweils für die ersten beiden Nutzungsjahre. Aufgrund dieser Regelung ist es möglich, Investitionen in nur zwei Jahren zur Hälfte abzuschreiben. Die Regierung erhofft sich von dieser steuerpolitischen Maßnahme eine Belebung der Wirtschaftstätigkeit, insbesondere soll sie zu einer vermehrten Investitionstätigkeit der Betriebe beitragen.

Die **MALZAHN, ÜBEL & CO.KG** erwirbt daraufhin ein Gebäude für 2 Mio. € und plant Abschreibungen in Höhe von jeweils 500 Tsd. € in den ersten beiden Jahren. Die Nutzungsdauer des Gebäudes wird auf 20 Jahre geschätzt, die Abschreibung für solche Wirtschaftsgüter erfolgt sonst linear.

(1) Aus welchen Aufwands- und/oder Kostenpositionen setzen sich diese je 500 Tsd. € Abschreibung zusammen, wenn nur ein tatsächlicher Werteverzehr von 100 Tsd. € pro Jahr vorliegt?

(2) Für die restliche Laufzeit (ab dem dritten Jahr) wird das Gebäude linear abgeschrieben. Wie hoch sind die jährlichen Abschreibungsbeträge?

(3) Die Abschreibungsbeträge ab dem dritten Jahr sind niedriger als der tatsächliche Werteverzehr je Periode, der 100 Tsd. € pro Jahr beträgt. Wie wird dieser tatsächliche Leistungsverzehr (in Aufwands- und/oder Kostenpositionen) von 100 Tsd. € erfasst?

Aufgabe 9: Verbrauchsfolgeverfahren 1

Für die Herstellung von Beta-Formteilen benötigt die **Jimmy Knopf Nachf. GmbH** Alpha-Rohlinge aus Titan, die je nach Preisentwicklung im Inland oder aus Übersee bezogen werden. Zu Beginn des Geschäftsjahres befanden sich 150 Alpha-Rohlinge am Lager. Der Lagerbestand wurde mit € 1.500,-- bewertet.

Während des Geschäftsjahres gab es drei Nachlieferungen:

- am 1.3. 100 Stück à 12,-- €/St.
- am 1.6. 50 Stück à 17,-- €/St.
- am 1.12. 100 Stück à 10,-- US-Dollar/St.

Der Dollar notierte bei Rechnungslegung der Dezemberlieferung mit 1,50 €/Dollar. Zum Bilanzstichtag am 31.12. ist er auf 1,40 €/Dollar gesunken. Die Rechnung ist zu diesem Zeitpunkt noch nicht beglichen.

Zum Bilanzstichtag wird ein Bestand von 150 Stück registriert.

Bewerten Sie den Bestand zum Bilanzstichtag alternativ nach der Durchschnittsmethode und nach den Verbrauchsfolgeverfahren.

Aufgabe 10: Verbrauchsfolgeverfahren 2

Die in Lummerland registrierte und dort tätige Import- und Exportfirma **MALZAHN, ÜBEL & CO.KG** kaufte im vergangenen Geschäftsjahr zu verschiedenen Zeitpunkten Präzisionswaagen ein.

Zeitpunkt der Lieferung	Anzahl	Preis pro Stück (€)
20.1.	200	24
3.4.	350	22
30.7.	250	30
15.11.	200	26

Am Bilanzstichtag befinden sich 350 Stück im Lager von Malzahn, Übel & Co.KG. An diesem Tag werden die Waagen zu einem Preis von 23,50 € gehandelt (alle Preise stets ohne Mehrwert- bzw. Einfuhrumsatzsteuer).

Ermitteln Sie den Wert des Bestandes nach der Durchschnittsmethode sowie nach dem Lifo-, Fifo- und Hifo-Verfahren.

Aufgabe 11: Rücklagen und Rückstellungen

(1) Nennen Sie je zwei Arten von Rücklagen und Rückstellungen.

Rücklagen	Rückstellungen

(2) Nennen Sie zwei wesentliche Unterschiede zwischen den Rücklagen und den Rückstellungen.

Aufgabe 12: Kapitalwert

Eine Verbindlichkeit wird in 10 (20/30) Jahren fällig. Der Rückzahlungsbetrag lautet auf 100.000,-- €. Man rechnet mit einem Kalkulationszins von 5% (7% / 9%).

Der Kapitalwert K berechnet sich nach der Formel:

$$K = A (1 + i)^{-n}$$

- A = Auszahlungsbetrag
- i = Kalkulationszinsfuß
- n = Laufzeit in Jahren

Berechnen Sie die Kapitalwerte für die verschiedenen Laufzeiten und Verzinsungen.

Aufgabe 13: Gewinn und Cash-Flow

Über die Firma *Dunkelheimer Schrott&Metall* ist wenig bekannt. Folgende Informationen liegen Ihnen vor, die Sie für eine erste Einschätzung der wirtschaftlichen Lage des Betriebes aufbereiten wollen.

(1)	Betriebsertrag	1.000.000,--
(2)	Materialaufwand	300.000,--
(3)	Personalaufwand	400.000,--
(4)	Abschreibungen	100.000,--
(5)	betriebsfremdes Ergebnis	-
(6)	außerordentliche Erträge	200.000,--
(7)	außerordentliche Aufwendungen	100.000,--
(8)	Gewinn- (Verlust-) Vortrag	-
(9)	Zuführung zu den Gewinnrücklagen	+ 100.000,--
(10)	Veränderungen d. langfristigen Rückstellungen	+ 100.000,--
(11)	Veränderungen der Wertber. und Sonderpos.	-
(12)	Steuern	100.000,--

Berechnen Sie nach diesen Angaben:

a) den Jahresüberschuss
b) den Bilanzgewinn
c) den Cash Flow I, II, III.

Aufgabe 14: Jahresabschluss

Die Meier & Schulze AG erstellt den Jahresabschluss.
Aus der **Buchhaltung** und der **Inventur** ergeben sich die folgenden Positionen, die zu bilanzieren sind:
(1) **Betriebsgebäude**: Wertansatz im Vorjahr 1.507.389,21 €. Das Gebäude wird jetzt im dritten Jahr geometrisch degressiv mit 7 % abgeschrieben.
(2) **Betriebsgrundstück**: Wertansatz im Vorjahr 438.750,-- €.
(3) Betriebsmittel:
Maschine A: 1.100.000,-- € Anschaffungskosten im letzten Jahr; lineare Abschreibung über vier Jahre, Restbuchwert nach vier Jahren 200.000,-- €.
Maschine B: Im laufenden Jahr für 85.000,-- € angeschafft, geometrisch degressive Abschreibung in den ersten vier Jahren mit jeweils 15 %.
Maschine C: Im vorletzten Jahr für 730.000,-- € angeschafft, lineare Abschreibung über sieben Jahre bei einem Restbuchwert von 45.000,-- €.
(4) **Vorräte**:
Vorräte an **Rohstoff Z**:
Zum letzten Bilanzstichtag 123 Mengeneinheiten (ME) à 2.731,-- €.
Nachlieferungen im lfd. Jahr:
1. Nachlieferung 87 ME á 2.475,-- €
2. " 184 ME á 3.121,-- €
3. " 93 ME á 2.212,-- €
4. " 28 ME á 2.854,-- €
Bestand am Bilanzstichtag 209 ME.
Bewertet wird nach LIFO.
Vorräte an **Vorprodukt Y**:
Vorjahresbestand 483 ME à 307,37 €.
Nachlieferung im lfd. Jahr 287 ME á 200,58 US-Dollar (Dollar-Kurs bei Lieferung 1.5178 €/Dollar).
Endbestand 392 ME.
Bewertung nach FIFO.
Vorräte an **Fertigprodukt X**:
Jahresendbestand 1731 ME, Herstellungskosten je ME 723,80 €. Das Produkt wird auf Dollarbasis vertrieben, derzeitiger Marktpreis 510,-- US-Dollar/Stück, derzeitiger Dollar-Kurs 1.5723 €/Dollar.
Bewertung der Vorräte an X im Vorjahr insgesamt 928.727,51 €.
(5) **Kassenbestand**: 253.798,13 € (Vorjahr 193.307,11 €)
(6) **Bankguthaben**: 457.814,93 € (Vorjahr 253.748,55 €)
(7) **Aktien**:
7.500 Stück zum Erwerbskurs von 183,20 €/Stück im lfd. Jahr gekauft, 500 Stück der gleichen Unternehmung zum Erwerbskurs von 191,10 €/Stück im letzten Jahr gekauft. Börsenkurs zum Bilanzstichtag 253,13 €, Vorjahr 142,80 €.

Dividende unverändert 11,-- € je Aktie.
(8) **Forderungen**:
687.428,17 €, davon 25.324,47 € mit einer Laufzeit von einem Jahr (kalkulatorischer Zinssatz 7 % p.a.), weitere 6.105,11 € gelten als nicht eintreibbar.
In der Vorjahresbilanz waren Forderungen in Höhe von 352.441,73 € ausgewiesen.
(9) **Gezeichnetes Kapital**:
30.000 Aktien zum Nennwert von je 50,-- €; Vorjahr 20.000 Stück.
(10) **Kapitalrücklage**:
1.847.351,68 €; Vorjahr 1.093.744,20 €.
(11) **Gewinnrücklage**:
1.812.483,83 €; Vorjahr 1.431,593,70 €.
(12) **Pensions-Rückstellungen**:
Vorjahr 723.512,03 €; im laufenden Jahr wurden zusätzlich Rückstellungen in Höhe von 167.492,09 € gebildet.
(13) **Verbindlichkeiten**:
1.321.709,14 €; Vorjahr 1.107.318,88 €.
Darüber hinaus sind für die Gewinn- und Verlustrechnung folgende Positionen zu berücksichtigen (Vorjahresangaben in Klammern):
(14) **Umsatzerlöse**   8.327.513,04 € (7.123.409,31 €)
(15) **aktivierte Eigenleistungen**   (65.391,68 €)
(16) **Materialaufwand**:
Neben den Gütern Z und Y wurde von Vorprodukt Alpha, das nicht bevorratet wird, im Werte von 1.115.777,66 € verbraucht.
Der Materialaufwand betrug im Vorjahr insgesamt 1.704.896,51 €.
(17) **Personalaufwand**   5.009.028,76 € (4.722.466,42 €)
(18) **Steuern** sind für das abgeschlossene Jahr in Höhe von 613.607,89 € zu entrichten, im Vorjahr belief sich die Steuerlast auf 241.919,72 €.

Erstellen Sie die Bilanz und die Gewinn- und Verlustrechnung für die Meier & Schulze AG und berechnen Sie den Cash-Flow I.

MEIER & SCHULZE AG

Bilanz zum 31.12. ....

Aktiva

A. Anlagevermögen

    I. Immaterielle Vermögensgegenstände
    II. Sachanlagen
    III. Finanzanlagen

B. Umlaufvermögen

    I. Vorräte
    II. Forderungen und sonst.
    III. Wertpapiere
    IV. Kassenbestand, Bankguthaben

Bilanzsumme

Passiva

A. Eigenkapital

    I. Gezeichnetes Kapital
    II. Kapitalrücklage
    III. Gewinnrücklagen
    IV. Gewinn-/ Verlustvortrag
    V. Bilanzgewinn

B. Rückstellungen

C. Verbindlichkeiten

Bilanzsumme

MEIER & SCHULZE AG

Gewinn- und Verlustrechnung 20.......

(1) Umsatzerlöse _____   Betriebsertrag
(2) Bestandsveränderungen _____   _____   Betriebsergebnis
(3) aktivierte Eigenleist. _____   _____
(4) sonstige betr. Erträge _____
(5) Materialaufwand _____
(6) Personalaufwand _____   Betriebsaufwand
(7) Abschreibungen _____   _____
(8) sonst. betr. Aufw. _____
(9) Ertr. aus Beteil. _____
(10) Ertr. aus Wertpap. etc. _____   Finanzerträge
(11) sonst. betr.fr. Ertr. _____   _____   Betriebsfremdes
(12) Abschr. auf Fin.anl. _____   Finanzaufwendungen   Ergebnis
(13) Zinsen u.ä. Aufw. _____   _____   _____
(15) außerordentl. Ertr. _____
(16) außerordentl. Aufw. _____
(17) Steuern v. Eink. u.v. Ertr. ____

Ergebnis der gewöhnlichen
Geschäftstätigkeit _____

                                      Jahresüberschuss _____
                                      Bilanzgewinn   _____
außerordentliches   Zuführung zu den
Ergebnis   _____   Rücklagen   _____

Aufgabe 15: Kosten

Würden Sie folgende Ausgaben und Einnahmen in der Kosten- und Leistungsrechnung berücksichtigen? Bitte begründen Sie Ihre Antwort.

1. Kaufpreis eines PC
2. Reparatur eines PC durch eine Fremdfirma
3. Erhaltene Spende für bauliche Unterhaltung
4. Beteiligung an einer anderen Unternehmung
5. Zinseinnahmen aus Geldanlagen
6. Ordentliche Kredittilgung
7. Mieteinnahmen
8. Rohstoffe werden bestellt, bezahlt und auf Lager genommen
9. Rückzahlung von zuviel geleisteten Zahlungen aus dem Vorjahr
10. Mitgliedsbeiträge zu Branchenverband

Aufgabe 16: Erfolgsarten

Für das vergangene Geschäftsjahr ergeben sich für einen Betrieb folgende Daten (in €):

- Gesamtertrag: 12.500,--
- Neutraler Ertrag: 1.150,--
- Gesamtaufwand: 11.800,--
- Neutraler Aufwand: 1.500,--
- Zusatzkosten (kalkulatorische Kosten): 500,--
- Zusatzleistungen: 660,--

Wie groß ist:
der Gesamterfolg
der Betriebserfolg
der neutrale Erfolg
das Betriebsergebnis?

Aufgabe 17: Kostenbegriffe

Nennen Sie Geschäftsvorfälle, die folgenden Begriffen zugeordnet werden können: Grundkosten, Zusatzkosten, Anderskosten.

Aufgabe 18: Kostentheorie

a) Gegeben ist folgende lineare Gesamtkostenfunktion: $K = 200 + 4x$.
   - Berechnen Sie die gesamten Durchschnittskosten (k), die variablen Durchschnittskosten (k_v), die fixen Durchschnittskosten (k_f), die Grenzkosten (K') sowie die Gesamtkosten (K) für eine Ausbringungsmenge von 40 bzw. 60 Stück!
   - Berechnen Sie die Leerkosten und Nutzkosten bei einer Kapazität von 100 Stück!

b) Ein Betrieb kann mit der Kostenfunktion $K = 240 + 2x$ pro Periode maximal 120 Stück herstellen. Um wie viel Prozent steigen die bei Vollbeschäftigung geltenden gesamten Durchschnittskosten, wenn die Beschäftigung um 40 % sinkt?

c) Die Grenzkosten eines Betriebes sind konstant und betragen 20 €. Die gesamten Durchschnittskosten betragen bei einer Ausbringungsmenge von 10 Stück 40 €. Wie lautet die (lineare) Gesamtkostenfunktion?

Aufgabe 19: Kalkulatorische Kosten

Ein Betrieb kauft zu Jahresbeginn eine maschinelle Anlage. Der Anschaffungspreis der Anlage beträgt 450.000 €. Die Nutzungsdauer der Anlage wird aus technischer Perspektive mit zehn Jahren veranschlagt. Aus wirtschaftlicher Perspektive soll die Anlage fünf Jahre genutzt werden. Am Ende der Nutzungsdauer wird die Anlage voraussichtlich einen Restwert (50.000 €) aufweisen. Der Wiederbeschaffungswert am Ende der Nutzungsdauer wird mit 600.000 € prognostiziert. Die Anlage hat einen Platzbedarf von 20 m² und soll in einer Halle – das sich im Privatvermögen des Betriebseigners befindet – aufgestellt werden. Für die Nutzung der Halle fällt keine Miete an. Die Mietkosten für eine vergleichbare Halle würden 12.000 € p. a. betragen. Die Halle hat eine Gesamtfläche von 200 m².
Berechnen Sie die **kalkulatorische Abschreibung** und **die kalkulatorische Miete**!

Aufgabe 20: Kalkulatorische Kosten

Ein Betrieb weist folgende Daten auf:
- Wiederbeschaffungswert des Anlagevermögens: 1.000.000 €
- Bisherige kalkulatorische Abschreibungen: 400.000 €
- Durchschnittliches Umlaufvermögen: 200.000 €

Ermitteln Sie das betriebsnotwendige Kapital und berechnen Sie die kalkulatorischen Zinsen bei einem Zinssatz von 4 %.

Aufgabe 21: Erfassung des Materialverbrauchs

Ein Betrieb stellte in der vergangenen Periode 20 Stück des Produktes A und 30 Stück des Produktes B her. Zur Produktion von A werden 5 kg Rohstoff (einschließlich Abfall und unvermeidbarem Ausschuss) pro Stück, für das Produkt B 10 kg pro Stück benötigt. Folgende Materialzugänge wurden laut Lagerkartei erfasst.

Datum		Menge
01.01.	Anfangsbestand	100 kg
10.02.	Einkauf	200 kg
01.03.	Einkauf	300 kg
05.06.	Einkauf	100 kg
22.10.	Einkauf	200 kg
31.12.	**Endbestand laut Inventur**	120 kg

Die Materialentnahmescheine weisen einen Verbrauch von 800 kg aus. Ermitteln Sie den **mengenmäßigen Verbrauch** und den **Endbestand** nach der Skontrationsmethode, retrograden Methode sowie Befundrechnung.

Aufgabe 22: Verbrauchsfolgeverfahren

Folgende Informationen sind bekannt:

Bestandsveränderungen	Menge (Liter)	Preis je Liter
Anfangsbestand am 01.01.	0 l	
1. Zugang	800 l	14 €
2. Zugang	200 l	20 €
3. Zugang	1.000 l	18 €
Verbrauch	1.900 l	

Verwenden Sie zur **Bewertung des Verbrauchs** und des **Endbestandes** die **Durchschnittsmethode**, Last in first out-Methode (**Lifo-Methode**) und First in first out-Methode (**Fifo-Methode**).

Aufgabe 22: Innerbetriebliche Leistungsverrechnung

Folgende **Angaben** liegen vor:

Vorkostenstelle A	
primäre Kosten	48.000 €
produzierte Leistungsmengen	66.000 Stück
davon für Vorkostenstelle B	1.000 Stück
davon für Endkostenstelle L	13.000 Stück
davon für Endkostenstelle M	50.000 Stück

Vorkostenstelle B	
primäre Kosten	95.000 €
produzierte Leistungsmengen	25.000 Stück
davon für Vorkostenstelle A (!)	4.000 Stück
davon für Endkostenstelle L	15.000 Stück
davon für Endkostenstelle M	5.000 Stück

Endkostenstelle L	
primäre Kosten	100.000 €

Endkostenstelle M	
primäre Kosten	100.000 €

a) Erstellen Sie für das Beispiel den Betriebsabrechnungsbogen (BAB) und ermitteln Sie die Gesamtkosten der Endkostenstellen L und M nach dem Stufenleiterverfahren.

b) Üben Sie Kritik am Stufenleiterverfahren!

Aufgabe 23: Innerbetriebliche Leistungsverrechnung 2

Ein Betrieb ist in vier Kostenstellen unterteilt. Für die vergangene Periode wurden insgesamt 480.000 € an primären Kosten ermittelt:

- Vorkostenstelle A   120.000 €
- Vorkostenstelle B   150.000 €
- Endkostenstelle M   100.000 €
- Endkostenstelle L   110.000 €

Ermitteln Sie die gesamten Kostenträger-Gemeinkosten der Endkostenstellen nach dem Stufenleiterverfahren. Erstellen Sie hierzu einen vollständigen Betriebsabrechnungsbogen (BAB). Beachten Sie dabei die folgenden Hinweise:

- Die primären Kosten der Vorkostenstelle A entfallen zu gleichen Teilen auf die übrigen Kostenstellen.

- Die Gesamtkosten der Vorkostenstelle B sind anteilig auf die Endkostenstellen M (40 %) und L (60 %) zu verteilen.

	A	B	M	L
Primäre Kosten				
Kostenträger-Gemeinkosten				

Aufgabe 24: Äquivalenzziffernkalkulation

In einem staatlichen Betrieb fielen in der vergangenen Periode Gesamtkosten in Höhe von 2.000.000 € an. Der Betrieb stellt die Sorten W1, W2, W3 und W4 her, wobei W1 in der Herstellung 40 % aufwendiger als W2 und W3 wiederum 30 % aufwendiger als W2 ist. W4 verursacht 20 % weniger Kosten als W2.

Folgende Mengen werden hergestellt:

- W1 20.000 ME
- W2 60.000 ME
- W3 30.000 ME
- W4 40.000 ME

Ermitteln Sie für die vier Sorten die jeweiligen **Stückkosten** und **Gesamtkosten**. Verwenden Sie hierzu die Äquivalenzziffernkalkulation!

Aufgabe 25: Zuschlagskalkulation

Ermitteln Sie für eine Endkostenstelle K die Stückkosten der Kostenträger A und B. Verwenden Sie das Verfahren der (summarischen) Zuschlagskalkulation. Kostenträger-Einzelkosten sind in Höhe von 800.000 € angefallen:

- 450.000 € für A bei einer produzierten Menge von 2.000 Einheiten
- 350.000 € für B bei einer produzierten Menge von 6.000 Einheiten.

Die Endkostenstelle K weist Kostenträger-Gemeinkosten in Höhe von 80.000 € auf.

	Kostenträger A	Kostenträger B
Kostenträger-Einzelkosten (in €)		
Zuschlagssatz (in %)		
Gemeinkostenzuschlag (in €)		
Gesamtkosten (in €)		
Menge (in ME)		
Stückkosten (in €)		

Aufgabe 26: Berechnung des kalkulatorischen Betriebserfolges

Ein Einprodukt-Betrieb verkauft in einer Periode 2.000 Stück eines Produktes zu je 40 €. Die variablen Stückkosten betragen 12 €, die gesamten Fixkosten belaufen sich auf 8.000 €. Ermitteln Sie den Betriebserfolg für diese Periode.

Aufgabe 27: Break-Even-Analyse

Ein staatlicher Weinbaubetrieb produzierte in der letzten Periode 20.000 Weinflaschen, die zu einem Preis von 6,50 € je Stück an den Handel abgegeben wurden. Die fixen Kosten betragen 8.000 €, die gesamten variablen Kosten lagen bei 13.000 €.

a) Wie hoch ist der Stückdeckungsbeitrag?
b) Wie hoch ist der Betriebserfolg?
c) Bei welcher Produktionsmenge (mengenmäßige Gewinnschwelle) und bei welchem (Verkaufs-)Erlös (wertmäßige Gewinnschwelle) wird der Break-Even-Punkt erreicht? Lösen Sie die Aufgabe rechnerisch und grafisch.

Aufgabe 28: Optimales Produktionsprogramm

Einem Betrieb steht in einer bestimmten Periode für die Herstellung der Produkte A und B eine Personal-Kapazität von voraussichtlich 1.000 Stunden zur Verfügung. Die Fixkosten werden sich in diesem Zeitabschnitt nicht verändern.

Plandaten	Produkte	
	A	B
maximale Absatzmenge (in Stück)	2.000	1.600
Nettoverkaufspreis (€/Stück)	29	39
variable Kosten (€/Stück)	17	21
Beanspruchung (Std./Stück) „Engpasseinheiten"	0,2 Std.	0,5 Std.

Ermitteln Sie unter Berücksichtigung der gegebenen Informationen das optimale Produktionsprogramm.

Plandaten	Produkte		Summe
	A	B	
benötigte Kapazität	400 Std.	800 Std.	1.200 Std.
absoluter Stückdeckungsbeitrag			-
relativer Stückdeckungsbeitrag			-
Rangfolge			-
zugeteilte Kapazität			1.000 Std.
optimale Produktionsmenge			3.200 Stück
Deckungsbeitrag			45.600 €

Aufgabe 29: Annahme eines Zusatzauftrages

Ein Einprodukt-Betrieb stellt eine Produktart zu variablen Stückkosten in Höhe von 1,90 €/Stück bei einem Absatzpreis von 2,60 €/Stück her. Je Periode betragen die Fixkosten 200.000 €, die Produktion 60.000 Stück und die Kapazität 80.000 Stück. Ein Abnehmer ist bereit, weitere 10.000 Stück zu kaufen, wenn der Betrieb einen Preis von 1,80 €/Stück akzeptiert. Soll der Betrieb den Zusatzauftrag annehmen?

Aufgabe 30: Starre Plankostenrechnung

Grundlage der Kostenplanung in einer Kostenstelle sind für eine bestimmte Periode folgende Gemeinkostenarten:

- Materialkosten   20.000 €
- Gehaltskosten   5.000 €
- Sonstige Personalkosten   10.000 €
- Energiekosten   2.000 €
- Kalkulatorische Abschreibungen   3.000 €
- Kalkulatorische Zinsen   1.000 €
- Sonstige Kosten   4.000 €.

a) Ermitteln Sie den Planverrechnungssatz (K^{PLAN}/x^{PLAN}) für die geplante Beschäftigung (500 Stunden).

b) Die Istkosten in der betrachteten Periode belaufen sich auf 30.000 €. Führen Sie rechnerisch die Abweichungsanalyse durch.

c) Unter welcher Prämisse würde die starre Plankostenrechnung das richtige Ergebnis liefern?

Aufgabe 31: Flexible Plankostenrechnung auf Vollkostenbasis

Für eine Kostenstelle werden bei einer Plan-Beschäftigung von 200 Stück Plankosten in Höhe von 24.000 € ermittelt, die zu 80 % fixen Charakter tragen. Die Istkosten (auf der Basis von Planpreisen) betragen bei einer Ist-Beschäftigung von 400 Stück 36.000 €.

a) Ermitteln Sie die Verbrauchsabweichung, die Beschäftigungsabweichung, die Preisabweichung sowie die Gesamtabweichung. Erörtern Sie mögliche Gründe dieser Abweichungen und deren Aussagewert.

b) Nennen Sie mögliche Ursachen für positive und negative Preisabweichungen. Ist der Kostenstellenleiter aus Ihrer Sicht für alle Kostensteigerungen, die durch Preiserhöhungen verursacht werden, verantwortlich?

7.2 Aufgabenlösungen

zu Aufgabe 1:

Buchungssatz:

Kasse (A)	20.000
Guthaben bei Kreditinstituten (A)	50.000
an Verbindlichkeiten gegenüber Kreditinstituten (P)	70.000

Buchungen:

Verbindlichkeiten gegen Kreditinstitute (P)	
Soll	Haben
	KI/Kasse 70.000

Guthaben bei Kreditinstituten (A)	
Soll	Haben
Verb.KI 50.000	

Kasse (A)	
Soll	Haben
Verb.KI 20.000	

zu Aufgabe 2:

(1) lineare Abschreibung:

Abschreibungsbetrag $$a_i = \frac{AK - R_n}{n}$$

- a_i = Abschreibungsbetrag
- AK = Anschaffungs- bzw. Herstellungskosten
- R_n = Restwert am Ende des Abschreibungszeitraums
- n = Abschreibungszeitraum, Nutzungsjahre
- i = laufende Jahre i = 1 ... n
- R_i = Restbuchwert in den laufenden Jahren

$a_i = € 5.000,--$

$a_5 = 5 * 5.000 = € 25.000,--$

$R_5 = € 75.000,--$

(2) geometrisch-degressive Abschreibung:

Jahr i	Abschreibungs- basis AK bzw. R_{i-1}	Abschreibungs- satz q	Abschreibungs- betrag $a_i = q \cdot R_{i-1}$	Rest- buchwert R_i
1	100.000 €	10 %	10.000 €	90.000 €
2	90.000 €	10 %	9.000 €	81.000 €
3	81.000 €	10 %	8.100 €	72.900 €
4	72.900 €	10 %	7.290 €	65.610 €
5	65.610 €	10 %	6.561 €	59.049 €

$R_5 = € 59.049$

(3) anschließende lineare Abschreibung

a_6 bis $a_{20} = 59.049/15 = 3.936,60 €$

(4) graphische Darstellung des Restwertes im Zeitablauf

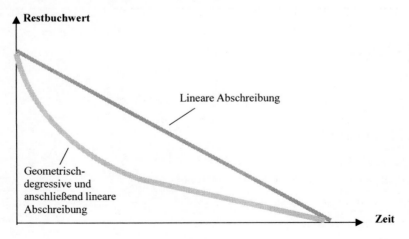

zu Aufgabe 3:

(1) $a_i = 2.400\ € : 3 = 800\ €$ Abschreibung pro Jahr

(2) Restwert im dritten Jahr R_3 600 €

    2400 € - 600 € = 1.800 €

    $a_i = 1.800\ € : 3 = 600\ €$ Abschreibung pro Jahr

(3) 2.400 € – 10% = 2.160 €

    2.160 € – 600 € = 1.560 €

    $a_i = 1.560\ € : 3 = 520\ €$ Abschreibung pro Jahr

zu Aufgabe 3:

(1) geometrisch-degressive Abschreibung

Jahr i	Abschreibungsbetrag (€) a_i	Restwert (€) R_i
1	6.000	24.000
2	4.800	19.200
3	3.840	15.360
4	3.072	12.288
5	2.457	9.831

Ab dem 6. Jahr 983,-- € Abschreibung p.a. über weitere 10 Jahre.

(2) In der Regel ist der Wechsel sinnvoll, wenn die Abschreibungsbeträge aus der linearen Abschreibung höher werden als aus der degressiven.

zu Aufgabe 4:

(1) Nach neun Jahren ist der Restbuchwert nach der linearen Abschreibung erstmals niedriger als nach der degressiven.

i	Restwert nach n Jahren									
	1	2	3	4	5	6	7	8	9	10
linear	72.000	64.000	56.000	48.000	40.000	32.000	24.000	16.000	8.000	0
geom.-degr.	64.000	51.200	40.960	32.768	26.214	20.972	16.777	13.422	10.737	8.590

(2) Es findet ein Aktivtausch statt: (Sach-)Anlagevermögen wird zu (Geld-)-Umlaufvermögen.

(3) Das Umlaufvermögen steigt durch die zugeflossenen Mittel oder die entstandene Forderung. Auf der Passivseite erhöht sich das Eigenkapital in Form eines betragsgleichen Gewinnes (Bilanzverlängerung).

zu Aufgabe 5:

Abschreibung nach Leistung und Inanspruchnahme:

- AK = Anschaffungs- oder Herstellungskosten
- L_i = Leistung pro Jahr
- GL = Gesamtleistung   GL = $L_1 + L_2 + ... + L_n$

Abschreibung pro Leistungseinheit $a_{GL} = \dfrac{AK}{GL} = \dfrac{60.000}{150.000} = 0{,}40\ €/km$

Abschreibungsbetrag $a_i = a_{GL} \cdot L_i$

Jahr i	a_{GL}	L_i in km	a_i in €
1	0,40	20.000	8.000
2	0,40	40.000	16.000
3	0,40	30.000	12.000
4	0,40	10.000	4.000
5	0,40	50.000	20.000

zu Aufgabe 6:

- a_i = Abschreibungsbeträge der Jahre i $\implies a_i = \dfrac{(n-(1-i)) \cdot AK}{N_n}$

- AK = Anschaffungs- oder Herstellungskosten = 15.000 €

- n = Zahl der Nutzungsjahre = 5

- N_n = Summe der Nutzungsjahre $\implies N_n = \dfrac{n}{2}(n+1) = \dfrac{5}{2}(5+1) = 15$

    Abschreibungsbeträge:
    - 1. Jahr: a_1 = 5.000,-- €
    - 2. Jahr: a_2 = 4.000,-- €
    - 3. Jahr: a_3 = 3.000,-- €
    - 4. Jahr: a_4 = 2.000,-- €
    - 5. Jahr: a_5 = 1.000,-- €

zu Aufgabe 7:

(1) 1. und 2. Jahr je 500 Tsd. € bilanzielle Abschreibungen
   = 100 Tsd. € Grundkosten (= Zweckaufwand)
   + 400 Tsd. € bewertungsbedingter Aufwand

(1) 3. bis 20. Jahr
   1000 Tsd. € / 18 Jahre = 55,55 Tsd. € p. a. Abschreibungsbetrag

(2) 55,55 Tsd. € bilanzielle Abschreibungen (Grundkosten = Zweckaufwand)
   + 44,45 Tsd. € bewertungsbedingte Zusatzkosten
   = 100 Tsd. € Werteverzehr insgesamt

zu Aufgabe 8:

Bestand/ Lieferung	Menge	Preis pro Stück	Bewertung Bestand/Lieferung (in €)				
			Durch- schnitts- methode	Lifo	Fifo	Hifo	Lofo
Bestand alt	150	10,--	1.500,--	1.500,--	-	1.500,--	-
1.3.	100	12,--	1.200,--	-	-	-	-
1.6.	50	17,--	850,--	-	850,--	-	850,--
1.12.	100	10,--$	1.400,--	-	1.400,--	-	1.400,--
Bestand neu	150	Ø 12,38	1.857,--	1.500,--	2.250,--	1.500,--	2.250,--

zu Aufgabe 9:

(1) Durchschnittsmethode:

Zeitpunkt der Lieferung	Anzahl	Preis pro Stück (in €)	Warenwert (in €)
20.1.	200	24	4.800
3.4.	350	22	7.700
30.7.	250	30	7.500
15.11.	200	26	5.200
Summe	1.000		25.200

Der Durchschnittswert pro Waage beträgt 25.200/1.000 = 25,20 €.
Der Wertansatz ist nicht zulässig, da der (Markt-)Wert je Waage am Bilanzstichtag niedriger ist.

(2) Lifo-Methode (last in – first out)

Anzahl	Wert (in €)	Wertsumme (in €)
200	24	4.800
150	22	3.300
		8.100

Der Durchschnittswert pro Waage beträgt 8.100/350 = 23,14 €.

Der Wertansatz ist zulässig, da der (Markt-)Wert je Waage am Bilanzstichtag nicht niedriger ist.

(3) Fifo-Methode (first in – first out)

Anzahl	Wert (in €)	Wertsumme (in €)
200	26	5.200
150	30	4.500
		9.700

Der Durchschnittswert pro Waage beträgt 9.700/350 = 27,71 €.

Der Wertansatz ist nicht zulässig, da der (Markt-)Wert je Waage am Bilanzstichtag niedriger ist.

(4) Hifo-Methode (highest in – first out)

Anzahl	Wert (in €)	Wertsumme (in €)
350	22	7.700

Der Durchschnittswert pro Waage beträgt 22 €.

Der Wertansatz ist zulässig, da der (Markt-)Wert je Waage am Bilanzstichtag nicht niedriger ist.

zu Aufgabe 10:

(1) Arten von Rücklagen und Rückstellungen

Rücklagen	Rückstellungen
Gewinnrücklagen	Pensionsrückstellungen
Kapitalrücklagen	Gewährleistungsrückstellungen

(2) Abgrenzung von Rücklagen und Rückstellungen

1. Rücklagen sind Eigen-, Rückstellungen sind Fremdkapital.
2. Rücklagen sind versteuert, Rückstellungen nicht.

zu Aufgabe 11:

In Abhängigkeit von Laufzeit und Verzinsung ergeben sich folgende Kapitalwerte für einen Auszahlungsbetrag von 100.000,-- €.

Laufzeit	Kapitalwerte (in €) bei Kalkulationszinsfuß ...		
	5%	7%	9%
10 Jahre	61.391,--	50.835,--	42.241,--
20 Jahre	37.689,--	25.842,--	17.843,--
30 Jahre	23.138,--	13.137,--	7.537,--

zu Aufgabe 12:

a) Jahresüberschuss und
b) Bilanzgewinn

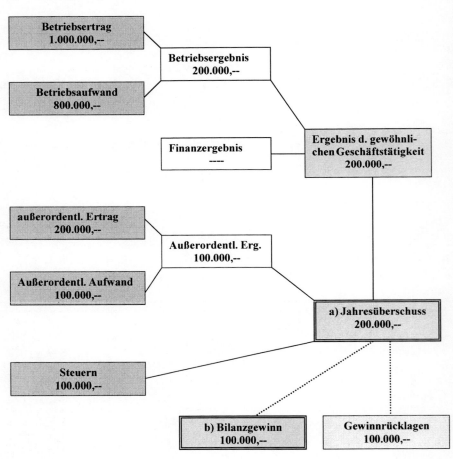

c) Cash flow

- Cash flow I
	Bilanzgewinn	100.000,--
+	Rücklagen	100.000,--
+	Abschreibungen	100.000,--
		300.000,--

- Cash flow II
+	Rückstellungen	100.000,--
+	Wertberichtigungen	0,--
		400.000,--

- Cash flow III
+	außerordentlicher Aufwand	100.000,--
-	außerordentlicher Ertrag	200.000,--
		300.000,--

zu Aufgabe 13:

Der Jahresabschluss der Meier & Schulze AG

Aktiva

A: **Anlagevermögen**

(1)	Betriebsgebäude	(1.507.389,21 €)	1.401.871,97 €
	Abschreibung:	**105.517,24 €**	
(2)	Betriebsgrundstück	(438.750,-- €)	438.750,-- €
(3)	Betriebsmittel Maschine A:	(875.000,-- €)	650.000,-- €
	Abschreibung:	**225.000,00 €**	
	Maschine B:	(----)	72.250,-- €
	Abschreibung:	**12.750,-- €**	
	Maschine C:	(534.285,72 €)	436.428,58 €
	Abschreibung:	**97.857,14 €**	

AV gesamt		(3.355.424,93 €)	2.999.300,55 €
Abschreibungen:		441.124,38 €	
Investitionen:		85.000,-- €	

B. Umlaufvermögen

(1)	Rohstoff Z		(335.913,-- €)	548.763,-- €
		Veränd. +	(212.850,-- €)	
(2)	Vorprodukt Y		(148.459,71 €)	119.648,22 €
		Veränd. -	(28.811,49 €)	
(3)	Fertigprodukt X		(928.727,51 €)	1.252.897,80 €
		Veränd. +	(324.170,29 €)	
(4)	Kasse		(193.307,11 €)	253.798,13 €
		Veränd. +	(60.491,02 €)	
(5)	Bank		(253.748,55 €)	457.814,93 €
		Veränd. +	(204.066,38 €)	
(6)	Aktien		(71.400,-- €)	1.469.550,-- €
		Veränd. +	(1.398.150,-- €)	
			davon 24.150,-- € betr. fr. Ertrag	
(7)	Forderungen		(352.441,73 €)	679.666,32 €
		Veränd. +	(327.224,59 €)	

UV gesamt		(2.283.997,61 €)	**4.782.138,40 €**
Veränderung	(Veränd. +	2.498.140,79 €)	

MEIER & SCHULZE AG

Bilanz zum 31.12..........

                                                                    Vorjahr

Aktiva		
A. AV	2.999.300,55 €	3.355.424,93 €
I.	-----	
II.	2.999.300,55 €	
III.	-----	
B. UV	4.782.138,40 €	2.283.997,61 €
I.	1.921.309,02 €	
II.	679.666,32 €	
III.	1.469.550,-- €	71.400,-- €
IV.	711.613,06 €	
Bilanzsumme	**7.781.438,95 €**	**5.639.422,54 €**

Passiva		
A. EK	5.568.725,69 €	4.091.845,36 €
I.	1.500.000,-- €	1.000.000,-- €
II.	1.847.351,68 €	1.093.744,20 €
III.	1.812.483,83 €	
IV.	-----	
V.	408.890,19 €	283.253,73 €
B. RS	891.004,12 €	723.512,03 €
C. VB	1.321.709,14 €	1.107.318,88 €
Bilanzsumme	**7.781.438,95 €**	**5.639.422,54 €**

MEIER & SCHULZE AG

Gewinn- und Verlustrechnung für 20.......

(1)	8.327.513,04 €		( ) **Vorjahr**
	(7.123.409,31 €)	8.835.721,86 €	
(2)	+ 508.208,82 €	(7.560.663,69 €)	
	(+371.862,70)		
(3)	----------		1.291.238,20 €
	(65.391,68)		
(4)	----------		(696.984,22 €)
(5)	2.094.330,52 €	7.544.483,66 €	
	(1.704.896.51 €)		
(6)	5.009.028,76 €	(6.863.679,47 €)	
	(4.722.466,42 €)		
(7)	441.124,38 €		
	(436.316,54)		
(8)	----------		
(9)	----------		
(10)	88.000,-- €		
	(5.500,--)		
(11)	24.150,-- €	112.150,-- €	
(12)	(24.150,--)		112.150,-- €
			(- 18.650,-- €)
...			
			Erg.d.g.GT
			1.403.388,20 €
			(678.334,22 €)
(17)	613.607,89 €		
	(241.919,72 €)	613.607,89 €	
	JÜSCH		789.780,31 €
			(436.414,50 €)
	BG		408.890,18 €
			(283.253,73 €)
	RL		380.890,13 €
			(153.160,77 €)

MEIER & SCHULZE AG

Cash Flow

Cash Flow I		Vorjahr
BG	408.890,18 €	283.253,73 €
RL	380.890,13 €	153.160,77 €
AfA	441.124,38 €	436.316,54 €
	1.230.904,69 €	872.731,04 €

Zu Cash Flow II und III liegen keine Daten vor.

zu Aufgabe 14:

		Begründung	Berücksichtigung
1	Kaufpreis eines PC	Berücksichtigung über AfA	ja
2	Reparatur eines PC durch eine Fremdfirma	Kosten	ja
3	Erhaltene Spende für bauliche Unterhaltung	Außerordentlicher Ertrag	nein
4	Beteiligung an einer anderen Unternehmung	Finanzinvestition	nein
5	Zinseinnahmen aus Geldanlagen	Erträge	ja
6	Ordentliche Kredittilgung	Finanzinvestition	nein
7	Mieteinnahmen	Erträge	ja
8	Rohstoffe werden bestellt, bezahlt und auf Lager genommen	Ausgabe (noch nicht Aufwand)	nein
9	Rückzahlung von zuviel geleisteten Zahlungen aus dem Vorjahr	Periodenfremder Ertrag	jein
10	Mitgliedsbeiträge zu Branchenverband	Kosten (sofern Leistungsbezug)	ja

zu Aufgabe 15:

(1) Gesamterfolg = Gesamtertrag - Gesamtaufwand
    = 12.500 € - 11.800 € = 700 €

(2) Betriebserfolg = Zweckertrag - Zweckaufwand
    = (12.500 € - 1.500 €) - (11.800 € - 1.650 €) = 850 €

(3) Neutraler Erfolg = neutraler Ertrag - neutraler Aufwand
    = 1.500 € - 1.650 € = -150 €

(4) Betriebsergebnis = Betriebserfolg + (Zusatzleistungen - Zusatzkosten)
    = 850 € + (660 € - 500 €) = 1.010 €

zu Aufgabe 17:

- **Grundkosten:**

Z. B. Überweisung von Fertigungslöhnen an Mitarbeiter, Kauf von Rohstoffen, die in die Produktion einfließen.

- **Zusatzkosten:**

Ein Betrieb veranschlagt für die gewerbliche Nutzung von Privaträumen eine kalkulatorische Miete.

- **Anderskosten:**

Für eine maschinelle Anlage werden für eine bestimmte Periode kalkulatorische Abschreibungen ermittelt.

zu Aufgabe 18:

a) $K = 200 + 4x$

	$x = 40$	$x = 60$
Durchschnittskosten (k)	9 €/St.	6 €/St.
variable Durchschnittkosten (k_v)	4 €/St.	4 €/St.
fixe Durchschnittkosten (k_f)	5 €/St.	3,33 €/St.
Grenzkosten (K')	4 €/St.	4 €/St.
Gesamtkosten (K)	360 €	440 €

Leerkosten und Nutzkosten bei einer Kapazität von 100 Stück!

	x = 40	x = 60
Leerkosten	120 €	80 €
Nutzkosten	80 €	120 €

b) $k = K / x = (K_f + k_v * x) / x$

$k_{120} = (240 + 2 * 120) / 120 = 4$ €/St.

$k_{72} = (240 + 2 * 72) / 72 = 5{,}33$ €/St.

Die Reduktion der Beschäftigung um 40 % bewirkt, dass die gesamten Durchschnittskosten um 33,25 % steigen.

c) Berechnung der Gesamtkostenfunktion:

$k = K / x = (K_f + k_v * x) / x$

$40 = (K_f + 20 * x) / x$

$40 * x = K_f + 20 * x$

$40 * x - 20 * x = K_f$

$20 * x = K_f$

$20 * 10 = 200 = K_f$

$\rightarrow K = 200 + 20 * x$

zu Aufgabe 19:

- **Kalkulatorische Abschreibung:**

Wiederbeschaffungswert:	600.000 €
Restwert	50.000 €
Abschreibungsbasis	550.000 €
Nutzungsdauer (wirtschaftl.)	5 Jahre
Abschreibung p. a.	110.000 €

- **Kalkulatorische Miete:**

Platzbedarf	20 qm
Fläche Halle	200 qm

Mietkosten vergleichbare Halle   12.000 € p. a.
Kalkulatorische Miete   1.200 € p. a.

zu Aufgabe 20:

Betriebsnotwendiges Vermögen = Wiederbeschaffungswert des Anlagevermögens – bisherige kalkulatorische Abschreibungen + durchschnittliches Umlaufvermögen

1.000.000 € – 400.000 € + 200.000 € = 800.000 €

Kalkulatorischer Zins (4 %)

= 32.000 € p. a.

zu Aufgabe 21:

(AB = Anfangsbestand)

- **Skontrationsmethode**

100 kg (AB) + 800 kg Zugänge – **800 kg Abgänge** (= Verbräuche durch Materialentnahmescheine erfasst) = **100 kg** (rechnerischer) **Soll-Endbestand**

- **Retrograde Methode**

100 kg (AB) + 800 kg Zugänge – **400 kg Abgänge** (= Soll-Verbräuche lt. Stücklisten: 20 Stück Produkt A * 5 kg = 100 kg und 30 Stück Produkt B * 10 kg = 300 kg) = **500 kg** (rechnerischer) **Soll-Endbestand**

- **Befundrechnung (Inventurmethode)**

100 kg (AB) + 800 kg Zugänge – **120 kg Endbestand** (lt. Inventur) = **780 kg Abgänge** (=Ist-Verbrauch)

zu Aufgabe 22:

- **Durchschnittsmethode**

   800 l * 14 €/l = 11.200 €
   200 l * 20 €/l = 4.000 €
1.000 l * 18 €/l = 18.000 €
Gesamtmenge: 2.000 l
Gesamtpreis: 33.200 €

Durchschnittspreis: 33.200 € / 2.000 l = 16,6 €/l
Verbrauch = 1.900 l * 16,6 €/l = 31.540 €
Endbestand = 100 l * 16,6 €/l = 1.660 €

- **Last in first out-Methode** *(die zuletzt gekauften Materialien werden zuerst verbraucht)*
  1.000 l * 18 €/l = 18.000 €
  200 l * 20 €/l = 4.000 €
  700 l * 14 €/l = 9.800 €
  Verbrauch (1.900 l) = 31.800 €
  Endbestand = 100 l * 14 €/l = 1.400 €

- **First in first out-Methode** *(die zuerst gekauften Materialien werden zuerst verbraucht)*
  800 l * 14 €/l = 11.200 €
  200 l * 20 €/l = 4.000 €
  900 l * 18 €/l = 16.200 €
  Verbrauch (1.900 l) = 31.400 €
  Endbestand = 100 l * 18 €/l = 1.800 €

zu Aufgabe 23:

a) Stufenleiterverfahren

(Angaben in €)	A	B	M	L
Primäre Kosten	48.000	95.000	100.000	100.000
Umlage A	-48.000	750	9.750	37.500
Summe	0	95.750	109.750	137.500
Umlage B		-95.750	71.812,5	23.937,5
Kostenträger-Gemeinkosten		0	181.562,5	161.437,5

b) Beim Stufenleiterverfahren handelt es sich um ein einfaches Verfahren der Innerbetrieblichen Leistungsverrechnung, das mit einem geringen Aufwand durchgeführt werden kann. Dabei werden die Kosten von vorgelagerten Vorkostenstellen auf andere Vor- und Endkostenstellen umgelegt. Problematisch ist, dass nur einseitige Leistungsbeziehungen zwischen den Vorkostenstellen berücksichtigt werden. Dies kann zu ungenauen Ergebnissen führen.

zu Aufgabe 24:

Stufenleiterverfahren

(Angaben in €)	A	B	M	L
Primäre Kosten	120.000	150.000	100.000	110.000
Umlage A	-120.000	40.000	40.000	40.000
Summe	0	190.000	140.000	150.000
Umlage B		-190.000	60.000	130.000
Kostenträger-Gemeinkosten		0	200.000	280.000

zu Aufgabe 25:

(Angaben in €)

Sorten	ME	ÄZ	RE	Kosten je RE	Stückkosten	Gesamtkosten
W1	20.000	1,4	28.000		17,61	352.201,26
W2	60.000	1,0	60.000		12,58	754.716,98
W3	30.000	1,3	39.000		16,35	490.566,04
W4	40.000	0,8	32.000		10,06	402.515,72
			159.000	12,58		2.000.000

zu Aufgabe 26:

(Angaben in €)	Kostenträger A	Kostenträger B
Kostenträger-Einzelkosten (in €)	450.000	350.000
Zuschlagssatz (in %)	10 %	10 %
Gemeinkostenzuschlag (in €)	45.000	35.000
Gesamtkosten (in €)	495.000	385.000
Menge (in ME)	2.000	6.000
Stückkosten (in €)	**247,50**	**64,17**

zu Aufgabe 27:

Betriebserfolg (G):

$G = E - K$ = $e * x - (K_f + k_v * x)$
  = 40 € * 2.000 St. − 8.000 € − 12 € * 2.000 St.
  = 80.000 € − 8.000 € − 24.000 € = **48.000 €**

zu Aufgabe 28:

a) **Stückdeckungsbeitrag (db):**

$db = e - k_v$
$k_v = K_v / x$ = 13.000 € / 20.000 St. = 0,65 € / St.
db = 6,50 €/St. − 0,65 €/St. = **5,85 €/St.**

b) **Betriebserfolg:**

$G =$ $e * x - (K_f + K_v)$
  = 6,50 €/St. * 20.000 St. − 8.000 € − 13.000 € = **109.000 €**

c) Break-even-Punkt (BEP)

- *rechnerisch:*

Mengenmäßige Gewinnschwelle:

$BEP = K_f / (e - k_v)$ oder K_f / db
$= 8.000 \, € / 5{,}85 \, €/St. = \mathbf{1.367{,}5 \, St.}$

Wertmäßige Gewinnschwelle:

$E = K_f / (1 - (k_v / e)) = 8.000 \, € / (1 - (0{,}65 \, €/St. / 6{,}50 \, €)) = \mathbf{8.888{,}88 \, €}$

- *grafische Darstellung:*

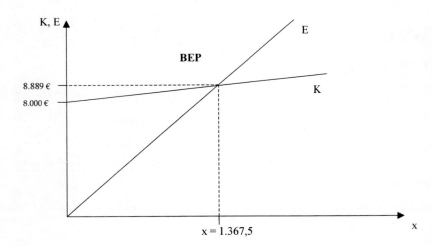

zu Aufgabe 29:

Plandaten	Produkte		Summe
	A	B	
benötigte Kapazität	400 Std.	800 Std.	1.200 Std.
absoluter Stückdeckungsbeitrag	12 €	18 €	-
relativer Stückdeckungsbeitrag	60 €	36 €	-
Rangfolge	1.	2.	-
zugeteilte Kapazität	400 Std.	600 Std.	1.000 Std.
optimale Produktionsmenge	2.000 Stück	1.200 Stück	3.200 Stück
Deckungsbeitrag	**24.000 €**	**21.600 €**	**45.600 €**

zu Aufgabe 30:

Der Zusatzauftrag sollte nicht angenommen werden. Die Beschäftigung beträgt zwar 75 %, d. h. der Betrieb verfügt noch über freie Kapazitäten. Dem Preis (erzielbarer Erlös) in Höhe von 18.000 € würden jedoch 19.000 € variable Kosten gegenüber stehen, d. h. der Deckungsbeitrag wäre negativ.

zu Aufgabe 31:

a) 45.000 € / 500 Std. = 90 €/Std.

b) Um festzustellen, ob die Kostenplanung eingehalten wurde, genügt bei der starren Plankostenrechnung, die Differenz zwischen Istkosten und Plankosten zu ermitteln. Diese Differenz wird auch Gesamtabweichung genannt:

Istkosten – Plankosten = Gesamtabweichung
30.000 € – 45.000 € = –15.500 €

Sofern die Abweichung negativ ist, liegt eine **Kostenunterschreitung** vor. Es sind weniger Kosten angefallen als geplant.

c) Die starre Plankostenrechnung kann richtige Ergebnisse liefern, wenn keine Beschäftigungsschwankungen auftreten.

zu Aufgabe 32:

a) Verbrauchsabweichung:

Gesamte Plankosten: 24.000 € (80 % fixe Kosten, 20 % variable Kosten)

Verbrauchsabweichung = Istkosten − Sollkosten

(**Sollkosten** = fixe Plankosten + variable Planstückkosten * Ist-Beschäftigung)

= 36.000 € − (19.200 € + (4.800 € / 200 Stück) * 400 Stück) = **7.200 €**

Die Verbrauchsabweichung drückt die **Mengendifferenz des Verbrauchs (Wirtschaftlichkeit)** aus. Unwirtschaftlichkeiten muss der Kostenstellenleiter verantworten.

Beschäftigungsabweichung:

Sollkosten − verrechnete Plankosten

= 28.800 − (24.000 € / 200 Stück) * 400 Stück = **-19.200 €**

Die Beschäftigungsabweichung zeigt die Auslastung der Fixkosten (vgl. Nutz- und Leerkosten). Mit einer Ist-Beschäftigung von 400 Stück ist die Beschäftigung um 200 Stück höher als geplant. Da die gesamten Fixkosten von 19.200 € auf die Plan-Produktion von 200 Stück verrechnet wurden (= 96 € anteilige Fixkosten je Stück), werden den darüber hinaus produzierten Einheiten Fixkostenanteile angelastet, die nicht angefallen sind. Die gesamten Fixkosten konnten bereits mit 200 produzierten Einheiten abgedeckt werden, die weiteren 200 Stück erwirtschaften im Falle des Absatzes zusätzlich 19.200 € (= 200 * 96 €), d. h. es wurde zur Deckung der Fixkosten „zu viel" erwirtschaftet! Zuständig für eine Beschäftigungsabweichung sind z. B. Kostenplaner oder der Vertrieb, welche die Plan-Beschäftigung berechnet haben, da diese für die verrechneten Fixkosten verantwortlich sind.

Gesamtabweichung:

Verbrauchsabweichung + Beschäftigungsabweichung + Preisabweichung

= 7.200 € + (-19.200 €) + 0 = **-12.000 €**

oder:

Istkosten – verrechnete Plankosten

= 36.000 – (24.000 € / 200 Stück) * 400 Stück = **-12.000 €**

Der Aussagewert der Gesamtabweichung ist gering. Erst durch die Aufspaltung in eine Verbrauchsabweichung und eine Beschäftigungsabweichung lässt sich der Aussagewert steigern.

b) Positive Preisabweichungen: Für die verbrauchte Ist-Menge sind höhere Kosten angefallen als geplant. Gründe: z. B. Preiserhöhungen am Beschaffungsmarkt, schlechtere Konditionen beim Einkauf. Verantwortlich ist der zuständige Einkauf. Der Kostenstellenleiter ist nur dann verantwortlich, wenn er die Einkäufe tätigt oder die Preise aushandelt.

Negative Preisabweichungen: Für die verbrauchte Ist-Menge sind weniger Kosten angefallen als geplant. Gründe, z. B. geschickte Preisverhandlungen, sinkende Preise.

Verzeichnis der Abbildungen

Seite

Abb. 1: Das Rechnungswesen im betrieblichen Funktionsgefüge _____ 1
Abb. 2: Teilaspekte des betrieblichen Rechnungswesens _____ 4
Abb. 3: Einzahlungen und Einnahmen _____ 7
Abb. 4: Auszahlungen und Ausgaben _____ 7
Abb. 5: Einnahmen und Erträge _____ 10
Abb. 6: Ausgaben und Aufwand _____ 11
Abb. 7: Aufwand und Kosten _____ 13
Abb. 8: Ordentlicher und neutraler Ertrag _____ 15
Abb. 9: Gesamtergebnis und Betriebsergebnis _____ 16
Abb. 10: Grundbegriffe der Finanz- und Betriebsbuchhaltung im Überblick _____ 17
Abb. 11: Grundsätze ordnungsmäßiger Buchführung (GoB) _____ 21
Abb. 12: Systematik des Industriekontenrahmens nach Kontenklassen _____ 23
Abb. 13: Gliederung des Industriekontenrahmens (IKR) _____ 24
Abb. 14: Gliederung des bundeseinheitlichen Verwaltungskontenrahmens (VKR) _____ 26
Abb. 15: Beispiel für die Bildung des Kontenplans (nach VKR) _____ 28
Abb. 16: Grundform eines Kontos _____ 29
Abb. 17: Kontenform der Bilanz und der Gewinn- und Verlustrechnung _____ 29
Abb. 18: Buchungsvorgänge in den Bestands- und Erfolgskonten _____ 30
Abb. 19: Schematische Darstellung der Tabellenbuchhaltung _____ 33
Abb. 20: Verbuchung von Geschäftsvorfällen _____ 33
Abb. 21: Buchungskreislauf _____ 38
Abb. 22: Indirekte Verbuchung: Abschluss des GuV-Kontos bei variablem Eigenkapital _____ 42
Abb. 23: Direkte Verbuchung: Abschluss des GuV-Kontos bei fixem Eigenkapital _____ 42
Abb. 24: Methoden der Inventur _____ 50
Abb. 25: Grundsätze ordnungsmäßiger Inventur (GoI) _____ 52
Abb. 26: Bestandteile des Jahresabschlusses _____ 55
Abb. 27: Aufgaben des Jahresabschlusses _____ 56
Abb. 28: Adressaten des Jahresabschlusses _____ 57
Abb. 29: Grundsätze ordnungsmäßiger Bilanzierung _____ 59
Abb. 30: Grundstruktur der Handelsbilanz nach § 266 HGB _____ 63
Abb. 31: Ausführliche Bilanzgliederung in Staffelform _____ 64
Abb. 32: Allgemeine Bewertungsprinzipien _____ 67
Abb. 33: Vorsichtsprinzip _____ 70
Abb. 34: Handelsrechtliche Wertbegriffe _____ 71
Abb. 35: Abschreibungen _____ 75
Abb. 36: Planmäßige Abschreibungen _____ 76

Abb. 37: Beispiel einer arithmetrisch-degressiven Abschreibung _____ 79
Abb. 38: Beispiel für die Bewertung des Vorratsvermögens nach der Durchschnittsmethode _____ 82
Abb. 39: Verbrauchsfolgeverfahren _____ 83
Abb. 40: Beispiel für die Bewertung des Vorratsvermögens nach den Verbrauchsfolgeverfahren _____ 85
Abb. 41: Rückstellungszwecke und Rückstellungsausweis _____ 88
Abb. 42: Gliederung der Gewinn- und Verlustrechnung nach § 275 HGB _____ 90
Abb. 43: Zusammenhang der Positionen der GuV nach dem Gesamtkostenverfahren _____ 92
Abb. 44: EBIT und EBITDA _____ 95
Abb. 45: Systematik bilanzpolitischer Instrumente _____ 98
Abb. 46: Kennzahlen zur Ertragslage eines Betriebes _____ 103
Abb. 47: Berechnung des Cash Flow _____ 104
Abb. 48: Die geläufigsten Rentabilitätskennziffern _____ 105
Abb. 49: Kennzahlen zur Liquidität, Finanzierung und Investition _____ 106
Abb. 50: Kapitalflusskennzahlen _____ 107
Abb. 51: (Vertikale) Vermögensstrukturkennzahlen _____ 107
Abb. 52: Vertikale Kapitalstrukturkennzahlen _____ 108
Abb. 53: Horizontale Kapitalstrukturkennzahlen _____ 108
Abb. 54: Systematik der Kosten- und Leistungsrechnung _____ 122
Abb. 55: Kriterien der Kostengliederung _____ 125
Abb. 56: Kostenarten nach der Verbrauchsgliederung _____ 125
Abb. 57: Erfassung des betriebsnotwendigen Kapitals _____ 133
Abb. 58: Funktionale Kostengliederung _____ 135
Abb. 59: Beispiel für die Fixkostendegression _____ 137
Abb. 60: Nutzkosten und Leerkosten _____ 138
Abb. 61: Beispiel für proportionale Kosten _____ 139
Abb. 62: Beispiel für progressive Kosten _____ 139
Abb. 63: Beispiel für degressive Kosten _____ 140
Abb. 64: Kostenverläufe _____ 140
Abb. 65: Aufbau und Ablauf des Betriebsabrechnungsbogens _____ 144
Abb. 66: Schlüsselgrößen bei der Zurechnung von primären Kostenträger-Gemeinkosten _____ 145
Abb. 67: Zuordnung der primären Kosten _____ 147
Abb. 68: Innerbetriebliche Leistungsverrechnung (ILV) _____ 148
Abb. 69: Zuschlagskalkulation _____ 150
Abb. 70: Kalkulation mit Stundensätzen _____ 150
Abb. 71: Einstufige Deckungsbeitragsrechnung _____ 162
Abb. 72: Mehrstufige Deckungsbeitragsrechnung _____ 162
Abb. 73: Optimales Produktionsprogramm _____ 165
Abb. 74: Break-Even-Analyse _____ 168

Abb. 75: Plankostenrechnungssysteme _____ 169
Abb. 76: Interventionsebenen des Kostenmanagements _____ 173
Abb. 77: Maßnahmen zur Beeinflussung des Kostenniveaus _____ 174
Abb. 78: Maßnahmen zur Beeinflussung der Kostenstruktur _____ 175
Abb. 79: Maßnahmen zur Beeinflussung des Kostenverlaufs _____ 176

Literaturverzeichnis

Bachert, Robert: Kosten- und Leistungsrechnung, Weinheim, München 2004.

Baetge, Jörg; Kirsch, Hans-Jürgen; Thiele, Stefan: Bilanzen, 12. Aufl., Düsseldorf 2012.

Baetge, Jörg; Kirsch, Hans-Jürgen; Thiele, Stefan: Übungsbuch Bilanzen und Bilanzanalyse, 3. Aufl., Düsseldorf 2007.

Bechtel, Wilfried; Brink, Alfred: Einführung in die moderne Finanzbuchführung, 9. Aufl., München, Wien 2007.

Beyer, Lothar; Kinzel, Hans-Georg: Öffentliches Rechnungswesen: Kameralistik oder Doppik? In: von Bandemer, Stephan; Blanke, Bernhard; Nullmeier, Frank; Wewer, Göttrik (Hrsg.): Handbuch zur Verwaltungsreform, 3. Auflage, Opladen 2005, S. 351-360.

Bieg, Hartmut: Buchführung, 4. Aufl., Herne 2007.

Bieg, Hartmut; Kußmaul, Heinz; Waschbusch, Gerd: Externes Rechnungswesen, 6. Aufl., München 2012.

Bitz, Michael; Schneeloch, Dieter; Wittstock, Wilfried: Der Jahresabschluss, 5. Aufl., München 2011.

Blödtner, Wolfgang; Bilke, Kurt; Weiss, Manfred: Lehrbuch Buchführung und Bilanzsteuerrecht, 5. Aufl., Herne, Berlin 2001

Buchner, Robert: Buchführung und Jahresabschluss, 7. Aufl., München 2005.

Budäus, Dietrich: Manifest zum öffentlichen Haushalts- und Rechnungswesen, Köln 2009.

Bundesministerium der Finanzen (2013a): Verwaltungskontenrahmen (VKR), Dok_VKR_2013_0811782 vom 23.10.2013, Download 12.8.2014 unter: http://www.bundesfinanzministerium.de/Content/DE/Standardartikel/Themen/Oeffentliche_Finanzen/Standards_fuer_Haushalte/verwaltungskontenrahmen.pdf?__blob=publicationFile&v=5 .

Bundesministerium der Finanzen (2013b): Standards für die staatliche doppelte Buchführung (Standards staatlicher Doppik), Dok_SsD_2013_0811781 vom 23.10.2013, Download 12.8.2014 unter: http://www.bundesfinanzministerium.de/Content/DE/Standardartikel/Themen/Oeffentliche_Finanzen/Standards_fuer_Haushalte/standard-staatlicher-doppik.pdf?__blob=publicationFile&v=5 .

Bussiek, Jürgen; Ehrmann, Harald: Buchführung, 8. Aufl., Ludwigshafen 2004.

Coenenberg, Adolf G.: Kostenrechnung und Kostenanalyse, 5. Aufl., Stuttgart 2003.

Coenenberg, Adolf G.; Haller, Axel; Mattner, Gerhard; Schultze, Wolfgang: Einführung in das Rechnungswesen, 2. Aufl., Stuttgart 2007.

Coenenberg, Adolf G.; Haller, Axel; Schultze, Wolfgang: Jahresabschluss und Jahresabschlussanalyse, 23. Aufl., Stuttgart 2014.

Dincher, Roland: Personalwirtschaft, 3. Aufl., Neuhofen 2007.

Dincher, Roland; Müller-Godeffroy, Heinrich; Scharpf, Michael; Schuppan, Tino: Einführung in die Betriebswirtschaftslehre für die Verwaltung, 3. Aufl., Neuhofen 2010.

Dincher, Roland; Ehreiser, Hans-Jörg; Müller-Godeffroy, Heinrich: Einführung in das betriebliche Rechnungswesen, 3. Aufl., Neuhofen 2008.

Ditges, Johannes; Arendt, Uwe: Bilanzen, 12. Aufl., Ludwigshafen 2007.

Ditges, Johannes; Arendt, Uwe: Kompakt-Training Internationale Rechnungslegung nach IFRS, 3. Aufl., Ludwigshafen 2008.

Döring, Ulrich; Buchholz, Rainer: Buchhaltung und Jahresabschluss. 6. Aufl., Bielefeld 1998.

Eilenberger, Guido: Betriebliches Rechnungswesen. 7. Aufl., München, Wien 1995.

Eisele, Wolfgang: Technik des betrieblichen Rechnungswesens, 7. Aufl., München 2002.

Eisele, Wolfgang; Knobloch, Alois Paul: Technik des betrieblichen Rechnungswesens, 8. Aufl., München 2011.

Fischbach, Sven: Grundlagen der Kostenrechnung, 6. Auflage, München 2013.

Fischer, Alexandra; Blank, Thomas; Lemb, Nicole; Krüger, Kai; Kulemann, Grit; Spielmann, Michael; Behmann, Susanne: Kommentierung zum bundeseinheitlichen Kontenrahmen (VKR), Version 2.11 vom 4.4.2008, in: Bundesfinanzverwaltung, Vorschriftensammlung Haushaltsrecht, KLR-Handbuch, H 9001, Download 24.7.2014 unter: http://www.verwaltungsvorschriften-im-internet.de/pdf/BMF-MHR-20080421-KF01-A011.pdf .

Freidank, Carl-Christian: Kostenrechnung, 8. Aufl., München 2008.

Freidank, Carl-Christian; Fischbach, Sven: Übungen zur Kostenrechnung, 6. Aufl., München 2007.

Götze, Uwe: Kostenrechnung und Kostenmanagement, 3. Aufl., Berlin, Heidelberg 2004.

Grefe, Cord: Kompakt-Training Bilanzen, 5. Aufl., Ludwigshafen 2007.

Haase, Klaus-Dittmar: Finanzbuchhaltung, 9. Aufl., Düsseldorf 2005.

Haberstock, Lothar: Kostenrechnung I, 13. Auflage, Berlin 2008.

Heinhold, Michael: Der Jahresabschluss, 3. Aufl., München, Wien 1995.

Henderson, Bruce: Die Erfahrungskurve in der Unternehmensstrategie, Frankfurt 1984.

Hesse, Kurt; Fraling, Rolf; Fraling, Wolfgang: Wie beurteilt man eine Bilanz? Was Kennzahlen wirklich aussagen, 20. Aufl., Wiesbaden 2000.

Heyd, Reinhard; Meffle, Günter: Das Rechnungswesen der Unternehmung, 6. Aufl., München 2008.

Hoch, Gero: Erfolgs- und Kostencontrolling, München 2003.

Hoitsch, Hans-Jörg; Lingnau, Volker: Kosten- und Erlösrechnung, 6. Aufl., Berlin, Heidelberg 2007.

Homann, Klaus: Kommunales Rechnungswesen, 5. Aufl., Wiesbaden 2003.

Huch, Burkhard; Behme, Wolfgang; Ohlendorf, Thomas: Rechnungswesenorientiertes Controlling, 4. Aufl., Heidelberg 2004.

Jung, Hans: Allgemeine Betriebswirtschaftslehre, 12. Aufl., München 2010.

Kemmetmüller, Wolfgang; Bogensberger, Stefan: Handbuch der Kostenrechnung, 8. Aufl., Wien 2004.

Klook, Josef; Sieben, Günter; Schildbach, Thomas; Homburg, Carsten: Kosten- und Leistungsrechnung, 9. Aufl., Stuttgart 2005.

Klümper, Bernd; Möllers, Heribert; Zimmermann, Ewald: Kommunale Kosten- und Wirtschaftlichkeitsrechnung, 15., vollst. überarb. Aufl., Witten 2006.

Koch, Joachim: Jahresabschluss, Bewertung und Bilanzanalyse, Bielefeld 1998.

Kresse, Werner; Leuz Norbert (Hrsg.): Besondere Buchungsvorgänge, Bilanzanalyse, Kostenrechnung, Finanzwirtschaft, 10. Aufl., Stuttgart 2003.

Kresse, Werner; Leuz Norbert (Hrsg.): Abschlüsse nach Handels- und Steuerrecht, 11. Aufl., Stuttgart 2004.

Lingnau, Volker; Schmitz, Hans: Kosten- und Erlösrechnung - Das Arbeitsbuch, 4., überarb. Aufl., Berlin, Heidelberg 2005.

Meffle, Günter; Heyd, Reinhard; Weber, Peter: Das Rechnungswesen der Unternehmung als Entscheidungsinstrument, 2. Aufl., Köln, Wien 2001.

Mussnig, Werner; Bleyer, Magdalena; Gerhard Giermaier: Controlling für Führungskräfte: Analysieren - Bewerten – Entscheiden, Wien 2006.

Odenthal, Franz Willy; Plancke, Frank: Vollkostenrechnung, S. 23-154. In: Wiesner, Martina: Kosten- und Leistungsrechnung, Wirtschaftlichkeitsrechnung, Frankfurt 2012.

Oettle, Karl: Kameralistik, in: Klaus Chmielewicz, Marcell Schweitzer (Hrsg.): Handwörterbuch des Rechnungswesens, Stuttgart 1993.

Olfert, Klaus: Kostenrechnung, 15. Aufl., Ludwigshafen 2008.

Ders.: Kompakt-Training Kostrenrechnung, 5. Aufl., Ludwigshafen 2007.

Preißner, Andreas: Praxiswissen Controlling, Grundlagen, Werkzeuge, Anwendungen, 5. Aufl., München 2008.

Reichmann, Thomas; Palloks, Monika: Make-or-buy-Entscheidungen. Was darf der Fremdbezug kosten, wenn die eigenen Kosten weiterlaufen?, GfC-Forschungsbericht, Nr. 24, Dortmund, 1995.

Rössle, Werner; Tiede, Heiner: Finanz- und Rechnungswesen, 8. Aufl., Bad Wörishofen 2006.

Rössle, Werner; Tiede, Heiner: Finanz- und Rechnungswesen. Übungsaufgaben mit Lösungen, 5. Aufl., Bad Wörishofen 2008.

Schaffhauser-Linzatti, Michaela: Rechnungswesen Schritt für Schritt, 2. Aufl., Wien 2012.

Schauer, Reinbert: Rechnungswesen in öffentlichen Verwaltungen, Wien 2007.

Scheffler, Eberhard: Lexikon der Rechnungslegung, 2. Aufl., München 2007.

Scheffler, Eberhard: Bilanzen richtig lesen. Echnungslegung nach HGB und IAS/IFRS, 7. Aufl., München 2006.

Schierenbeck, Henner; Wöhle, Claudia B.: Grundzüge der Betriebswirtschaftslehre, 18. Aufl. (17. Aufl.), München 2012 (2008).

Schmidt, Andreas: Kostenrechnung, 4., überarb. Aufl., Stuttgart 2005.

Schröter, Hans-Holger; Moll, Helga; Wurm, Siegried; Osterwald, Uwe: Externes Rechnungswesen, 9. Aufl., Rinteln 2008.

Schüler, Mirja: Einführung in das betriebliche Rechnungswesen, Heidelberg 2006.

Schultz, Volker: Basiswissen Rechnungswesen, 6. Auflage, München 2011.

Schweitzer, Marcell; Küpper, Hans-Ulrich: Systeme der Kosten- und Erlösrechnung, 9. Aufl., Münchern 2008.

Schultz, Volker: Basiswissen Rechnungswesen, 5. Aufl., München 2008.

Sikorski, Ralf; Strotmeier, Markus: Buchführung, 6. Aufl., München 2006.

Sikorski, Ralf; Wüstenhöfer, Ulrich: Rechnungswesen I – Buchführung und Jahresabschluss nach Handels- und Steuerrecht, 7. Aufl., München 2007.

Steger, Johann: Kosten- und Leistungsrechnung, 4. Aufl., München 2006.

Vahs, Dietmar; Schäfer-Kunz, Jan: Einführung in die Betriebswirtschaftslehre, 5. Aufl., Stuttgart 2007.

Wagenhofer, Alfred: Internationale Rechnungslegungsstandards – IAS/IFRS, 4. Aufl., Frankfurt, Wien 2003.

Weber, Jürgen; Weißenberger, Barbara E.: Einführung in das Rechnungswesen, 7. Aufl., Stuttgart 2006.

Witten, Martina von: Kostenrechnung in der öffentlichen Verwaltung – Erfolgsfaktoren der Einführung, Hamburg 2007.

Wöhe, Günther; Kußmaul, Heinz: Grundzüge der Buchführung und Bilanztechnik, 8. Aufl., München 2012.

Wöhe, Günther: Einführung in die Allgemeine Betriebs-wirtschaftslehre, 16. Aufl., München 1986.

Wöhe, Günther; Döring, Ulrich: Einführung in die Allgemeine Betriebswirtschaftslehre, 25. Aufl. (24. Aufl.,) München 2013 (2010).

Wöltje, Jörg: Buchführung und Jahresabschluss, Stuttgart, Berlin, Köln 2001.

Zdrowomyslaw, Norbert: Kosten-, Leistungs- und Erlösrechnung, München, Wien 1995.

Ziegenbein, Klaus: Controlling, 9. Aufl., Ludwigshafen 2007.

Zimmermann, Werner; Fries, Hans-Peter; Hoch, Gero: Betriebliches Rechnungswesen, 8. Aufl., München 2003.

Zschenderlein, Oliver: Kompakt-Training Buchführung, 4. Aufl., Ludwigshafen 2003.

Stichwortverzeichnis

Abschlussbuchungen 37
Abschreibung 75
   außerplanmäßige 80
   degressive 78
   leistungsabhängige 79
   lineare 77
   planmäßige 76
   progressive 79
Absetzung für Abnutzung AfA 76
Absetzung für Substanzverringerung ... 80
Aktiva 75
Aktivtausch 31
Allgemeine Kostenstellen 143
Anderskosten 131
Anhang 96
Anlagevermögen 75
Anschaffungskosten 72, 127
Anschaffungswertprinzip 66
Äquivalenzziffernkalkulation 153
Aufwand 10
   außerordentlicher 14
   betriebsfremder 13
   bewertungsbedingter 14
   neutraler 13
Ausgaben 6
Auszahlungen 6

Befundrechnung 126
Beizulegender Wert 74
Beschäftigungsabhängige
   Kostengliederung 136
Betriebsabrechnungsbogens 144
Betriebsergebnis 16, 91
Betriebsstoffe 126
Bewertungsprinzipien 66
Bilanzanalyse 97
Bilanzgliederung 62
Bilanzklarheit 60
Bilanzkontinuität 61
Bilanzpolitik 97
Bilanzverkürzung 31
Bilanzverlängerung 31
Bilanzwahrheit 60
Break-Even-Analyse 167

Buchführung 19
   doppelte (Doppik) 19
   Grundsätze ordnungsmäßiger (GoB) 20
Bundeshaushaltsordnung (BHO) 115

Cash Flow 104

Deckungsbeitragsrechnung 160
Dienstleistungskosten 130
Divisionskalkulation 153
Durchschnittsmethode 82
Durchschnittsprinzip 124

EBIT 95
Echte Gemeinkosten 135
Eigenfertigung 166
Eigenkapital 86
Einnahmen 6
Einzahlungen 6
Einzelkosten 135
Einzelbewertung 68
Endkostenstellen: 144
Erfolg 16
Ergebnis
   neutrales 16
   ordentliches 16
Eröffnungsbilanz 37
Ertrag 10

Fertigungslöhne 128
Fertigungsstoffe 126
Festwertmethode 126
Fifo-Verfahren 127
Finanzierungsregeln 110
Fixe Kosten 136
Forderungen 85
Funktionale Kostengliederung 135

Gehaltskosten 129
Geldvermögen 6
Gemeinkosten 136
Gemeinschaftskontenrahmen 22
Gesamtergebnis 16
Gesamtkostenverfahren 158

Gewinn 16
Gewinn- und Verlustrechnung 89
Gewinnoptimales Produktions-
  programm 164
Gewinnschwellenanalyse 167
Gleichungsverfahren 148
Grenzkosten 141
Grenzkostenrechnung 163
Grundkosten 14
Grundsätze ordnungsmäßiger
  Bilanzierung 59

Hauptkostenstellen 143
Haushaltsgrundsätze 115
Haushaltsplan 116
Herstellungskosten 72
Hifo-Verfahren 127
Hilfskostenstellen 143
Hilfslöhne 128
Hilfsstoffe 126

Identitätsprinzip 124
Imparitätsprinzip 70
Industriekontenrahmen 22
Innerbetriebliche Leistungsver-
  rechnung 146
Inventur 49
  permanente 51
  verlegte 51
Inventurmethode 126
Istkostenrechnung 121

Jahresabschluss 55
  Adressaten 56
  Aufgaben 56
Jahresüberschuss 92

Kalkulation 120
Kalkulationsverfahren 153
Kalkulatorische Abschreibungen 131
Kalkulatorische Kosten 131
Kalkulatorische Mieten 134
Kalkulatorische Wagniskosten 133
Kalkulatorische Zinsen 132
Kalkulatorischer Unternehmerlohn 134
Kameralistik 115
Kapitalflusskennzahlen 107
Kapitalstrukturkennzahlen 108

Kennzahlen 101
  zur Ertragslage 103
  zur Vermögens- u. Kapitalstruktur . 106
Konten 28
Kontenplan 28
Kontieren 34
Kosten 13, 119
  kalkulatorische 14
Kosten- und Leistungsrechnung 119
Kostenartenrechnung 123, 124
Kostenmanagement 172
Kostenrechnungssysteme 121
Kostenstellenplan 142
Kostenstellenrechnung 123, 141
Kostenträgerrechnung 123, 151
Kostenträgerzeitrechnung 157
Kostenzuordnung 121
Kriterien der Kostengliederung 125
Kurzfristige Erfolgsrechnung 120
Kurzfristige Preisuntergrenzen 166

Lagebericht 96
Leerkosten 137
Leistung 13
Lifo-Verfahren 127
Lofo-Verfahren 127
Lohnkosten 128

Make-or-Buy-Entscheidung 166
Materialarten 126
Materialkosten 126

Nebenkostenstellen 143
Nennbetrag 72
Niederstwertprinzip 70
Normalkostenrechnung 121
Nutzkosten 138

Öffentliche Abgaben 130
outputorientierte Budgetierung 120

Passiva 86
Passivtausch 31
Personalbasiskosten 128
Personalkosten 128
Personalnebenkosten 129
Plankostenrechnung 121, 169
Publizitätspflicht 57

Realisationsprinzip 70
Rechnungswesen 1
   Aufgaben 3
   Grundbegriffe 6
   Teilbereiche 3
Relative Einzelkostenrechnung ... 163
Rentabilitätskennzahlen 104
Restwertverzinsung 133
Rückstellungen 87

Schlussbilanz 37
Sozialkosten 129
Stichprobeninventur 52
Stichtagsinventur 50

Teilkostenrechnung 121, 159
Teilwert-Absetzung 81
Tragfähigkeitsprinzip 124

Überbeschäftigung 166
Umsatzerlöse 91
Umsatzkostenverfahren 159
Unechte Gemeinkosten 136

Unterbeschäftigung 166

Variable Kosten 138
Verbindlichkeiten 87
Verbrauchsbedingte Kosten-
   gliederung 125
Verbrauchsmengen 126
Verbrausfolgeverfahren 83
Vermögensstrukturkennzahlen 107
Verrechnungsorientierte
   Kostengliederung 135
Verrechnungspreise 128
Verrechnungssätze 150
Verursachungsprinzip 124
Vollkostenrechnung 121
Vorkostenstellen 143

Wiederbeschaffungswert 127
Wirtschaftlichkeit 119

Zugangsmethode 126
Zuschlagskalkulation 150, 155
Zuschlagssätze 149
Zweckaufwand 14

Roland Dincher, Heinrich Müller-Godeffroy, Michael Scharpf, Tino Schuppan:
Betriebswirtschaftslehre für die Verwaltung,
Lehr- und Übungsbuch, 327 S.,
3. Aufl., 2010
ISBN 978-3-936098-37-2

Der Reformprozess hat die öffentliche Verwaltung auf allen Gebieten mit betriebswirtschaftlichen Methoden und Denkweisen konfrontiert. Controlling, Marketing, Change-Management, Kostenrechnung und viele weitere Begriffe aus dem Repertoire der Betriebswirtschaftslehre, die in den privaten Unternehmungen seit langem selbstverständlich sind, bestimmen zunehmend den Alltag auch in den Verwaltungen. Dabei haben sich die Anforderungen an die Mitarbeiter gewandelt: Betriebswirtschaftliches Wissen gehört immer mehr zu den grundlegenden Schlüsselqualifikationen für alle Mitarbeiter und Führungskräfte in der Verwaltung.

Das vorliegende Lehr- und Übungsbuch ist als eine Einführung in die Betriebswirtschaftslehre speziell für die Verwaltung konzipiert. Es gibt einen kompakten Überblick über die grundlegenden Themen und Methoden der Betriebswirtschaftslehre, hat dabei jedoch stets die Besonderheiten und Anforderungen der öffentlichen Verwaltungen im Blick.

Nach einer einführenden Klärung der Grundbegriffe wird das betriebliche Handeln zunächst aus der Sicht der modernen Managementlehre dargestellt. Auf dieser Grundlage werden im Weiteren die einzelnen betrieblichen Funktionen besprochen: die Beschaffung, die Produktion und der Absatz; die Investition, die Finanzierung und das Rechnungswesen.

Die Darstellung wird visuell unterstützt durch zahlreiche Schaubilder und Übersichten und immer wieder anhand von Beispielen illustriert.

Am Ende eines jeden Kapitels gibt es Wiederholungsfragen zur Festigung des Wissens und schließlich ein umfangreicher **Übungsteil** mit Lösungen.

Das Buch wendet sich vor allem an Studierende der Verwaltungshochschulen und sonstigen Bildungseinrichtungen der öffentlichen Verwaltungen sowie an die Mitarbeiter, Fach- und Führungskräfte auf allen Ebenen und Funktionen von Verwaltungen, die sich ein solides betriebswirtschaftliches Grundwissen aneignen wollen.

Dincher/Scharpf: Einführung in das betriebliche Rechnungswesen für die Verwaltung

Forschungsstelle für Betriebsführung und
Personalmanagement e.V.

Schriftenreihe

Band 1
Roland Dincher:
Die Arbeitsverwaltung als Personaldienstleister.
Ergebnisse und Analysen zum Dienstleistungsmarketing der
Arbeitsverwaltung, 218 S., 2001
ISBN 3-936098-01-8

Band 2
Claudia Prusik:
Implizite außerfachliche Auswahlkriterien von Betrieben bei der Einstellung
von Auszubildenden, 94 S., 2003
ISBN 3-936098-02-6

Band 3
Roland Dincher:
Personalwirtschaft,
Lehr- und Übungsbuch, 415 S., 4. Aufl., 2014
ISBN 978-3-936098-43-3

Band 4
Roland Dincher; Hans-Jörg Ehreiser; Heinrich Müller-Godeffroy:
Einführung in das betriebliche Rechnungswesen,
Lehr- und Übungsbuch, 226 S., 3. Aufl., 2008
ISBN 978-3-936098-34-1

Band 5

Roland Dincher; Heinrich Müller-Godeffroy; Anton Wengert:
Einführung in das Dienstleistungsmarketing,
Lehr- und Übungsbuch, 192 S., 2004
ISBN 3-936098-05-0

Band 6

Roland Dincher:
Personalmarketing und Personalbeschaffung.
Einführung und Fallstudie zur Anforderungsanalyse und Personalakquisition,
116 S., 3. Aufl., 2013
ISBN 978-3-936098-36-5

Band 7

Roland Dincher; Heinrich Müller-Godeffroy; Michael, Scharpf;
Tino Schuppan:
Einführung in die Betriebswirtschaftslehre für die Verwaltung,
Lehr- und Übungsbuch, 327 S., 3. Aufl., 2010
ISBN 978-3-936098-37-2

Band 8

Roland Dincher; Marcel Mosters:
Personalauswahl und Personalbindung.
Einführung und Fallstudie zur Auswahl, Einstellung und Einarbeitung von
neuen Mitarbeitern, 178 S., 2. Aufl., 2011
ISBN 978-3-936098-28-0

Band 9

Dagmar Lück-Schneider:
Geschäftsprozessmanagement in der öffentlichen Verwaltung.
Eine Einführung,
Lehr- und Übungsbuch, 113 S., 2012
ISBN 978-3-936098-09-9

Band 10

Roland Dincher; Michael, Scharpf:
Management in der öffentlichen Verwaltung - Führung, Steuerung, Controlling,
Lehr- und Übungsbuch, 159 S., 2012
ISBN 978-3-936098-10-5

Band 11

Roland Dincher:
Führung und Delegation.
Einführung und Fallstudie zu Führungstheorien und Managementkonzeptionen, 126 S., 2015
ISBN 978-3-936098-11-2

Band 12

Roland Dincher; Michael Scharpf:
Einführung in das betriebliche Rechnungswesen für die Verwaltung,
Lehr- und Übungsbuch, 239 S., 2016
ISBN 978-3-936098-12-9